COLLECTION 'KICKS', VOLUME 3
TRADUCTION DE LA TROISIÈME ÉDITION ANGLAISE

I0225107

Les Coups de Pied au Sol

Coups de Pied Avancés pour le Combat au Sol

Ne Geri Waza - L'Art du Combat depuis une Position Inférieure

Avec des Centaines d'Applications venant du Karaté, du Kung Fu, du Krav Maga, du Tae Kwon Do, du MMA, du Muay Thai, de la Capoeira, et autres

Par
Marc De Bremaeker

Fons Sapientiae Publishing

1

Les Coups de Pied au Sol -_Coups de Pied Avancés pour le Combat au Sol
Publié en 2018 by Fons Sapientiae Publishing, Cambridge, Royaume Uni.
Traduit de l'ouvrage original en Anglais : '**Ground Kicks**' dont la première édition date de 2015.

ISBN of printed edition: 978-0-9957952-3-5

Lecture recommandée, par le même auteur:
En Français: "Le Grand Livre des Coups de Pied" (2018) by Budo Edition
         "Les Coups de Pied Bas" (2016) by Fons Sapientiae
         "Les Coups de Pied d'Arret" (2017) by Fons Sapientiae

En Anglais: "Krav Maga Kicks - Real-world Self Defense techniques from today's most effective Fighting System" (2017)
         "Sacrifice Kicks - Flying, Hopping, Jumping and Suicide Kicks" (2016)
         "Stealth Kicks - The Forgotten Art of Ghost Kicking" (2015)
         "Ground Kicks - Advanced Martial Arts Kicks for Goundfighting" (2015)
         "Stop Kicks - Jamming, Obstructing, Stopping, Impaling, Cutting and Preemptive Kicks" (2014)
         "Plyo-Flex-Plyometrics and Flexibility Training for Explosive Martial Arts Kicks" (2013)
         "The Essential Book of Martial Arts Kicks" (2010) by Tuttle Publishing"
En Italien: "i Calci nelle Arti Marziali" (2015) by Edizioni Mediterranee

Dedicace

*Ce livre est dédié à mon premier petit-fils, plein de promesses
Oliver Maximillian Yiu Ting De Bremaeker*

包耀庭

**La famille, ce n'est pas une chose importante. La famille, c'est tout.
~Michael J. Fox**

Cher lecteur,

A notre époque, la vie d'un auteur consciencieux est devenue difficile. La prolifération de livres et l'explosion d'information sur l'internet ont rendu quasi-impossible la promotion d'ouvrages basés sur un travail de recherche extensif et requérants un travail de maquette complexe.
J'espère que vous aurez plaisir à lire ce livre. Une fois terminé, je vous serais profondément reconnaissant de bien vouloir prendre quelques courtes minutes pour donner votre honnête opinion. Un commentaire impartial, même limité à quelques mots, serait apprécié et encourageant.

Merci

Marc

Rien n'est jamais perdu par la courtoisie. C'est le meilleur marché des plaisirs, ça ne coûte rien mais ça veut dire beaucoup.
~Erastus Wiman

CREDITS

Sans le support actif de mon épouse et compagne de toute une vie, *Aviva Giveoni*, ce livre n'aurait pas vu le jour. Athlète elle-même, elle comprend aisément ce que sont travail ardu et dévouement.

Aviva

Sensei Shlomo Faige

Parmi de nombreux professeurs, et certainement avant tous, il me faut mentionner avec reconnaissance mélancolique, feu mon Maître, *Sensei Sidney (Shlomo) Faige*. Sensei Faige a fondé le style *Shi-Heun* de Karaté.

Des remerciements particuliers sont aussi dus, pour son aide et son soutien, à mon ami de toujours et mon partenaire d'entraînement, *Roy Faige*. Roy dirige à présent l'Ecole Shi-Heun, et il est aussi mon co-auteur du '*Grand Livre des Coups de Pied*'. Son influence et ses conseils sont discernables dans presque toutes les pages de ce livre et des autres ouvrages de la collection '**Kicks**'.

Roy et Marc

Merci à *Ziv Faige, Gil Faige, Shay Levy, Dotan De Bremaeker, Nimrod De Bremaeker and Itay Leibovitch* qui m'ont aidé en posant stoïquement pour les photos.

La plupart des photos de ce volume ont été prises par Roy Faige et Aviva Giveoni. Mais je me dois aussi de remercier *Grace Wong* pour certaines. Et Merci aussi et encore à *Guli Cohen*, photographe professionnel : certaines des photos de ce livre ont été extraites de session de photographie gracieusement offertes pour des ouvrages précédents.

Grace Wong

Les dessins de ce livre, bien imparfaits, sont les miens. Tout ce que j'ai appris a propos de l'art d'illustrer, je l'ai appris du dessinateur professionnel *Shachar Navot*, dont les dessins embellissent le '*Grand Livre des Coups de Pied*'. Merci Shachar !

Les combattants victorieux gagnent d'abord et puis partent à la guerre ; alors que les combattants vaincus partent d'abord à la guerre et puis seulement cherchent à gagner.
~Sun Tzu

TABLE DES MATIÈRES

La volonté de gagner est importante, mais la volonté de se preparer est vitale.
~Joe Paterno

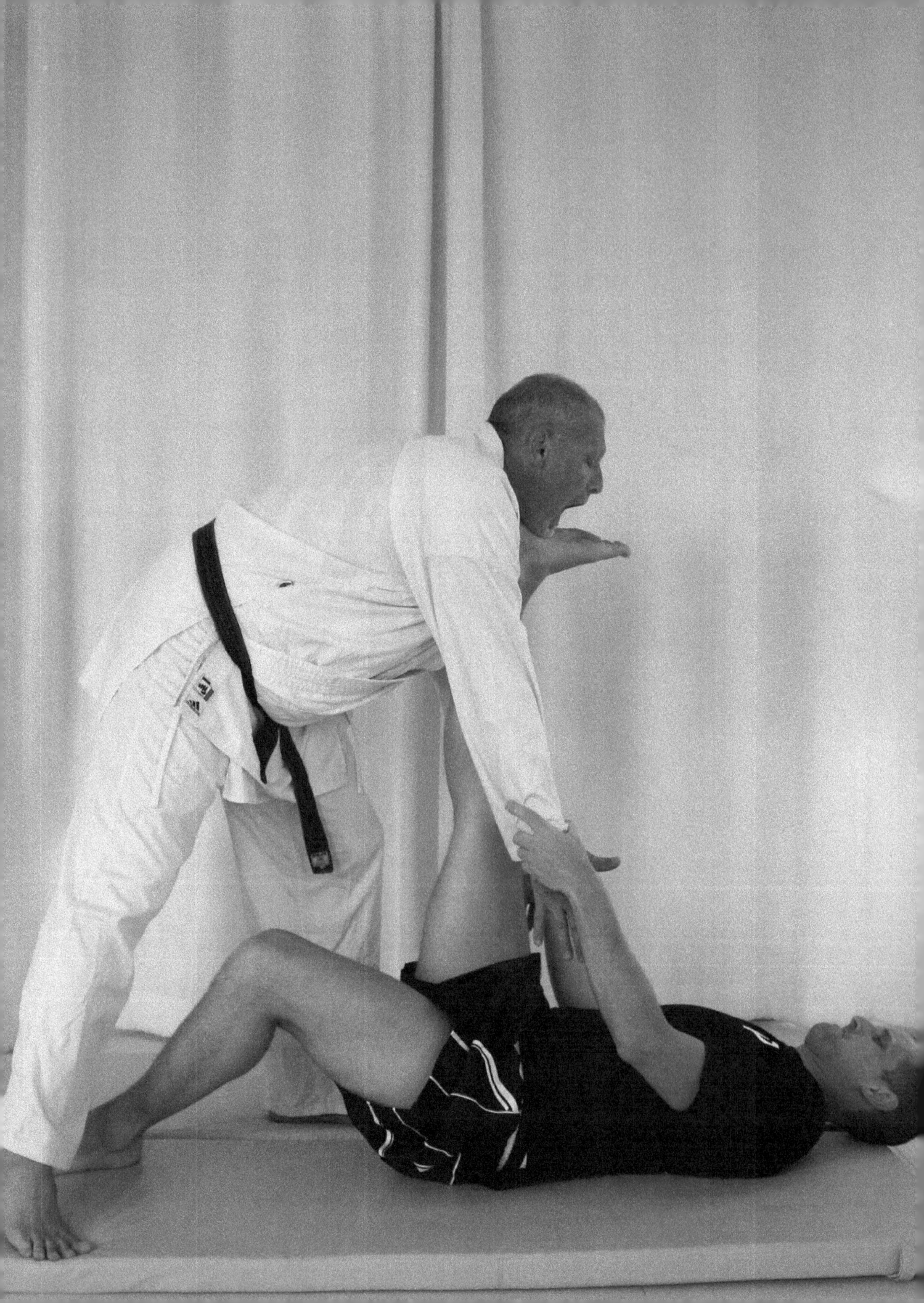

Préface à la Collection 'Kicks'

Un but n'est pas toujours supposé d'être atteint, il est souvent simplement quelque chose à viser.
~Bruce Lee

Cette Préface et l'Introduction Générale qui suit sont très proches de celles de nos ouvrages précédents de la Collection 'Kicks'. Pour épargner une relecture à nos lecteurs fidèles des livres précédents en Anglais ou en Français, nous les invitons à passer directement à l'Introduction aux Coups de Pied au Sol, page 20.

Ma carrière d'Arts Martiaux a commencé avec le Judo à l'âge de six ans. Le Judo était relativement nouveau il y a cinquante-cinq ans et avait des relents un peu mystiques en Occident. Un Art Oriental mystérieux qui enseignait l'Art d'utiliser la force d'un agresseur contre lui-même, et avec en plus des uniformes et un décorum incontournable : voilà qui était bien attirant pour un enfant un peu frêle. Et puis arriva soudain la grande mode des films de Kung Fu des années Soixante-dix, avec *Bruce Lee* et autres.

C'est mon avis que la fascination des masses, et des adolescents dont j'étais, avait sa source dans les fantastiques coups de pied de ces spectaculaires combats cinématographiques. Une grande partie des scènes de combats étaient basée sur des échanges de coups de pied comme nous n'avions jamais vu. Ce qui était alors nouveau et révolutionnaire aurait semblé banal et normal au plus jeune lecteur d'aujourd'hui. Mais nous avions été élevés pendant l'ère dominante de la boxe anglaise et nous étions conditionnés par le fair-play des règles du *Marquis de Queensburry*. Nous ne nous doutions certainement pas que des combats pouvaient ressembler à ça!

C'était aussi la première fois que le grand public en Europe et en Amérique pouvait découvrir un Art Martial complet en action : des coups de poing certes, mais aussi des coups de pied, des coups a mains ouvertes, des projections, des luxations, des étranglements, des saisies, etc... Ces Arts Martiaux d'Orient comprenaient toutes les disciplines possibles dans une compilation homogène. Wow !

Le Judo, c'était bien ; mais je voulais maintenant apprendre à donner des coups de pied comme *Bruce Lee*. Je m'inscris donc à une école de Karaté Shotokan. Le *Shotokan-ryu* n'est certainement pas le style des coups de pied spectaculaires, mais c'était alors le style de Karaté le plus répandu hors d'Asie et le seul qui m'était disponible. Et c'est bel et bien : je ne le regrette certainement pas. Bien que sans coups de pied extravagants, le Shotokan est un style très didactique : il est caractérisé par la tradition, l'entrainement pur et dur, le focus (*Zanshin*) et

... la maîtrise absolue du travail de base. Dans tous les efforts athlétiques, c'est la pratique et le retour continu au travail de base qui est toujours le seul vrai secret de la réussite. L'école traditionnelle Shotokan, avec ses exercices et ses positions d'entrainement très basses, répond certainement à cette définition du travail de base requis.

Et donc, durant toute ma carrière, j'ai mis un point a toujours pratiquer le style Shotokan ou un style dérivé proche. J'ai aussi toujours continué à pratiquer le Judo, mon premier Art Martial et amour de jeunesse. Mais, en parallèle, j'ai commencé très tôt à explorer d'autres Arts, chaque fois pour plusieurs années, aux bons soins des opportunités et de la géographie. Pendant cette longue carrière Martiale, j'ai donc eu le privilège de pratiquer avec assiduité le Karaté des écoles Kyokushinkai, Shotokai, Wado-ryu et Sankukai. J'ai aussi pu m'entrainer sérieusement en Taekwondo, Muay Thai (en Thaïlande), Krav Maga (en Israël), Capoiera, Savate- Boxe Française, en deux styles de Jiu-jitsu traditionnel et des styles doux de Kung-Fu. C'est au long de cette quête que j'ai développé mes méthodes personnelles et que j'ai concrétisé mes vues

sur l'Art du Coup de Pied et sa place dans le combat complexe. Tout cela a fourni la base sur laquelle j'ai pu construire ma recherche individuelle sur le sujet. Il est évident que les résultats sont influencés par le type de manœuvres et les sortes d'entrainements qui vont facilement avec ma psychologie et ma physiologie personnelles. J'ai cependant essayé de mon mieux de garder l'esprit ouvert, entre autres par l'étude avec humilité, et par le biais du coaching et de l'enseignement.

C'est dans le courant de cette carrière peut-être un peu trop éclectique que mes pérégrinations m'ont amené aux portes de l'école **Shi-Heun** de *Sensei Sidney Faige*, décédé depuis et mentionné dans les Crédits. Le style *Shi-Heun* est dérivé du Shotokan et complémenté par la pratique intensive du Judo. Le style est basé sur le conditionnement physique extrême, sur le combat total réaliste pratiqué sous différentes

Sensei Sidney Faige en action

règles possibles, et sur la recherche personnelle de ce qui convient le mieux à chacun. Son aspect self-défense est basé sur un Krav Maga sans fioritures. Ce n'était alors que les premières des années 80, mais *Shi-Heun* était certainement un ancêtre prophétique du

Sensei Faige avec l'équipe Nationale Israélienne victorieuse; l'auteur et Roy Faige sont sur la droite

phénomène actuel des Arts Martiaux Mixtes et modes du genre UFC. Les règles du combat libre au dojo étaient 'tout va' et 'jusqu'au sol'. Mais ce type d'entrainement n'a certainement pas freiné la réussite des élèves de l'école dans les tournois traditionnels sous règles bien plus légères. Les disciples directs de Sensei Faige ont dominé la scène sportive, invaincus, pendant des années.

A cette époque, les tournois de combat de Karaté aux points étaient en général du type WUKO (World Union of Karate Organizations), à l'exception notable du *Kyokushinkai* et des rencontre semi-contact. Il est triste de savoir que les combats WUKO d'alors consistaient généralement de deux protagonistes sautillant bêtement en attendant que l'adversaire initie une attaque qui serait stoppée par un *Gyacku Tsuki* (Coup de poing contraire)

Marc et Roy en finale d'un tournoi aux points en 1987

*Coup de pied de Marc
en tournoi*

...au corps. Peu réaliste et ennuyeux pour le public. Quand mon nom était appelé à un de ces tournois, les spectateurs avérés applaudissaient spontanément d'avance ; ils savaient qu'ils allaient finalement voir des coups de pied. Je m'excuse d'avoir l'air de me vanter, mais le point que j'essaye de souligner est le suivant : les fans du Karaté de cette époque venaient pour voir des coups de pied et du combat riche et intéressant ; ils ne venaient pas pour une forme peu réaliste de boxe. Cette tirade n'a pas pour but de dénigrer le Karaté, mais plutôt de critiquer l'influence néfaste de règlements idiots qui lui ont fait grand tort. Je crois passionnément que ce sont les coups de pied qui étaient a la base de l'attrait des Arts Martiaux Orientaux. Comme je l'ai déjà mentionné à maintes reprises dans mes articles et livres, je proclame avec ferveur que *les coups de pieds sont plus efficaces que les coups de poings*. Cela provoque généralement beaucoup de désaccords. C'est une vieille controverse, toujours en cours. Je demande donc qu'il me soit permis de compléter ma phrase. Je soutiens que les techniques de jambe sont plus efficaces que les techniques de mains, **mais aussi que leur maitrise exige beaucoup plus de travail et de temps**. J'espère que, présentée de cette façon, ma thèse est plus facilement acceptable par tous. Je vais maintenant détailler brièvement ma position.

Les coups de pied sont plus efficaces que les coups de poings:

1. A cause de la plus longue portée

2. Parce que les muscles de la jambe sont beaucoup plus forts que ceux des bras

3. Parce que, au contraire des coups de poings, les cibles possibles des coups de pied vont des orteils jusqu'à la tête

4. Parce que les coups de pieds sont toujours moins attendus et plus surprenants que les coups de poings, spécialement de près.

Je suis bien d'accord que les adversaires de ma position ont des arguments de poids. Ils vont mentionner que les coups de pied sont naturellement plus lents que les coups de poings, qu'ils sont aussi plus facilement bloqués car venant de plus loin. Souvent est aussi mentionné le fait qu'ils 'ouvrent' la région génitale (bien que les techniques de main font bien peu pour protéger ces parties). Mon expérience personnelle me permet pourtant d'affirmer que,

Il est nécessaire de s'entrainer à donner les coups de pied aussi de très près

après beaucoup de travail intelligent et tenace, nombreux coups de pied peuvent être aussi rapides que des techniques de mains et être effectués de toutes les positions et à toutes les distances.

Pendant toutes mes années d'entrainement, j'ai investi beaucoup de temps, de travail individuel et de recherche sur les Arts du Coup de Pied du monde entier. J'ai essayé tous les trucs et conseils d'entrainement, et j'ai mis un point à tenter d'utiliser toutes les nouvelles variations apprises en combat libre et en compétition sportive. Il est sans doute temps de mentionner ici que ma recherche N'A PAS pour but d'acquérir un nombre maximum de techniques. Le but est de découvrir les quelques techniques les plus adaptées aux points forts, à la physiologie et aux affinités d'un chacun (Une fois ce petit nombre de techniques et leur modes d'entrainement découverts, il faut alors y concentrer tout effort pour une exécution parfaite a toutes distances et de toutes les positions).

C'est au long de cette longue quête dans le royaume du coup de pied que j'ai développé un style personnel de l'Art du Coup de pied basé sur mon histoire personnelle et sur mon état d'esprit. J'ai consulté toute la bibliographie disponible, mais fort peu de travaux ont été consacrés exclusivement aux coups de pied. Les quelques ouvrages à ce sujet que j'ai découvert étaient en général sérieux, mais plutôt inorganisés et restrictifs à leur style spécifique. Je n'ai en fait jamais trouvé le livre que j'aurais voulu avoir tout au début de ma carrière Martiale. J'ai donc décidé de l'écrire moi-même et de partager mes vues sur le sujet. Pour autant que je sache, il s'agit ici du premier essai de compilation et d'organisation de toutes les sortes de Coups de pied ; compilation qui puisse servir de référence et de base d'exploration pour les amateurs de l'Art du Coup de Pied. J'ai commencé ce travail potentiellement énorme, de façon probablement imparfaite, avec une collection que j'ai choisi de nommer : la Collection 'Kicks'. Une vue d'ensemble des Coups de Pied de base a été présentée dans '*Le Grand Livre des Coups de Pied*', bien reçu et traduit en plusieurs langues. Ce succès m'a encouragé à suivre avec ce volume sur les *Coups de Pied Bas*. Il a été suivi par '*Stop Kicks*' (en Anglais) qui couvre les Coups de pied d'anticipation, de blocage, d'empalement, d'obstruction et d'attaque du point d'appui. A cette époque d'Art Martiaux Mixtes, il était naturel du suivre avec '*Ground Kicks*' (en Anglais) pour les coups de pied au sol. '*Stealth Kicks*' (en Anglais), qui couvre le sujet de la feinte et de la dissimulation dans l'Art du Coup de Pied, a été acclamé dès sa publication. Plus tard sont sortis '*Sacrifice Kicks*' et '*Krav Maga Kicks*' (en Anglais) qui couvrent les Coups de pied volants et suicidaires. L'auteur exprime l'espoir que tout ce travail puisse servir de base pour compléments et commentaires par d'autres. Comme déjà mentionné plusieurs fois, la maitrise de l'Art du Coup de Pied nécessite beaucoup de

➡

travail d'entraînement. J'ai donc aussi publié un ouvrage concernant les exercices généraux de base qui devraient aider l'étudiant à atteindre les niveaux supérieurs de performance. Comme dans toute activité athlétique, ce sont les exercices de base qui construisent les solides fondations nécessaires ; c'est à ces exercices simples et basiques que les vrais athlètes réussis retournent régulièrement pour de nouveaux sauts de progrès. 'Plyo-Flex Training for Explosive Martial Arts Kicks and Other Performance Sports' (en Anglais) présente ces importants exercices généraux de base qui devraient être pratiqués régulièrement pour une amélioration continue des performances du spécialiste en Coups de Pied.

Et maintenant, pour finir, il m'est important de souligner que mes opinions exprimées ci-dessus ne sont en aucune façon une critique de l'Art du Coup de Poing.

 Ma philosophie personnelle est que les Arts Martiaux forment un tout qu'il est possible de voir de nombreux points de vue différents. Un Artiste complet devrait maitriser les coups de poings, les coups de pied, les déplacements, les projections, les esquives, la lutte au sol, et bien d'autres disciplines. Mais chaque Artiste aura ses préférences personnelles, ses qualités particulières et sa façon propre d'approcher les Arts Martiaux comme un tout homogène.

Et je dois ici ajouter quelque chose qui devrait être clair : Il n'y a pas de maitrise de l'Art du coup de pied sans compétence dans les techniques des membres supérieurs. Même le spécialiste du coup de pied aura besoin des coups de poing pour fermer la distance, pour feinter, pour préparer un coup de pied, pour suivre un coup de pied, et pour bien d'autres situations…Cela apparaitra clairement dans les applications présentées dans ce volume, ainsi que dans tous mes livres précédents.

Il doit être dit qu'un coup de poing est parfois la meilleure, ou même la seule réponse possible, dans certaines situations. J'ai rencontré des spécialistes du coup de poing extraordinaires qui utilisaient les coups de pieds exclusivement comme feintes ou comme mouvements de mise en place. Et il faut rappeler que des grands spécialistes du coup de pied, comme le légendaire Bill 'Superfoot' Wallace étaient extrêmement compétents en coups de poing, et y travaillaient très dur (comme j'en ai fait la pénible expérience personnelle durant plusieurs stages). Coup de pied, coup de poing,… Comme toujours, le secret est un bon équilibre !

Et cela m'amène tout naturellement à mon dernier point. Il me serait bien triste que mes livres et mes opinions soient mal comprises comme un appel à toujours utiliser des coups de pied en combat, ou même pire, à toujours utiliser des coups de pied hauts. Le plus grand spécialiste du Coup de pied du monde ne devrait pas en effectuer un juste parce qu'il en est capable !

Un coup de pied ne doit être exécuté que parce que c'est la technique qui s'impose dans une situation spécifique. Evident peut-être, mais valant certainement d'être répété. En citant quelqu'un d'autre :

Prenez les choses comme elles sont. Donnez un coup de poing quand vous devez donner un coup de poing. Donnez un coup de pied quand vous devez donner un coup de pied.
~Bruce Lee

Introduction Générale : La Collection 'Kicks'

Ce livre n'est pas un ouvrage de base pour le débutant, mais plutôt un travail de référence pour l'Artiste expérimenté. Le lecteur devrait être compétent dans sa compréhension des postures, des déplacements, du concept de ligne centrale, des gardes, du contrôle de la distance et des esquives, et bien plus. En d'autres mots, le lecteur est supposé avoir atteint un certain niveau technique dans l'Art Martial de son choix, et cela inclus les coups de pied. Cet ouvrage considère les Coups de pied de base maitrisés, et donc comme le niveau d'où pouvoir progresser vers des techniques plus sophistiquées. Le lecteur est invité à consulter les livres précédents déjà mentionnés. Ce livre-ci devrait servir comme un outil de recherche personnelle pour tout Artiste intéressé dans le Coup de Pied ; recherche libérée des contraintes de son style spécifique. C'est pourquoi la description des divers coups de pied est brève et pourquoi les exemples typiques ne sont expliqués que brièvement. L'auteur préfère laisser dessins et photos illustrer les angles importants. Le lecteur est invité à essayer et à adapter les techniques à ses préférences et à sa morphologie.

L'auteur a tendance à préférer dessins plutôt que photos pour pouvoir faire apparaitre des points importants parfois peu discernables.

L'Artiste expérimenté se rendra probablement vite compte que la formation de base de l'auteur a été le Karaté Japonais. C'est inévitable malgré que certainement pas voulu. Ce livre aspire à être le plus dénué de style possible ; il a pour but de créer des ponts entre différentes écoles sur la base de principes communs immuables. La philosophie de l'auteur est que tous les Arts Martiaux font partie d'une seule masse ou les 'styles' ne sont que des interprétations des principes et leur adaptation à certaines stratégies, certaines règles, certaines contraintes culturelles ou certaines morphologies. Cela forme un tout, même si ça a l'air différent quand regardé sous des angles différents. Dans les photos et dessins, le lecteur pourra trouver des différences techniques et des emprunts à différents styles. Cela est fait exprès, afin de souligner l'aspect universel de ce traité. Le pied de la jambe d'appui est parfois à plat au sol, comme requis dans les styles Japonais, et parfois le talon est levé comme dans certaines exécutions Coréennes. Il devrait être clair à tous que les principes biomécaniques sont identiques pour les Artistes expérimentés, et que ces petites différences d'exécution n'ont aucune importance réelle. Il est bien plus important pour l'étudiant d'adapter la technique, une fois maitrisée, à sa morphologie spécifique et à ses préférences. Ce livre n'a pas la prétention de présenter une forme axiomatique de l'exécution de coups de pied ! Le lecteur verra des techniques exécutées avec des bras fermés en garde hermétique ; et il verra aussi des bras grand ouverts contrebalançant le coup de pied. Il verra des mains ouvertes et des poings fermés.

Comme dans nos efforts précédents, il s'est avéré difficile de nommer et de classifier les différents coups de pied. L'auteur a donné aux techniques des noms descriptifs en Anglais (subséquemment traduits pour cet ouvrage en Français). Quand possible, les appellations populaires ont été utilisées. Mais les coups de pied complexes, exotiques ou hybrides, qui sont souvent difficile à décrire, ont parfois plusieurs ou aucun noms. Les dénominations choisies par l'auteur peuvent certainement être améliorées. Pour les Coups de pied de base communs à tous les styles, nous avons mentionné les noms étrangers d'origine. L'auteur s'excuse d'avance devant les puristes de tous les styles : il est clair que la description d'une technique ne peut pas être valide en détail pour tous les styles (Par exemple, le Coup de Pied de Face de base est enseigné de façon différente en Karaté Shotokan et en TaeKwonDo). Les noms d'origine en Japonais, Coréen, Chinois ou Portugais sont juste mentionnés à titre indicatif pour d'éventuelles recherches futures par le lecteur. Il faut aussi bien dire que certaines techniques ont même des noms différents dans différentes écoles du même Art ! Pour les Coups de pied plus complexes ou même à la limite exotiques, nous avons fait exprès d'omettre les noms d'origine. C'est seulement quand un Coup de pied se trouve très typique d'un certain style, que nous l'avons mentionné en hommage à ce style. L'auteur doit finalement aussi s'excuser de sa transcription arbitraire des mots étrangers ; les puristes de la translittération pourraient prendre ombrage, et à raison.

Les Coups de Pied présentés dans ce volume sont 'avancés'. Cela ne veut pas nécessairement dire qu'ils sont plus difficiles à exécuter que les coups de pied de base. Au contraire. Au-delà du besoin d'une forme de classification, le terme 'avancé' est utilisé pour souligner que les principes au cœur des Coups de pied de base doivent être d'abord parfaitement maitrisés. Un Coup de Pied d'Arrêt de Face est relativement facile à exécuter, mais un peu différent du Coup de Pied de Face de base. Mais pour l'obtention d'un maximum de puissance, il est essentiel de suivre les mêmes principes de base du Coup de Pied de Face : la position de préparation, le développement, l'impact pénétrant, et le retour en position de départ. Et tous ces principes du développement de l'attaque restent valables pour le plus difficile Coup de Pied Volant de Face. Et même si un Coup de Pied Bas de Face semble facile, il sera exécuté selon les mêmes principes de base déjà maitrisés pour puissance et vitesse maximales. Le Coup de Pied Feinté typique 'Coup de pied de Face chambré comme Fouetté' n'est pas spécialement facile à maitriser, mais c'est surtout une question de souplesse de la hanche et de pratique : les principes de base derrière l'exécution puissante de ce qui est en fait un Coup de Pied de Face (à trajectoire convolutée) restent les mêmes. Une fois les principes essentiels du Coup de Pied de Face de base maitrisés, toutes les variantes 'avancées' seront plus rapides et plus puissantes. Le secret est toujours de maitriser d'abord les éléments et principes de base ; et seulement dans un deuxième temps d'essayer toutes les variations dans des situations différentes. C'est d'ailleurs aussi le secret de la réussite pour toutes autres activités physiques. Ceci dit, étant donné que les Coups de Pied Avancés sont des variations sur le thème des Coups de Pied de base correspondants, ils seront présentés dans toute leur complexité par nombre de variantes utilisées dans des applications spécifiques.

Ce volume n'a pas pour objet de décrire les Coups de Pied de base. Si nécessaire pour la clarté

➡️

du texte, certaines techniques de base seront brièvement illustrées en rappel. Ce volume traite seulement des Coups de Pieds qui attaquent les régions inférieures, et ce, comme variantes des six catégories de Coups de pied de base, présentées dans nos ouvrages précédents (Face, Côté, Arrière, Fouettés Circulaires, Crochetés et Croissants).

Les volumes suivants de la série qui sont en préparation vont présenter les complexes Coups de Pied Multiples, les dévastateurs Coups de Pied aux Articulations et les Coups de Pied de Self-défense sans fioritures.

Certains coups de pied avancés ont été omis, car il s'est avéré nécessaire de tirer la ligne quelque part. Ces décisions ont encore été arbitraire et pourraient être disputées. Nous avons tout d'abord omis toute une série de nuances possibles pour chaque coup de pied : comme mentionné, il est clair que toutes les techniques sont délivrées de façon un tout petit peu différente dans chaque école et chaque style. Ces différences minimes viennent des idiosyncrasies de chaque style et ne changent rien aux grands principes de base. L'auteur décrit donc les coups de pied dans leur forme que sa propre expérience trouve la meilleure, et il reste au lecteur de l'adapter éventuellement à sa propre personnalité. Mais, afin d'être complets, nous avons quand même essayé de présenter nombre de variations dans les Applications.

Nous avons aussi omis les coups de pied hybrides : le nombre infini de variantes d'exécutions possibles de coups de pieds « entre deux techniques » rendrait cette tâche ridicule. Il existe, par exemple, un grand nombre de techniques possibles entre le coup de pied de face et le coup de pied fouetté circulaire, chacune avec un peu plus ou un peu moins de « face » ou de «fouetté». Et celà est encore plus vrai dans cet ouvrage spécifique traitant des coups de pied bas, comme sera mentionné dans le texte.

Coup de genou

Les Coups de pied combinés et les combinaisons poing/pied sont aussi de nombre infini et ne seront pas présentées que tels ; ils seront plutôt suggérés dans les exemples d'applications. Les Coups de genou, bien que très efficaces et versatiles quand visant les zones basses, ne seront pas considérés comme coups de pied dans cet ouvrage.

Les Coups de Pied au Sol restants qui seront présentés dans ce livre, le seront d'une façon descriptive plus ou moins fixe : après une Introduction **Générale** et la **Description** (illustrée) du Coup de pied, les **Points Clé** à retenir pour une bonne exécution seront énoncés brièvement (Rappel : ce livre a été écrit pour des Artistes Martiaux expérimentés). Les **Cibles** à préférer des coups de pied seront mentionnées, mais de façon générale : une étude des points vulnérables spécifiques est hors du champ de cet ouvrage. Des **Applications Typiques** seront alors détaillées et illustrées. Ces applications seront généralement l'usage (ou la préparation à l'usage) du coup de pied spécifique présenté, dans une situation plutôt sportive. Ce sera souvent une combinaison de techniques basée sur une alternance tactique des angles et/ou niveaux (par exemple : haut/bas/haut, ou intérieur/extérieur/intérieur), ou alors basée sur le principe de l'Attaque Indirecte Progressive prisée des Artistes JeetKuneDo. Il nous faut cependant ajouter que les principes tactiques ne seront ni détaillés ni présentés de façon systématique, car trop loin du sujet de ce livre. Les applications détaillées seront généralement aussi applicables à la fois à des situations réelles et à du travail d'entrainement.

➤

Quand ce sera possible, nous donnerons des conseils d'*Entrainement Spécifique* pour améliorer l'exécution du Coup de pied présenté. Cette section sur l'entrainement sera brève et concernera uniquement les caractéristiques très spécifiques de coup de pied et la façon de l'améliorer ; un programme général d'entrainement ne convient pas au sujet restreint de ce livre. Notons que l'entrainement d'un coup de pied au Sol est souvent aussi l'entrainement du coup de pied de base correspondant, avant son adaptation éventuelle à l'exécution preemptive. Retournons donc aux sources !

Pour finir, et afin d'élargir le contexte des applications, nous donnerons des exemples supplémentaires de l'usage du coup de pied, mais dans une application plus adaptée a la Self défense réaliste ou aux Arts Martiaux Mixtes.

Il ne nous reste maintenant qu'à attirer l'attention du lecteur sur le fait que ce livre en particulier, mais aussi toute la Collection 'Kicks' en général, catalogue un grand nombre de différent Coups de Pied. Cela ne veut certainement pas dire qu'il faut tous les connaitre et tous les maitriser. Nous avons déjà mentionné qu'un véritable Artiste Martial doit d'abord maitriser les bases de son style propre par un travail intensif des techniques de base. C'est seulement plus tard qu'il devrait s'essayer aux manœuvres avancées et aux techniques spéciales des autres styles. Il peut alors s'entrainer à de nouvelles techniques moins conventionnelles et les essayer en combat libre. Un Artiste véritable saura alors choisir les quelques techniques, très peu parmi toutes, qui conviennent à sa morphologie, à sa psychologie et à ses affinités. Ce petit nombre de techniques devront alors être exécutées en entrainement des milliers et des milliers de fois, jusqu'à devenir naturelles. Pendant un combat, c'est le corps qui choisit intuitivement la meilleure technique à utiliser a un moment donné. Si vous devez reflechir a quoi faire, vous avez déjà perdu le combat. *'Practice makes perfect'* ; c'est la pratique qui mène à la maitrise. Pour citer d'autres personnes que moi :

Je ne crains pas celui qui a pratiqué 10,000 coups de pied une fois, mais je crains celui qui a pratiqué un coup de pied 10,000 fois.
~ Bruce Lee

et

Entrainement dur, combat facile.
~Alexander Suvorov

Donc, entrainez-vous aux coups de pied et aux applications présentées. Adaptez-les alors à vos physiologies et psychologies. Continuez de les pratiquer et essayez-les en combat libre. Les 'combinaisons de suite' qui viennent après le coup de pied sont présentées à titre indicatif et destinées à vous faire réfléchir. Essayez-les avant de les remplacer par les vôtres.

Et maintenant, aux Coups de Pied au Sol…

Introduction aux Coups de Pied au Sol

Préface

Les Coups de Pied au Sol sont une compétence qu'un Artiste Martial versatile se doit d'acquérir. Ces Coups de Pied ne sont généralement pas très prééminents dans la plupart des Arts de Kickboxing, mais c'est surtout à cause de l'influence dominante du sport compétitif. Cela a récemment un peu changé avec le tsunami des combats *MMA* et avec la mode de la victoire par soumission au sol. Frapper du pied à partir du sol est devenu plus courant. Malheureusement, les Coups de Pied du Sol sont surtout utilisés pour garder un adversaire à distance, pour créer la possibilité de se relever en relative sécurité, ou pour repousser les 'avances' d'un adversaire doué pour la lutte.

Certains Arts Traditionnels favorisent au contraire le combat au sol et l'Art du Coup de Pied depuis le sol. On peut citer comme exemples certains styles de *Kung Fu* (le style du Chien du Shaolin du Sud, le style de l'Ivrogne, les styles du Singe,...) et de *Pentchak Silat* Indonésien (*Tanjakan, Harimau,...*). Il s'agit généralement de styles qui basent leur tactique sur la surprise et la diversion. Les Artistes de *Capoeira*, maitres incontestés de la tromperie, ne sont jamais vraiment sur le sol, mais ils planent juste au-dessus, toujours très proches, en changeant continuellement de points d'appui entre mains, pieds et tête. Leur Art illustre combien efficace de pouvoir bouger rapidement très près du sol et puis exploser en coup de pied acrobatique depuis cette position inférieure. La méthode *Systema* de Russie encourage le combat libre avec un des protagonistes au sol, et elle enseigne nombre de techniques de projection à partir du sol.

L'Artiste Martial complet se doit de maitriser l'Art du Coup de Pied du Sol, non seulement parce que certaines techniques surprenantes et efficaces peuvent être utilisées en allant délibérément au sol dans certaines situations. Mais aussi parce qu'on peut facilement se retrouver par terre sans le vouloir : on peut glisser, être projeté, ou même simplement être attaqué quand on y est assis ou couché. On peut aussi se retrouver en face d'un meilleur combattant de lutte au sol que l'on préfère garder à distance, spécialement une fois par terre. On peut aussi être ce bon combattant au sol, qui préfère se battre depuis le plancher en espérant attirer l'adversaire à s'y joindre. On pourrait même être un utilisateur courant des Coups de Pied Sautés, à la fin desquels on se retrouve parfois au sol d'où il faudrait enchaîner. Et encore une bonne raison de pratiquer les Coups de Pied au Sol : aller au sol contre un adversaire spécialiste des Coups de Pied Hauts va neutraliser son avantage potentiel.

Descendre contre un spécialiste des Coups de Pied Hauts va neutraliser son avantage-clé

... Les raisons abondent, mais il faut ajouter la plus importante : Vous devriez étudier et pratiquer les Coups de Pied au Sol parce que leur pratique va aussi améliorer très fort vos compétences générales d'exécution de Coups de Pied. Votre position au sol neutralise certains groupes musculaires et le Coup de pied au Sol sera toujours différent de sa version correspondante debout. Cette compensation pour les muscles neutralisés va demander plus des autres groupes musculaires sollicités et va changer légèrement l'exécution (sans changer les principes de base de l'exécution optimale de la technique). C'est cela qui fait de la pratique des Coups de Pied au Sol un excellent entrainement pour l'amélioration générale de votre Art du Coup de pied. Tout comme le bodybuilding est basé sur le focus sur des groupes musculaires restreints, les Coups de Pied au Sol vont concentrer plus de puissance sur moins de muscles et ainsi compléter votre entraînement général. De plus, cette pratique va enseigner à l'athlète la pratique du Coup de Pied multi-positionnelle : savoir frapper du pied de toutes les positions, instinctivement et dans tous les angles nécessaires.

Dans notre précédent ouvrage traitant des Coups de Pied de Base, nous avons déjà présenté quelques *Coups de Pied Plongés*. Il s'agit de techniques où vous descendez au sol depuis une position debout normale, tout en exécutant un quasi-Coup de Pied 'au Sol'. Le but est généralement de surprendre l'adversaire par un changement brusque de niveau ou de retirer rapidement votre tronc d'une zone de danger imminent. Le lecteur est invité à consulter nos ouvrages précédents pour plus d'information. Ce livre-ci mentionnera les Coups de Pied Plongés spécifiques dans les sections correspondantes, mais brièvement seulement et pour être complet. L'Artiste Martial pratiquant comprendra aisément que tout Coup de Pied au Sol pourra être effectué pendant la descente au Sol et devenir ainsi un Coup de Pied Plongé.

Coup de Pied Latéral Plongé contre un Coup de Pied haut

Mais dans ce livre, nous allons nous concentrer sur la description des Coups de Pied au Sol purs et durs, exécutés à partir d'une position par terre.

L'importance des compétences de combat au sol est claire pour tous à cette époque de *MMA* et *Ju-Jitsu Brésilien*. En fait, frapper du pied au sol devrait être, si possible, le prélude à tout combat de soumission au sol. Et un combattant qui n'excelle pas en combat au sol se doit de savoir frapper du pied au sol pour se donner la possibilité de se relever en garde (comme décrit plus loin dans le livre). Je vais conclure cette introduction aux Coups de Pied au Sol, avec une anecdote personnelle qui illustre, à nouveau, l'importance de ces techniques. Voir en haut de la page suivante.

➡️

... Et voici. Dans les années 1980, déjà un combattant plus que passable, j'eu ma première rencontre avec un *Capoeirista*. J'étais un relativement bon combattant au sol, mais du type du Judo très répandu à l'époque (*Ne Waza*). Je ne me doutais pas du tout qu'on puisse effectuer de Coups de Pied sophistiqués depuis le sol. Le Karaté et le Kickboxing étaient alors à la mode mais ils auraient été trouvés très rigides si comparés à aujourd'hui. Mon nouvel ami et moi nous sommes mis d'accord pour un peu de combat libre au dojo. Je me suis retrouvé immédiatement complètement dépassé : que faire de ma position debout, contre un type au sol qui bougeait tout le temps comme un crabe et me frappait du pied dans les genoux. Je devins conscient de la proximité de mes parties génitales à ses coups, alors que ses points vitaux se trouvaient à bonne distance de mes armes naturelles. C'est alors que je compris qu'être au sol pouvait être une position avantageuse dans le monde réel, quelque chose que mes Balayages qui me gagnaient des tournois de Karaté m'avaient bien caché. L'importance des Coups de Pied au Sol et du combat de soumission au sol sont évidents aujourd'hui, comme un GSM ou une télécommande, mais ce n'a pas toujours été le cas...

Apprendre et pratiquer les Coups de pied au Sol devrait certainement être requis par tous les Artistes Martiaux modernes.

La garde au sol

Certains styles enseignent une 'position au sol'. C'est mon avis que ce terme est en fait un oxymoron. Mon opinion basée sur une longue expérience, est qu'il y a deux règles cardinales de combat au sol :

1.   Quand vous êtes à une distance de combat, soyez toujours en mouvement, de préférence d'attaque.

2.   N'essayez jamais de vous remettre debout si vous n'êtes pas tout à fait hors d'atteinte.

Les gardes et positions au sol des Arts Japonais orthodoxes sont codifiées, mais l'auteur ne crois pas qu'il en dérive un sens martial quelconque. Elles auraient plutôt été des positions de méditation ou des positions intermédiaires dynamiques basées sur la culture locale. De *Seiza No Kamae* (agenouillé sur les talons) à *Hantachi* (Agenouillé sur la base des orteils et prêt à se relever), en passant par *Suwari Gata No Kamae* (assis jambse croisées à l'Indienne). Grands noms pour choses triviales...

En Pratique, les Positions au Sol décrites dans les Illustrations du haut de la page suivante, doivent être considérées comme un point de référence, ou comme une position de départ quand vous arrivez au sol. Vos pieds sont proches du corps pour le protéger, chambrés pour pouvoir frapper, et éloignés d'attaques d'écrasement. Une main est de garde pour des blocages et des Coups de Poing d'Arrêt, et l'autre main est au sol pour équilibre et pour aider tout mouvement. Vous pourriez être complètement couché, à moitié sur votre coude ou tout à fait sur la main. Référez-vous aux Dessins mais souvenez-vous de toujours rester en mouvement et de changer continuellement de position !

Si vous devez prendre une position défensive pour cause d'attaques et de frappes du pied dès que vous touchez le sol, il est conseillé d'adopter la position dite 'de Coquille' (Shell), illustrée au bas de l'Illustration. Vous vous couvrez avec vos bras et vos jambes pliées en protection et vous pouvez vous éloigner en roulant ou en vous balançant (Humpty-dumpty). Les mouvements au sol seront traités dans une section y consacrée plus loin dans le livre.

En fait, dès que l'adversaire arrive à portée, vous devriez frapper du pied ses chevilles, ses genoux et ses parties, de façon à le garder à distance et devant vous. Bien que ça ait l'air du contraire, vous avez l'avantage : ses parties vulnérables sont des cibles faciles pour vous, alors que vous êtes vous-même protégé et une cible difficile. Pour arriver à vous, il doit se pencher vers vous ou s'ouvrir. L'important est de rester en mouvement et de ne surtout pas le laisser vous dépasser latéralement.

Les commentaires précédents sont pertinents si vous êtes plutôt un Artiste du Coup de Pied ou/et un mauvais lutteur. Si vous êtes un adepte du Ju-Jitsu Brésilien ou du Judo au sol (Ne waza), il est préférable d'essayer d'attraper votre adversaire entre vos jambes pour le tirer au sol.

Variations de la Garde au sol, et la position défensive en 'Coquille'

La garde au sol d'un spécialiste du travail au tapis consiste à contrôler les membres de l'adversaire, tout en l'ayant entre ses jambes (comme souvent dans les combats MMA). Cette position est illustrée, mais un traitement détaillé est hors du sujet traité par ce livre. Nous rencontrerons juste quelques exemples dans leur contexte. Des ouvrages volumineux complets ont été écrits à propos de 'la garde'. Garder le contrôle et obtenir la soumission adverse de cette position est un sujet complexe. C'est le domaine du BJJ à traiter avec beaucoup de sueur et de travail acharné.

La garde au sol du spécialiste de la soumission

Le secret pour prendre de l'avance est de commencer.
~Mark Twain

Descendre au sol

Nous avons déjà mentionné de ne jamais rester immobile au sol, spécialement quand dans une distance de combat actif. Il existe de nombreuses techniques de mouvement au sol, et il est important de les maîtriser *toutes*. Vous devez être capable de vous déplacer rapidement de n'importe qu'elle position dans laquelle vous pourriez vous trouver. Et de plus, la pratique des déplacements au sol est un excellent exercice pour s'échauffer, pour se muscler et pour la maîtrise générale de l'Art du Coup de Pied. S'entraîner de routine à bouger au tapis est un programme chaudement recommandé pour l'endurance et pour le sens tactique. Le lecteur est invité à s'y mettre à chaque occasion. Nous allons présenter les styles de déplacement au sol les plus importants, et aussi des exercices de descente contrôlée au sol si c'est là que vous désirez aller. (*L'auteur croit que la meilleure façon de descendre au sol est avec l'exécution d'un Coup de Pied 'Plongé' offensif*). Une fois toutes ces techniques maîtrisées, pratiquez les en les suivant immédiatement d'un Coup de Pied du Sol.

Voici donc les '**Descentes au sol**' les plus importantes, suivies des principaux '**Déplacements au sol**'. Ces sections se suivent car elles sont fortement corrélées, comme elles le sont aussi avec les 'techniques de Remontée' (reprise de la position debout à partir du sol), présentées dans la suite. Il faut noter que les listes qui suivent ne sont pas exhaustives, mais introduisent seulement les manœuvres les plus communes et les plus effectives.

a.   Descendre au Sol:

-    **La Chute Avant** (*Mae Ukemi- Judo; Zen Po Kaiten – Nin Jitsu*). C'est le simple cumulet roulé avant ou vous roulez sur l'épaule et atterrissez en garde au sol. Evidemment, la technique de chute avant complète où vous terminez debout (comme pratiquée au début des cours de Judo) peut être considérée et pratiquée comme une technique d'esquive ou d'évasion. D'un autre point de vue, la Chute Avant peut être catégorisée comme un déplacement au sol si vous partez d'une position agenouillée et terminez en restant au sol. Vous pouvez donc partir d'une position debout ou d'une position agenouillée, et vous pouvez aboutir soit debout, soit au sol. Toutes les quatre possibilités doivent être pratiquées pour être complet et versatile. On peut encore ajouter que la 'Chute Avant' peut devenir un Coup de Pied 'de Hache' Roulé (Coup Descendant du Talon tout en faisant le cumulet). Des exemples seront présentés dans le texte.

Descente au sol en Chute avant depuis la position debout

-    **La Chute Arriere** (*Ushiro Ukemi- Judo; Tachi Nagare – Nin Jitsu*). Référez-vous aux Dessins suivants. Vous pliez la jambe arrière pour atterrir au sol et rouler vers l'arrière sur une épaule. Vous pouvez, à nouveau, rester au sol ou utiliser l'élan de la chute pour vous remettre debout. Juste comme la Chute Avant, la Chute Arrière depuis la position debout peut être une manœuvre d'esquive ou d'évasion, comme pratiquée en *Nin Jitsu*. Partant d'une position au sol, ça peut être un simple déplacement au sol. Le cumulet roulé arrière peut être suivi de coups de pied très surprenants, et quelques exemples seront présentés dans le texte (Coup de Pied de Face ou Fouetté Descendant par exemple).

Le Roulé Arrière complet, de la position debout à la position debout

-    **La Chute Latérale** (*Yoko Ukemi - Judo*). Vous lancez tout simplement votre jambe (non-pliée) tout en pliant la jambe d'appui pour tomber sur votre côté. Vous pouvez alors atterrir en frappant le sol à la façon du Judo et rester au sol (Première série de Dessins). Ou vous pouvez courber votre dos et rouler comme pour la Chute Arrière (*Yoko Ushiro Ukemi*). La seconde série de Figures illustre le Roulé Latéral Arrière jusqu'à la position debout, mais vous pouvez vous contenter de rester au sol après le cumulet.

Yoko Ukemi : la Chute Latérale

Yoko Ushiro Ukemi : le Roulé Latéral Complet jusqu'à la reprise de la position debout

-       **La Descente sur la Jambe Arrière**. Les premier Dessins montrent comment simplement plier la jambe arrière pour s'asseoir sur le pied et puis se coucher vers l'arrière. C'est un mouvement naturel de descente au sol en s'asseyant. Vous pouvez le terminer avec un cumulet arrière ou même avec un Roulé Arrière Complet jusqu'à la position debout. Une étape intermédiaire qu'il faut aussi pratiquer est de d'abord placer le genou arrière au sol, et puis seulement de s'asseoir vers l'arrière. L'avantage de la technique, illustrée dans le second set de Dessins, est que la poussée de la jambe avant pour pouvoir s'asseoir vers l'arrière vous éloigne un peu plus de la position de départ.

Asseyez-vous sur votre jambe arrière

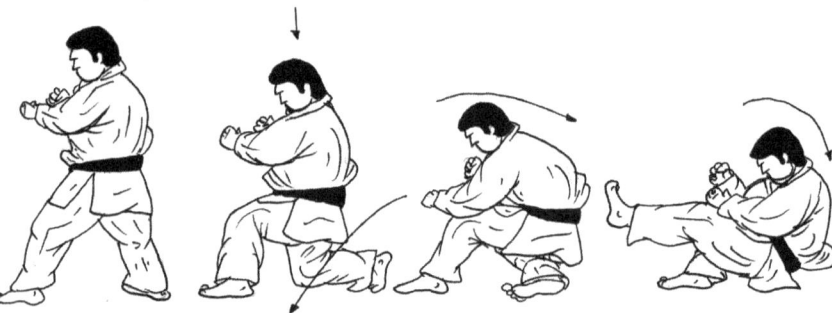

Genou arrière au sol, et puis poussez vers l'arrière pour vous asseoir

-       **La Descente Accroupie.** Voir Dessins. Vous pliez les deux jambes jusqu'à la position accroupie et puis vous posez vos fesses sur le sol avant de rouler ou de vous étaler. Si vous choisissez de rouler, vous pouvez évidemment vous étaler pour rester au sol après le cumulet, ou vous pouvez aller jusqu'au bout et vous relever. En travaillant assidument sur votre souplesse et vos muscles '*core*', vous devriez finalement arriver à vous asseoir sur vos fesses sans devoir rouler, comme c'est pratiqué régulièrement dans les classes de *Yoga*. Cet exercice de petit mouvement de 'assis à accroupi' et puis 'd'accroupi à assis', est chaudement recommandé (voir Figure suivante) ; pratiquez le jusqu'à ce qu'il devienne facile. La pratique assidue des exercices Pliométriques et d'assouplissement intense vous aideront aussi beaucoup (Voir : *Plyo-Flex*).

S'accroupir et s'asseoir

Un petit exercice fantastique : accroupi, assis, accroupi, assis,…avec le moins de mouvements possible

- **La Descente à deux mains**. Voir Dessins. Très simple : vous pliez les genoux pour mettre les deux mains au sol et vous utilisez le support des mains pour lancer vos jambes vers l'avant et alors rouler sur votre dos en position de garde. Il est intéressant de remarquer que beaucoup de Coups de Pied Plongés passent par cette position intermédiaire. Gardez vos yeux sur l'adversaire et ne vous penchez pas vers l'avant en descendant.

La toute simple Descente à Deux Mains

- **La Descente à Une Main**. Voir Dessins. Comme la descente précédente mais avec une seule main au sol. Gardez l'autre main en garde devant vous, et jetez la jambe arrière vers l'avant pour rouler sur votre dos (avec toujours la main en garde).

La Descente classique à Une Main

- **La Descente en Tailleur.** Nous avons tous fait cet exercice (voir Dessins) aux cours d'Education Physique é l'école. Il faut maintenant apprendre à l'exécuter explosivement, avec focus et sans le télégraphier d'avance. Croisez les jambes et descendez en position assise jambes croisées dite 'du Tailleur' (ou 'à l'indienne'). De cette position assise, vous pouvez simplement étendre les jambes ou commencer un quelconque déplacement au sol. Monter et Descendre ainsi, sans pause et sans gesticuler, jusqu'à épuisement est un excellent exercice de musculation des jambes.

- **Les Coups de Pied Main-au-Sol.** Comme déjà mentionné dans l'Introduction, je pense que la façon la plus sûre et la meilleure de descendre au sol est de le faire de façon offensive: Frappez du pied et descendez en toute sûreté alors que votre adversaire se remet du coup reçu. Il ne s'agit pas ici de Coups de Pied Plongés (descendre et puis frapper). Il s'agit de frapper du pied d'abord et puis seulement de descendre...

... Evidemment, la distinction est souvent théorique, vu que les mouvements se passent plus ou moins simultanément ; mais faire cette distinction est important pour la compréhension pratique et pour l'éducation a une classification claire (Comme promis, nous présenterons des exemples de Coups de Pied Plongés à la fin des sections consacrées à des Coups de Pied spécifiques, et ce, pour être complets). Descendre au sol sera plus facile si vous venez d'exécuter un Coup de Pied avec une ou même deux mains déjà au sol ! Vous frappez du pied, mais vous êtes déjà à mi-chemin du plancher. De nombreux exemples de ces *Coups de Pied 'Main-au-sol'* sont présentés dans nos ouvrages précédents ; le lecteur est invité à s'y référer pour plus d'informations. Les Photos ici-bas illustrent quelques uns des plus importants *Coups de Pied Main-au-sol*.

Coups de Pied Main-au-sol : Latéral, Arrière Descendant, Arrière en Poirier, Arrière Plongé, Crocheté de très près

- **Descentes de Face**. Dans certains cas, il est intéressant de descendre au sol très vite et 'sur le ventre' ; l'attaquant pourrait être derrière vous, ou vous avez peut être trébuché et n'avez pas le choix. Il y a en fait **2** façons de faire : Tomber directement 'sur la figure' comme illustré par le premier Dessin (haut de la page suivante), ou s'accroupir avant de lancer les jambes vers l'arrière, comme montré dans les Figures suivantes. *La première option* est le Brise-chute de Face classique du vieux Judo et du Ju Jitsu classique (*Mae Ukemi*) qui vaut être pratiqué, au cas où. Vous tombez directement vers l'avant, droit comme une planche et vous amortissez votre chute en pliant les bras pour en dissiper l'Energie (comme une suspension automobile. Commencez votre pratique en débutant dans une position agenouillée haute, et progressez graduellement jusqu'à pouvoir vous jeter avec force depuis la position debout. *La seconde option* est l'exercice classique dit 'Burpee', présenté ici dans sa version pliométrique où vous sautez le plus haut possible depuis la position accroupie. Pour descendre au sol, vous vous arrêtez évidemment à l'extension des jambes vers l'arrière. Les deux options vous mènent à une position couchée sur le ventre, qui n'est généralement pas une position enviable ou recommandée. Continuez à bouger immédiatement. Le suivi le plus simple est de rouler sur le dos et de prendre la position de garde (comme illustré dans la série de Dessins qui suit). Une alternative intéressante, surtout au cas où votre adversaire est du côté de votre tête, serait un saut de *Yoga* vers la position assise, comme illustré dans les Figures suivantes. De toutes façons, la pratique de ce saut de *Yoga*, exécuté dans sa forme classique, est un exercice excellent pour le travail de la souplesse, de l'endurance et du contrôle des muscles 'core' du tronc.

Le Mae Ukemi du Ju-jitsu : exercice important

Exercice classique du 'Burpee'

Ne pas rester sur le ventre : roulez simplement sur le dos

La transition classique de Yoga : de la « Planche » au « Bâton »

DESCENDRE AU SOL   29

- **Tirées au sol pour soumission**. A cette époque de *MMA*, le lecteur ne sera pas surpris d'apprendre que l'on peut agripper son adversaire, se laisser tomber au sol et l'y entrainer tout en préparant une prise de soumission, comme une clé de bras, de jambe ou de cou. Ces techniques 'suicides' d'amenée au sol dépassent évidemment du sujet de ce livre, mais leur importance en nécessite la mention. Les Dessins illustrent un exemple classique et facile venant du Ju-jitsu ; il y en a beaucoup d'autres.

Préparation de la clé de bras 'Juji Gatame' depuis la position debout

- **Projections-sacrifice**. Il s'agit des *Sutemi Waza* du *Judo* et du *Ju-jitsu* dans lesquelles vous 'sacrifiez' votre position debout pour amener votre adversaire au sol. En guise d'illustration du sujet, nous présentons dans les séries de Figures qui suivent, deux '*Sutemi Nage*' dans leur forme *Judo* et débutant de la position de saisie classique en vêtements *Judogi* traditionnels. L'Artiste expérimenté comprend aisément que ces techniques

The Classic Tomoe Nage of Judo

de projection existent sous de nombreuses formes qui ne nécessitent pas d'habits traditionnels de type *Gi*. Il suffit de regarder un combat récent de *MMA* pour se rendre compte que la plupart des amenées au sol sont de type 'Sacrifice' et amènent les deux protagonistes au sol. Il devrait aussi être clair que vous pouvez délivrer un Coup de Pied de loin, et puis suivre en agrippant l'adversaire pour le tirer au sol. Par exemple, la première projection illustrée (*Tomoe Nage*) pourrait venir après avoir plié l'adversaire en deux avec un Coup de Pied de Face au plexus. Ces types d'enchaînements ne relèvent pas du sujet de ce livre ; au lecteur intéressé de faire ses propres recherches et essais de pratique.

Tomoe Nage, la projection de la Roue

Le Yoko Otoshi classique du Judo

- **Le Ginga de la Capoeira**. Nous avons déjà mentionné dans l'introduction que la *Capoeira* est un Art Martial fantastique pour les amateurs du combat au sol ou « presqu'au sol ». Il est superflu d'ajouter que c'est un grand Art du Coup de Pied et un excellent régime de construction d'une véritable condition physique. Le *Capoeiriste* flotte juste au-dessus du plancher et est en continuel mouvement : il feinte et change de positions à tout moment. Il s'y entraîne en dansant au rythme de la musique dans la *Roda* (Cercle de pratiquants) contre un partenaire qui est aussi 'agité' que lui. La position dynamique de base de la *Capoeira* est la '**Ginga**' depuis laquelle tout mouvement peut devenir une descente au sol par l'utilisation des pieds, des mains, de la tête et des épaules comme ancres de pivot. Le lecteur intéressé se doit ses propres recherches sur les mouvements de *Capoeira* pour sa pratique propre. Ce livre se limite à présenter, dans les Dessins qui suivent, la transition de base depuis la *Ginga* à une esquive vers le bas (*Negativa*). Il ne s'agit que de l'ombre du sommet de l'Iceberg, mais, désolé, ce n'est pas le sujet de cet ouvrage.

Mouvement de base de la Capoeira qui vous amène au sol

- **Descente en Torsion**. (*Twist Down*). Voici maintenant le premier de Trois "Pas d'esquive" courants dans de nombreuses écoles et dont la pratique vous aidera à descendre au sol en sécurité. Les Photos illustrent comment tout simplement plier les genoux en pivotant pour une 'Descente Retournée'. L'utilisation pratique de ces manœuvres est détaillée dans notre livre sur les Coups de pied de base.

L'exercice du 'Twist Down'

- **La Descente en 'Pas d'Oie'**. (*Goose Step Descent*). C'est un exercice pour le développement de la force et de l'Art du Coup de Pied situationnel (de toutes les positions). La technique permet la Montée tout comme la Descente, comme illustré par les Photos.

L'exercice du 'Goose Step'

- **La Descente en Pas Croisé d'Esquive Diagonale**. (*Cross Step Evading-out Descent*). Il s'agit d'un pas d'esquive classique de certains styles de *Kung Fu*: c'est un très bon exercice, mais aussi une technique surprenante de sortie d'un axe d'attaque droit. Depuis la position finale, vous pouvez soit rester au sol, ou soit vous relever brusquement.

Sortez de l'axe d'attaque et agenouillez-vous les jambes croisées

b.   *Se Mouvoir au Sol*

Comme déjà écrit, certains déplacements au sol sont très proches des techniques de Descente décrites dans la section précédente. La liste de mouvements qui va suivre n'est certainement pas exhaustive : vous pouvez bouger au sol de la façon la plus simple à la façon la plus acrobatique que vous voulez. Mais les déplacements les plus courants sont présentés. Toutes ces techniques sont aussi des exercices d'endurance et de musculation spécifique : elles valent la peine d'être pratiquées souvent, par exemple en faisant des courses compétitives avec des partenaires du dojo.

Et voici maintenant les Déplacements au Sol promis :

- **La Marche à Genoux**. Voir Illustrations. C'est la façon traditionnelle que les Japonais d'antan utilisaient pour se déplacer dans la position à genoux. On l'appelle parfois 'la Marche de Samouraï'. Cet exercice important est très commun en *Aïkido* et dans les styles traditionnels de *Ju-jitsu* ; il est souvent pratiqué comme échauffement ou pour développer la force des jambes. Ce mouvement est important pour la pratique des formes traditionnelles

Japonaises dans lesquelles un seul ou bien les deux protagonistes sont assis sur les genoux (*Suwari Waza*). Pour bouger, on utilise simplement le genou avant comme point de pivot pour tourner les hanches de 90 degrés. Puis on répète de l'autre côté.

La Marche à Genoux : pivoter sur les genoux

- **Le Pas de Genou**. Voir Dessins. Cette méthode requiert de faire un pas avec une jambe (la jambe arrière si vous êtes en mouvement). Vous baissez alors le genou au sol droit devant vous, tout en tirant sur l'autre jambe. Répétez. Ce déplacement est plus naturel pour les pratiquants Occidentaux ; c'est un très bon exercice, mais à pratiquer de préférence sur un tapis. Commencez votre entraînement en vous concentrant sur la forme technique ; une fois maitrisée, vous pourrez vous concentrer sur la vitesse et travailler jusqu'à épuisement (endurance).

Le Pas de Genou : un bon exercice général

- **La Marche du Crabe**. Voyez Illustration. Voici un exercice très important, qui rappelle de façon statique certaines transitions dynamiques de la *Capoeira*. Il s'agit d'une méthode explosive de déplacement rapide dans une position de laquelle il est facile de frapper du pied. Il est impérieux de pratiquer ce mouvement et aussi de jouir de sa contribution à votre endurance et à votre puissance. Il faut juste toujours rester conscient du manque de protection de vos parties génitales : restez donc toujours en mouvement !

The unorthodox Crab Wal La Marche du Crabe : pas très orthodoxe

- **La Marche du Singe**. Voir Dessins. Cet exercice de gymnastique classique est une méthode de déplacement très simple: vous touchez le sol avec vos mains et vos pieds uniquement (Pas les genoux !). C'est une technique typique des différents styles 'du Singe' de *Kung Fu* traditionnel. Ce mouvement se prête à des transitions et à des changements de direction faciles. Se relever soudain est trivial et sans difficulté. La pratique assidue vous aidera à construire une impressionnante musculature des jambes et du 'core'. [La version 'sans mains' est nommée '*Marche du Canard*' et est en fait simplement une marche en position agenouillée. C'est aussi un excellent exercice de musculation des jambes, mais il n'est pas pertinent en soi pour le combat au sol. C'était une pratique de base dans les dojos de *Judo* que je fréquentais assidument dans les années 60 et 70, et j'en ai des souvenirs douloureux].

Simple et naturelle : La Marche du Singe

- **Les Roulés vers l'Avant et vers l'Arrière**. Ces deux mouvements ont été décrits dans la section précédente qui traite des *Descentes*. Dans ce cas-ci, vous commencez votre cumulet depuis une position à genoux au sol et vous le terminez au sol (couché en garde ou à genoux). De nombreux exemples seront présentés dans les applications décrites plus loin dans le livre.

- **Le Roulé Latéral d'Epaule**. (*Sokuho Kaiten – Nin Jitsu*). Voir Figures. Il s'agit tout simplement d'un hybride de Roulé Avant écourté et d'un Roulé Latéral, et qui démarre d'une position agenouillée. Les Dessins sont plus clair que mille mots supplémentaires. Notez bien que vous pouvez donner plus d'importance à la partie avant ou à la partie latérale selon les circonstances.

Le Roulé Latéral d'Epaule : un hybride entre les Roulés Avant et Latéral

- **Le Roulé Latéral.** Voyez les Illustrations. De la position couchée sur le dos, vous roulez 360 degrés sur le côté, un peu comme une tortue. Ce mouvement se doit d'être pratiqué assidument pour le perfectionnement de la vitesse, et ce, avec les jambes pliées et avec les jambes tendues. C'est une esquive facile, mais il est important de la pratiquer sérieusement et de ne pas la tenir pour acquise. Parfois, la vitesse est d'une importance vitale.

Le Roulé Latéral : facile et rapide

- **La Marche sur les Fesses**. Voir Dessins. C'est un exercice que nous avons tous fait à un moment ou l'autre en Education Physique, par jeu ou pour entrainement. Vous utilisez vos fesses, une à la fois, pour avancer ou reculer en position assise au sol. C'est (1) un exercice d'endurance, (2) un constructeur de la ceinture abdominale, et (3) une manœuvre situationnelle importante pour les déplacements au sol. Il est clair que vous n'allez pas l'utiliser pour fuir ou pour poursuivre votre adversaire 'sur les fesses'. Mais c'est un bon mouvement transitionnel. En tant qu'exercice de musculation, il est facile à présenter aux élèves comme une course compétitive (avant et arrière) qui forgera la camaraderie et les poussera à s'y donner à fond.

Avancez et reculez en utilisant exclusivement … vos fesses

- **Le Pivot sur les Fesses par Mouvement de Pieds**. Voir les Dessins en haut de la page suivante. Quand vous êtes au sol, il est important de ne jamais vous déplacer en ligne droite; trop prévisible. Soyez continuellement en mouvement et changez d'angles et de directions. Les Pivots sur les Fesses sont des méthodes de changement de direction, tout comme les Roulés (déjà rencontrés) et autres mouvements triviaux…

→

... Cette méthode utilise les pieds, en position assise au sol, pour pivoter autour de votre axe central (dont les fesses sont le point de contact avec le sol). Il s'agit à nouveau d'une technique transitionnelle qui doit être suivie d'un Roulé, d'une Marche ou d'une position de garde. Pour un travail d'endurance et pour vous y familiariser, entraînez-vous à faire des tours complets dans les deux sens, le plus vite possible.

Pivotez sur vos fesses en utilisant uniquement les pieds

- **Le Pivot sur les Fesses par Mouvement de Mains**. Voir Figures. Cette méthode utilise vos mains au sol pour propulser le corps en pivot sur les fesses, avec les jambes levées (pour que ça soit possible). Les jambes levées ajoutent à la pratique de ce mouvement un effet de développement de la ceinture abdominale. Entraînez-vous à faire des tours complets dans les deux sens, le plus vite possible.

Levez vos jambes et pivotez sur les fesses, en utilisant seulement les mains

- **Le Pivot d'Humpty-Dumpty**. Voir Illustrations. C'est une manœuvre extrêmement importante pour le travail au sol : en roulant vers l'arrière, vous vous donnez la distance nécessaire pour un élan avant puissant. Ce vecteur avant peut alors être utilisé pour frapper du pied, pour pivoter, pour vous relever ou même de sauter. Mais pour un *Pivot d'Humpty-dumpty*, vous levez les jambes et roulez vers l'arrière sur vos épaules. Vous ne complétez pas le cumulet, mais vous utilisez alors l'Energie acquise pour rouler violemment vers l'avant mais tout en pivotant sur votre dos. Continuez alors votre mouvement dans la nouvelle direction en face de vous.

Le Pivot d'Humpty-dumpty

- **Les Sauts**. Evidemment, vous pouvez sauter à partir d'une position agenouillée. Vous pouvez sauter dans plusieurs directions, vous pouvez sauter en longueur (*Première série de Dessins en haut de la page suivante*), ou vous pouvez même sauter en hauteur tour en frappant du pied (*Seconde série de Dessins, page suivante*). C'est tout à fait trivial et logique, mais il fallait le mentionner pour être complet. Des exemples pratiques seront offerts dans la suite du livre. Vous pouvez évidemment aussi faire plusieurs sauts en séries et vous pouvez aussi tout simplement vous relever et puis sauter... Tout est possible.

Coup de Pied de Face Sauté, directement depuis la position agenouillée

- **<u>Le Pivot de Genou à Genou</u>**. Voir Illustrations. C'est un pivot transitionnel duquel vous continuez à vous déplacer sans interruption : en tendant les jambes, en roulant, etc... Assis au sol avec un genou debout et un genou couché, vous faites un pivot complet en levant le genou au sol et en baissant le genou 'debout'. C'est un excellent exercice, et aussi une bonne manœuvre de transition vers d'autres mouvements au sol.

Le Pivot transitionnel de genou à genou

- **<u>La Marche à Jambe Tendue.</u>** Voyez Figures. C'est un déplacement plus sophistiqué qui requiert de la souplesse ; c'est donc un bon exercice. C'est aussi une technique situationnelle qui vous donne un bon 'feeling' des principes du déplacement au sol. Depuis une position agenouillée, vous tendez une jambe et 'accrochez' le sol du talon. Tirez-vous vers l'avant en pliant cette jambe et répétez de l'autre côté.

La difficile Marche à Jambe Tendue

- **<u>La Marche en Balayage de Jambe.</u>** Voir Dessins en haut de la page suivante. Voici un autre exercice sophistiqué et difficile. Vous utilisez à nouveau une jambe tendue pour vous tirer vers l'avant. Mais cette fois, vous amenez la jambe vers l'avant dans un large arc qui rappelle le fameux large balayage de *Kung Fu* 'Balai de Fer'.

La Marche en Balayage de Jambe : pas facile !

Se Remettre debout

Nous l'avons déjà répété : **n'essayez pas de vous relever tant que vous êtes à distance de combat**. C'est pendant que vous êtes en train de vous remettre debout que vous êtes le plus vulnérable. Reprenez votre position debout seulement quand vous êtes tout-à-fait hors de portée : s'il se jette vers vous à ce moment, vous devez avoir le temps de terminer votre mouvement et de vous mettre en position de combat avec une garde serrée et un focus mental de combattant (*Zanchin*).

Vous trouverez dans la suite quelques-uns des mouvements les meilleurs pour vous remettre debout en toute sécurité. Et la liste n'est certainement pas exhaustive. Ces techniques sont aussi d'excellents exercices de développement musculaire qui vous prépareront à un retour rapide et automatique à la position debout en cas de besoin. Entraînez-vous en répétant ces manœuvres par séries de 10. Encore mieux : ajoutez un Coup de Pied immédiat dès que vous êtes debout, suivi d'une redescente au sol, et on recommence jusqu'à épuisement.

Les techniques pour se remettre debout sont proches de certaines techniques de déplacement au sol et de descente. Pratiquez tous ces exercices avec un esprit ouvert, répétez-les en séries et en passant sans accrocs de l'une à l'autre. Plus tard, il est recommandé de les joindre avec des transitions naturelles pour en faire un exercice long et ininterrompu : se relever, frapper, descendre, aller au sol de l'avant, de l'arrière, se re-relever, …

- **Le Relevé par Roulé Avant**. Voir Dessins. Le Roulé est identique à la Chute Avant Roulée pour descendre au sol. Tous ces cumulets doivent être pratiqués depuis toutes les positions au sol (couché, assis, agenouillé); ils doivent être pratiqués aussi depuis la position debout jusqu'au sol ou même jusqu'au relevé debout. Les Roulés Avant doivent être pratiqués pour la hauteur maximale du saut et/ou pour la longueur maximale du saut.

The Front Roll Stand-up

Sensei Sidney Faiga, *fondateur de l'Ecole Shay-Heun, dans un Roulé Haut Avant avec frappe des pieds – Années 1950*

- **Le Relevé par Roulé Arrière**. Voir Figures explicatives. Ce mouvement est identique aux Roulés Arrières déjà présentés. Il a l'avantage de vous éloigner de l'adversaire (s'il est en face de vous, évidemment).

Le Relevé par Chute Roulée Arrière

- **Le Relevé par Bascule Humpty-dumpty.** Voir Illustrations. Le *Humpty-dumpty* a été présenté dans les déplacements au sol. Comme il se sert de mouvements de bascule pour créer un élan, il est très utile pour se relever avec énergie et rapidité. Vous accumulez de l'Energie en roulant vers l'arrière, et puis vous roulez vers l'avant jusqu'au Relevé complet. La version classique est présentée par la première série de Dessins. Il existe une version plus énergétique, plus spectaculaire et plus acrobatique où vous jetez les jambes : voir la seconde série de Figures *en haut de la page suivante.*

Humpty-Dumpty rolling Stand-up

LES COUPS DE PIED AU SOL

Le Relevé par Humpty-dumpty Sauté

- **Le Relevé par Position assise sur une Jambe**. Voir Figures. Il s'agit d'un Relevé simple et naturel, ce qui ne fait que renforcer l'importance de s'y entraîner sérieusement avec focus et concentration.

Pratiquez pour la vitesse et l'arrivée rapide en position de garde serrée. Le Relevé lui-même peut être précédé d'un mouvement de type *Humpty-dumpty*.

Le Relevé par Position assise sur une Jambe : naturel

- **Le Relevé par la Garde sur un Genou**. Voir Dessins. Voici encore un Relevé très naturel: vous prenez la position de garde au sol sur un genou, et puis vous tendez tout simplement la jambe arrière pour vous retrouver en garde debout. Le gros avantage de ce Relevé est que vous restez en garde concentrée pendant le mouvement. C'est une manœuvre qui se doit d'être beaucoup pratiquée : non seulement s'agit-il d'un bon exercice de musculation, mais sa simplicité pourrait vous conduire à négliger l'entraînement. En y travaillant, vous pouvez améliorer votre vitesse bien plus que vous pourriez croire ; et vous vous musclez les jambes en même temps. Pratique peut-être ennuyeuse, mais importante.

Prenez d'abord la Garde sur un Genou, et puis relevez-vous avec focus

- **Le Relevé Simple en Tendant les Genoux**. Voir illustrations. C'est un Relevé trivial, mais qu'il faut pratiquer pour améliorer vitesse, souplesse et force. Depuis une position assise sur les genoux, vous levez les genoux du sol pour passer en position agenouillée et vous vous relevez en tendant les jambes naturellement. Le passage d'assis sur les talons à agenouillé peut aussi se faire en sautant.

Tendez simplement les genoux

SE REMETTRE DEBOUT   39

-   **Le Relevé Assisté par une Main**. Voir Illustrations. Employer une main pour vous aider à vous lever est trivial et naturel. L'avantage de cette méthode est que vous tirez d'abord les jambes vers l'arrière et que vous vous levez un peu plus loin de l'adversaire. L'emploi de la main permet d'accélérer le Relevé. C'est une manœuvre importante ; malgré son manque de sex-appeal, elle doit être pratiquée intensément pour améliorer vitesse, et exécution explosive et d'une traite.

Simple mais important : Le Relevé Assisté par une Main

-   **Le Relevé Assisté par Deux Mains**. Voir Dessins. Ce Relevé est semblable au précédent, mais il utilise les deux mains pour aider à l'effort. Voir points-clé de la section précédente.

Le Relevé Assisté par Deux Mains

Nous avons maintenant couvert les méthodes de mouvement au sol et de Relevé vers la position debout. Nous pouvons donc passer à la description des Coups de Pied au Sol les plus importants. Le lecteur est invité a noter que certains autres Coups de Pied au Sol seront plutôt décrits dans un ouvrage en préparation traitant des Coups de Pied aux Articulations : nous pensons que leur aspect d'attaque articulaire est plus pertinente que le fait qu'ils soient exécutés au sol.

Le lecteur est aussi invité à noter que les Coups de Pieds décrits ici partiront de toutes sortes de positions : parfois de la position assise en 'Tailleur' avec les jambes croisées, ou parfois en garde au sol, ou même agenouillé ou à quatre-pattes. Nous allons même parfois présenter les Coups de Pied exécutés de la position assise sur une chaise, car c'est un exercice important et pertinent a notre sujet. Comme mentionné maintes fois, le combat au sol est exclusivement dynamique : on ne reste pas couché immobile à attendre ! Vous devez être constamment en mouvement, vous devez changer de position et de distance à tout moment. Et à vous de ne vous entraîner que comme ça. Bougez et frappez du pied constamment. Frappez en descendant, frappez entre vos mouvements au sol, et frappez en vous relevant. Bougez et frappez du pied !

Frappez du pied avant de descendre au sol : c'est plus sûr

40   *LES COUPS DE PIED AU SOL*

Marche de Crabe, coup de pied aux parties, relevé par roulé arrière et coup de pied immédiat

Les sections précédentes traitant des mouvements au sol, du sol et vers le sol doivent être conclues avec un commentaire général important. La maîtrise de l'Art du Mouvement au Sol peut être grandement améliorée par la pratique assidue de routines de **Yoga** du type *Vinyasa* ou *Ashtanga*. Les transitions entre les poses et les groupes de poses entre différents plans de travail ressemblent très fort a du mouvement au sol exécuté de façon contrôlée et économique, ce qui requiert de la souplesse et un '*core*' musclé. Un entraînement assidu à ces séries de poses *Yoga* vous aidera à développer ces qualités, tout en affutant votre conscience situationnelle et votre intuition instinctive du déplacement au (ou du) sol. Tout cela, évidemment, comme bénéfice additionnel aux autres attraits physiques et mentaux que la pratique de cet Art séculaire apporte. Cette pratique est chaudement recommandée à tous les Artistes Martiaux, et aux amateurs de la frappe du pied en particulier.

Entrainement

Créer de la puissance à partir du sol n'est pas facile, et il vous faudra travailler dur. Si vous voulez devenir un 'kicker' au sol efficace, il vous faudra travailler votre puissance en attaquant des sacs de frappe : pendus, debout, maintenus par partenaire, tenus au sol par vous-même en simulation de lutte, ou sacs au sol à votre côté. Il vous faudra cibler de lourdes 'Medicine-balls' pour les frapper du pied le plus fort possible et les envoyer le plus loin possible. Vous devrez aussi frapper des pneus de voiture usagés, depuis les positions les plus bizarres. C'est ainsi que vous apprendrez a développer de la puissance depuis '*ici-bas*'.

L'entraînement à la puissance des Coups de Pied au Sol : sur des sacs, des pneus et des Balles alourdies.

Le développement d'une puissance explosive s'acquiert par un entraînement combiné d'exercices pliométriques et d'assouplissement intense. Les progrès que l'on peut faire avec un programme régulier de cette combinaison sont tout simplement incroyables. Le lecteur est invité à consulter notre livre 'Plyo-Flex' comme référence. Un travail acharné est le seul secret d'une adaptation réussie d'un Coup de Pied debout en sa version au sol. Les Coups de Pied au Sol sont, de façon inhérente, plus faibles que ceux debout : il requièrent beaucoup de travail général, et spécifique, pour devenir vraiment efficaces. Mais la bonne nouvelle est que l'entraînement à la maîtrise des Coups de Pied au Sol va contribuer énormément à l'amélioration des Coups de Pied correspondants debout, et à votre maîtrise générale de l'Art du Coup de Pied. Les récompenses pour votre entraînement assidu sur le plancher vont apparaitre rapidement : endurance, maîtrise impressionnante de l'Art du Coup de Pied, et de nouvelles armes surprenantes dans votre arsenal.

Il est aussi important de se souvenir que *la pratique sérieuse du mouvement au sol* est une des clés de compétence du combat au sol. Malheureusement, aux yeux du novice, cette pratique semble souvent ennuyeuse et sans réel but combatif. Il est cependant impératif de pratiquer ces manœuvres comme telles, et aussi de les utiliser dans de longues séries libres sur le tapis : descendre, bouger, se relever, redescendre, … Cela doit être pratiqué au début de façon lente et concentrée. Plus tard, l'Artiste pourra graduellement augmenter sa vitesse tout en gardant des transitions sans accroc entre les techniques. Il est chaudement recommandé de pratiquer librement en groupe: chaque élève bouge individuellement, mais il doit faire attention à éviter toute collision avec les autres. C'est à la fois amusant et effectif pour construire des muscles endurants sans s'en rendre compte. Encore plus amusant : un petit match de football entre quelques pratiquants qui doivent bouger au sol selon les règles (de combat) et frapper la balle (*Medicine Ball*) du pied vers le goal adverse.

L'Art du *Mouvement au Sol* est moins 'intéressant' que les Coups de pied, MAIS il est extrêmement important et étonnamment gratifiant.

Et pour conclure, l'adepte sérieux de l'Art du Coup de Pied au Sol se doit de travailler sur ses muscles "*core*" du tronc pour améliorer sa performance. Cela peut sembler banal, mais de nombreux pratiquants préfèrent passer directement à l'entraînement plus sexy aux Coups de Pied eux-mêmes, tout en sous-estimant (une fois de plus) l'importance de cette musculation spécifique. Le système musculaire « core » du tronc et de la ceinture abdominale est plus difficile à stimuler car il est moins sensible aux grands mouvements gymnastes et culturistes traditionnels du bodybuilding (qui cherchent à développer les muscles de surface). Le meilleur moyen de cultiver ces muscles importants est l'entraînement *isométrique*, c'est-à-dire à longueur inchangée du muscle. Les **cinq** exercices les plus importants pour le combattant au sol sont présentés ci-bas. Ce ne sera pas une surprise, mais il s'agit de postures de *Yoga* qu'il faut garder le plus longtemps possible, en commençant à quelques secondes pour finalement réussir à tenir quelques minutes. Cela peut sembler facile et ennuyeux, mais c'est en fait difficile et extrêmement bénéfique. Ces postures sont : *les trois 'Planches' et les deux 'Ponts'*. Pratiquez-les, de préférence tous les deux jours pour quelques minutes chacune.

Les deux Poses du 'Pont' : *Le pont (SiraSetu Bandhasanasana) et la Roue (Urdhva Dhanurasana)*

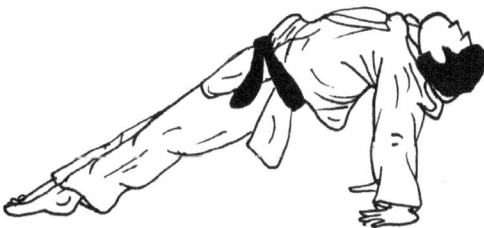

Les trois Poses de 'La Planche' : *Planche Haute (AdhoMukha Dandasana), Planche Latérale (Vasisthasana) et Planche Inverse (Purvottanasana)*

Coup de Pied Arrière Double du Sol par **Roy Faige**

Rien ne marchera, à moins que vous y travailliez
~Maya Angelou

LES COUPS DE PIED

Rien ne donne à quelqu'un plus l'avantage sur un autre que de toujours rester calme et imperturbable en toutes circonstances.
~Thomas Jefferson

1. LE COUP DE PIED DE FACE AU SOL

Général

Le Coup de Pied de Face au Sol est vraisemblablement le plus simple des Coups de Pied au Sol : il est rapide et facile à exécuter. Mais il nécessite d'être de face à l'adversaire, ce qui n'est pas toujours une position enviable. Le lecteur est cependant invité à remarquer que c'est une technique parfaite à délivrer depuis la position de la '*Marche du Crabe*' (comme souvent utilisé en *Capoeira*). Pratiquez ce Coup de Pied avec ferveur de toutes les positions possibles au sol pour pouvoir l'utiliser de façon instinctive et automatique si vous vous retrouvez involontairement au sol. Le *Coup de Pied de Face Plongé* a été présenté dans notre ouvrage sur les Coups de Pied de Base : il s'agit tout simplement d'un Coup de Pied de Face exécuté *pendant* votre Descente !

Le Classique 'Coup de Pied de Face Pénétrant du Sol' donné à fond

... Dans ce Chapitre, nous allons présenter en détail les nombreuses possibles versions du *Coup de Pied de Face au Sol* : de la jambe avant, de la jambe arrière, en sautant, assisté et beaucoup d'autres. Le but est d'exposer le lecteur aux nombreuses variations spécifiques du travail au sol qui seront aussi applicables aux autres Coups de Pied au Sol. Il serait fastidieux et superflu de répéter en détail toutes ces variations pour les autres Coups de Pied au Sol à venir : les principes et l'idée générale restent valables. Nous allons toutes le couvrir dans ce Chapitre, et puis en saupoudrerons le reste du livre avec des exemples ci et là pour d'autres Coups de Pied. Il est important de noter que le Coup de Pied de Face est un Coup de Pied Essentiel de Base dont la version classique debout comporte aussi maintes variations spéciales (Notre premier livre comporte un Chapitre complet qui ne traite que des Coups de Pied de Face). Toutes ces variations (debout) du Coup de Pied de Face seront aussi applicables aux Coups de Pied de Face au Sol, dans leur exécution spécifique. C'est pourquoi une certaine variation du Coup de Pied de Face au Sol pourra aussi être : pénétrante, montante, du talon, avec pied incliné vers l'intérieur ou l'extérieur... et autres. Le lecteur est invité à essayer de lui-même ces nombreuses combinaisons possibles de 'variations de variations', et ce, à mesure de ses progrès.

Description

Les Coups de Pied de Face au Sol sont tous basés sur les principes du développement du Coup de Pied de Face debout : lever le genou bien haut avant de tendre la jambe vers la cible avec une poussée des hanches, et puis retracter la jambe avec force dès que le pied a pénétré la cible de quelques centimètres. Il est absolument impératif d'avoir maitrisé le Coup de Pied de Face debout pour pouvoir 'comprendre' la biomécanique d'un Coup de Pied de Face puissant de n'importe quelle position. Pratiquez le Coup de Pied de Face de base souvent et intensément : ce sont les bases qui seront toujours les bases de vos progrès (jeu de mots intentionnel).

Les Dessins ci-bas et les Photos en haut de la page suivante illustrent l'exécution orthodoxe depuis une position '*assise au sol avec jambes tendues*'. Chambrez un Coup de Pied de Face normal, et utilisez un pied et deux mains au sol pour soulever vos hanches. Frappez simultanément avec la poussée vers le haut et vers l'avant. Retractez votre jambe vigoureusement ! Il s'agit de l'exécution complète classique du Coup de Pied avec l'utilisation maximale de l'énergie du mouvement de corps. La poussée des hanches fait de cette technique un Coup de Pied Pénétrant de Face puissant qui peut viser toutes les hauteurs selon les circonstances : le genou ou les parties d'un adversaire debout devant vous ; ou bien la face ou le plexus solaire d'un adversaire au sol avec vous.

Le Coup de Pied de Face complet de base au Sol – Vue de face

Le Coup de Pied de Face complet de base au Sol – Vue de profil

Points clé

- Juste comme pour le Coup de Pied de Face debout, *la poussée des hanches* et le Coup de Pied sont simultanés et arrivent à leur apogée en même temps pour fournir la puissance maximale.
- Tenez compte du fait que *la solidité de votre ancrage au sol détermine la puissance* résultante du Coup de Pied ; au plus d'ancres, au mieux.
- *Rétractez* toujours la jambe rapidement.
- Un seul Coup de Pied au Sol fait rarement l'affaire : *continuez à frapper.*

Variations

Le Coup de Pied de Face au Sol ne peut pas toujours être exécuté dans sa forme pleine avec poussée des hanches. Les Figures ci-dessous et les Photos en haut de la page suivante illustrent une version plus '*légère*' à partir d'une 'garde couchée' au sol : la poussée des hanches est remplacée par un petit mouvement avant des hanches sur le sol. Le Coup de Pied ainsi illustré est aussi une version plus '***montante***' qui tente de frapper diagonalement vers le haut afin de cibler un menton ou des parties génitales.

Coup de Pied de Face Montant au Sol de base, depuis une position couchée

Coup de Pied de Face au Sol ; on voit clairement l'avance des hanches au sol

Comme le sait tout débutant, le Coup de Pied de Face debout de base peut être exécuté de la jambe arrière comme de la jambe avant. Il y a dans l'Art du Coup de Pied au Sol, une distinction parallèle : un Coup de Pied de la jambe avant utilise la jambe déjà levée en position de quasi-chambrée. L'exemple précédent serait un tel Coup de Pied de la jambe avant, moins puissant que l'alternative arrière, mais plus rapide (comme pour les Coups de Pied debout correspondants). Les Illustrations suivantes montrent un autre Coup de Pied de Face au Sol de base, mais cette fois pour souligner la version '**jambe arrière**'. Cette *version de la jambe arrière* nécessite une torsion du corps qui lui donne plus de puissance que la version de la jambe avant. Même cette version reste encore moins puissante que la version classique de base avec poussée des hanches. Il faut aussi savoir que le Coup de Pied se termine en position opposée. Le lecteur est averti que toutes ces distinctions et variations s'appliquent à d'autres Coup de Pied au Sol aussi, comme nous le verrons plus loin.

La version 'jambe arrière' du classique Coup de Pied de Face au Sol depuis une position couchée

LES COUPS DE PIED AU SOL

Une version importante de tous les Coups de Pied au Sol est la variation '**de Presse**' ou '**Assistée**'. Nos les nommerons ainsi dans cet ouvrage, malgré que de nombreuses autres dénominations sont d'usage. Il s'agit tout simplement du Coup de Pied exécuté alors que l'autre jambe est en train de presser vers le bas sur l'adversaire afin de l'utiliser comme point d'ancrage. Cette pression immobilise généralement le ou les membres adverses, tout en fournissant une 'marche' sur laquelle pousser pour engager les hanches. De nombreux exemples pratiques seront présentés dans le texte de ce livre. Il vous faudra donc pratiquer ces *Coups de Pied de Presse* à l'aide d'une chaise, d'un sac jeté au sol, d'un tabouret, d'un « step » aérobique, d'un pneu,… tout ce qui peut vous donner la hauteur pertinente recherchée. En réalité, le point d'ancrage peut être le genou ou la cuisse d'un adversaire debout, mais aussi la jambe ou le tronc d'un adversaire au sol comme vous. Les Photos qui suivent illustrent

l'entraînement à un **Coup de Pied de Face au Sol Assisté**, parmi plusieurs possibles. Les Dessins qui suivent vont alors montrer une application typique '**de Presse**' et soulignent l'importance de ce concept de combat au sol.

Le Coup de Pied de Face au Sol de Presse

Pressez le genou adverse vers le bas pour lui neutraliser les deux jambes et l'immobiliser de fait ; et frappez d'un Coup de Pied de Face de l'autre jambe

La plupart des Coups de Pied au Sol se prêtent à certaines variations **Sautées**. Les Photos en haut de la page suivante illustrent une des possibilités pour *le Coup de Pied de Face Sauté au Sol* ; il en existe d'autres, particulièrement après des mouvements au sol constructeurs d'élan (comme le Roulé Avant).

Le Coup de Pied de Face Sauté au Sol

De même, de nombreux Coups de Pied au Sol se prêtent à une variation '**Retournée**'. Comme pour les Coups de Pied debout Retournés correspondants, ce sera surtout pour des Coups circulaires comme les Fouettés, les Crochetés et les Croissants. Le Coup de Pied de Face ne se prête pas facilement au Retournement, et encore moins sa version au Sol.

Néanmoins, les Dessins suivants montrent cette *version Retournée du Coup de Pied de Face au Sol* : c'est une manœuvre un peu convolutée, mais très surprenante et donc intéressante à essayer. Le Coup de Pied final de Face est, à nouveau, diagonal vers le haut ; et le tout est certainement un exercice fantastique pour la compétence générale du travail au sol.

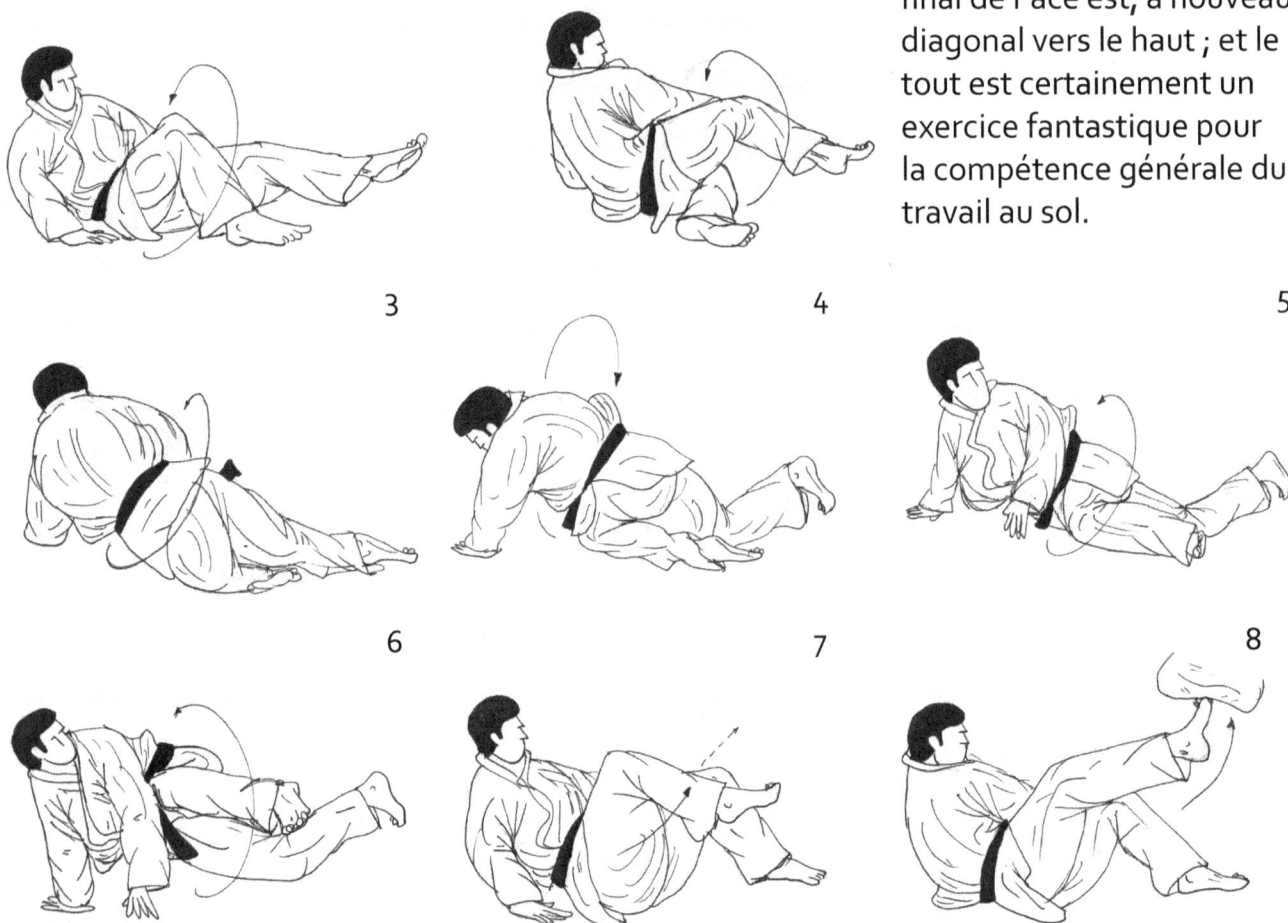

3

4

5

6

7

8

Le Coup de Pied de Face Retourné au Sol

Le Coup de Pied de Face **depuis les positions 'assis sur les genoux'** (*Zeiza*) **ou 'à quatre pattes'** est relativement simple. Mais, comme la plupart des choses simples, il est très efficace, surtout si pratiqué avec assiduité. Cette pratique est excellente pour une maitrise générale du Coup de Pied, et elle vous donnera une technique fantastique pour vous remettre debout quand nécessaire.Voyez ci-bas.

Un important exercice classique est présenté par les Illustrations *du haut de la page suivante*. Il s'agit d'une technique Japonaise typique où vous êtes assis sur les genoux et vous vous défendez contre un adversaire debout. Ces formes '*Hanmi-handachi Waza*' sont des vestiges de l'époque des Samurai, mais ils sont importants pour votre compétence martiale générale. Dans notre exemple, vous esquivez un Coup de Pied de Face direct du Talon en vous penchant latéralement au dernier moment et vous attrapez la jambe d'attaque. Vous frappez alors immédiatement les parties génitales découvertes par un Coup de Pied de Face (directement depuis votre position), et vous laissez atterrir votre pied d'attaque en Ecrasement sur le pied d'appui de l'adversaire. Poussez-le tout en gardant votre pied sur le sien, ce qui endommagera sa cheville (Attention, prudence : à l'entraînement, retirez votre pied avant de pousser).

Coup de Pied de Face du Sol depuis la position assise sur les genoux

Coup de Pied de Face du Sol depuis la position à quatre pattes et jusqu'à une garde debout

Un exercice traditionnel de Tai-jitsu comportant un Coup de pied de Face depuis la position Zeiza

Nous avons présenté le mouvement de balance '**Humpty-dumpty**' dans la section des Déplacements au Sol. Ce mouvement est un fantastique « constructeur d'élan » pour de nombreux Coups de Pied au Sol, mais surtout pour un Coup de Pied de Face accompagné de la poussée des hanches. Vous roulez vers l'arrière et revenez avec force vers l'avant. Vous frappez alors du pied (de Face) avant que vos reins ne touchent le sol afin d'engager les hanches dans une puissante poussée avant. Il s'agit d'une *variante énergétique du Coup de Pied Pénétrant de Face du Sol*. Le même effet pourrait être acquis à la fin d'un cumulet Roulé Avant complet, et c'est bien la raison pour laquelle il faut pratiquer sans relâche les Mouvements au Sol ; tout doit venir de façon innée et automatique. D'autres exemples de Coups de Pied au Sol venant à la fin du Roulé Avant suivront dans le texte.

Le puissant Coup de Pied Pénétrant de Face en version 'Humpty-dumpty'

La Pratique sur Chaise

Frapper du pied depuis la *position assise sur une chaise* a beaucoup en commun avec la frappe depuis le Sol : les Coups de Pied sont différents de leur correspondants debout parce que la position limite les muscles utilisables pour chaque Coup de Pied spécifique. En fait, les *Coups de Pied Assis sur une Chaise* ressemblent beaucoup à leur version au Sol. Et c'est pour cette raison que nous allons présenter quelques exemples. Ces techniques sont des exercices importants pour la musculation spécifique et pour la compétence de la frappe du pied dans toutes les situations. Et cet entraînement sera aussi très pertinent pour le combat de self-défense et pour la maîtrise générale de l'Art du Coup de Pied. Il faut aussi prendre en compte que votre chaise d'entraînement peut 'représenter' un bar, un bureau, une table ou le capot d'une voiture… Et souvenez-vous : cette fameuse chaise peut aussi être saisie après l'exécution du coup de pied pour devenir une arme…

... Les Photos qui suivent illustrent, pour les *Coups de Pied sur Chaise*, la même distinction faite pour les Coups de Pied au Sol entre le Coup de Pied de Face ordinaire et la version Pénétrante avec forte poussée des hanches.

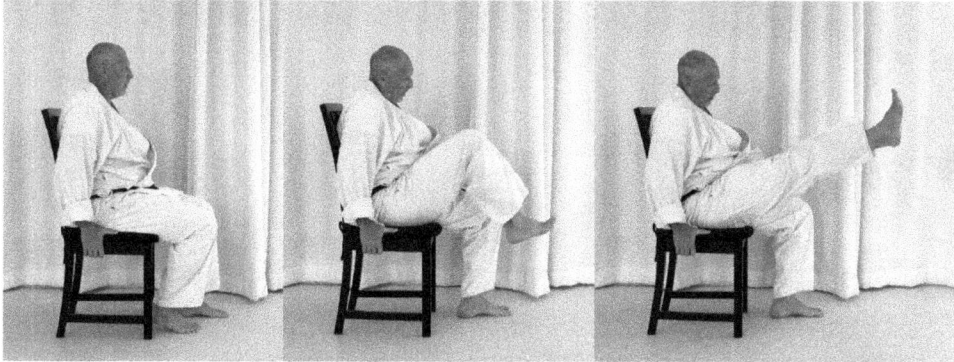

Le Coup de Pied de Face en Chaise, de base

Le Coup de Pied Pénétrant de Face en Chaise, à toute puissance

Et le lecteur est maintenant invité à comparer avec la version '*Se lever et puis frapper du pied*'. Voir Photos :

Coup de Pied de Face de base, en se levant de la position assise sur une chaise

Nous avons déjà mentionné que la chaise est un outil d'entraînement important. Nous présentons ici quelques exercices généraux possibles pour appuyer ce commentaire (D'autres possibilités peuvent être trouvées dans nos livres traitant des Coups de Pied Essentiels de Base et du *Plyo-Flex*). Les Photos commencent en-haut de la page suivante.

➡️

Se lever, pivoter, frapper du pied au-dessus de la chaise, se rasseoir et recommencer

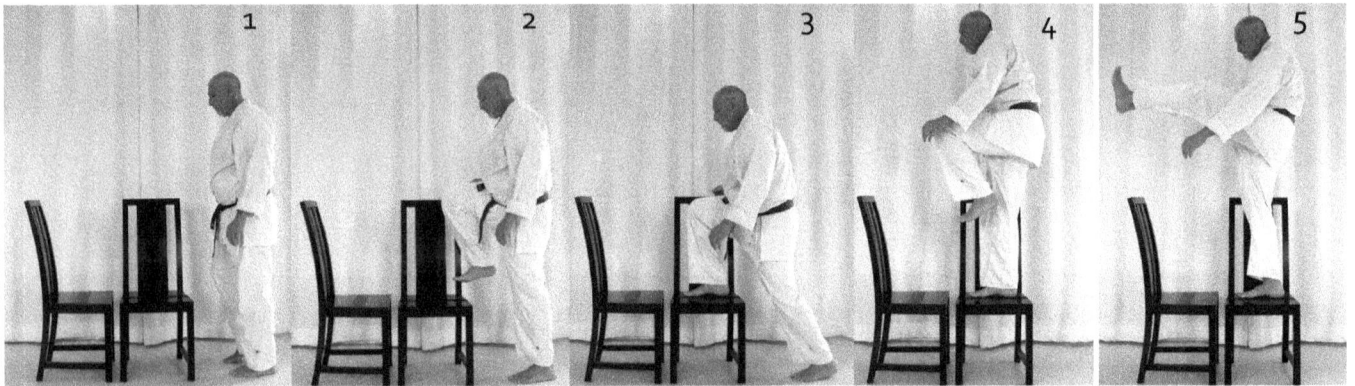

Monter sur la chaise, frapper du pied au-dessus d'une deuxième chaise, descendre et répéter

Cibles

De préférence : tibias, genoux et parties.
Parfois : plexus solaire ou côtes.
Si l'adversaire se penche ou plonge vers vous : la tête et le visage.

Cibles possibles du Coup de Pied de Face du Sol : parties génitales, plexus solaire, menton, genou

Applications typiques

Le *Coup de Pied Pénétrant de Face* se doit d'être utilisé lorsqu'un adversaire debout s'approche pour attaquer, et ce, **dès qu'il arrive à bonne distance**. Dans notre exemple, vous visez les testicules et enchaînez avec une version Montante au menton dès qu'il se plie de douleur.

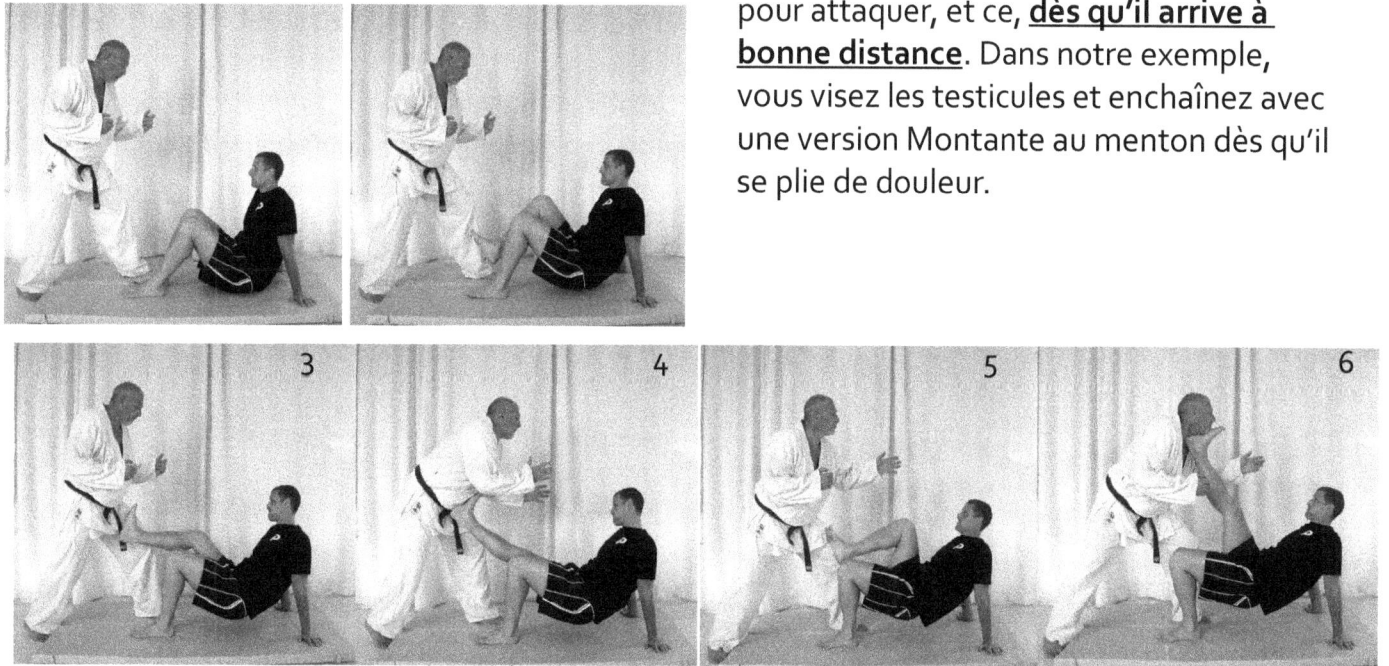

Coups de Pied de Face du Sol en série contre un adversaire debout

Comme annoncé, nous ne présentons pas les variations de Coups de Pied *Plongés* comme des Coups de Pied au Sol. Les Coups de Pied Plongés de base sont présentés en détail dans notre livre sur les Coups de Pied Essentiels de base. Nous nous bornerons à illustrer le Coup de Pied de Face Plongé à la fin de cette section dans un souci d'exhaustivité. Mais...

...les Figures suivantes ne montrent pas un *pur* Coup de Pied Plongé, mais **_une technique très proche_** qui illustre une des possibilités qui s'offre à vous si vous vous retrouvez involontairement au sol. Dans cet exemple, vous perdez votre équilibre pour cause d'une esquive arrière trop grande contre une attaque inattendue par 'Jab'. A ce stage, il est bien plus sûr pour vous de vous laisser tomber tout-à-fait, plutôt que de trébucher et d'essayer de vous redresser (et de ce fait, de vous faire cartonner). Dès que vous touchez le plancher, frappez du pied avec poussée des hanches comme si vous rebondissiez ; visez les testicules de votre adversaire qui est sur un élan avant. Cette technique pourrait être nommée : « *Coup de Pied Pénétrant de Face Involontairement Plongé, avec poussée des hanches...* »

Esquivez un Jab inattendu en descendant au sol et en frappant du pied

Dans le même ordre d'idées, la technique classique d'*Aiki-jitsu* présentée ci-bas pourrait être nomenclaturée entre un Coup de Pied au Sol et un Coup de Pied Plongé. Par la même occasion, elle nous rappelle le Tout intégral que sont les Arts Martiaux. Votre adversaire attaque en se ruant vers vous dans une attaque à fond de haut en bas (*Shomen Uchi*). Vous allez vers lui et esquivez vers le bas et l'extérieur. Selon les principes de base de l'*Aiki-jitsu*, vous aller faire usage de l'élan engagé de l'attaquant : saisissez le bras d'attaque et tirez le vers l'avant et le bas dans la continuation du même vecteur. Ce serait le principe : '*aidez-le à enfoncer une porte ouverte*'. Aidez alors la chute de l'adversaire en frappant son genou sèchement du pied (vers le haut).

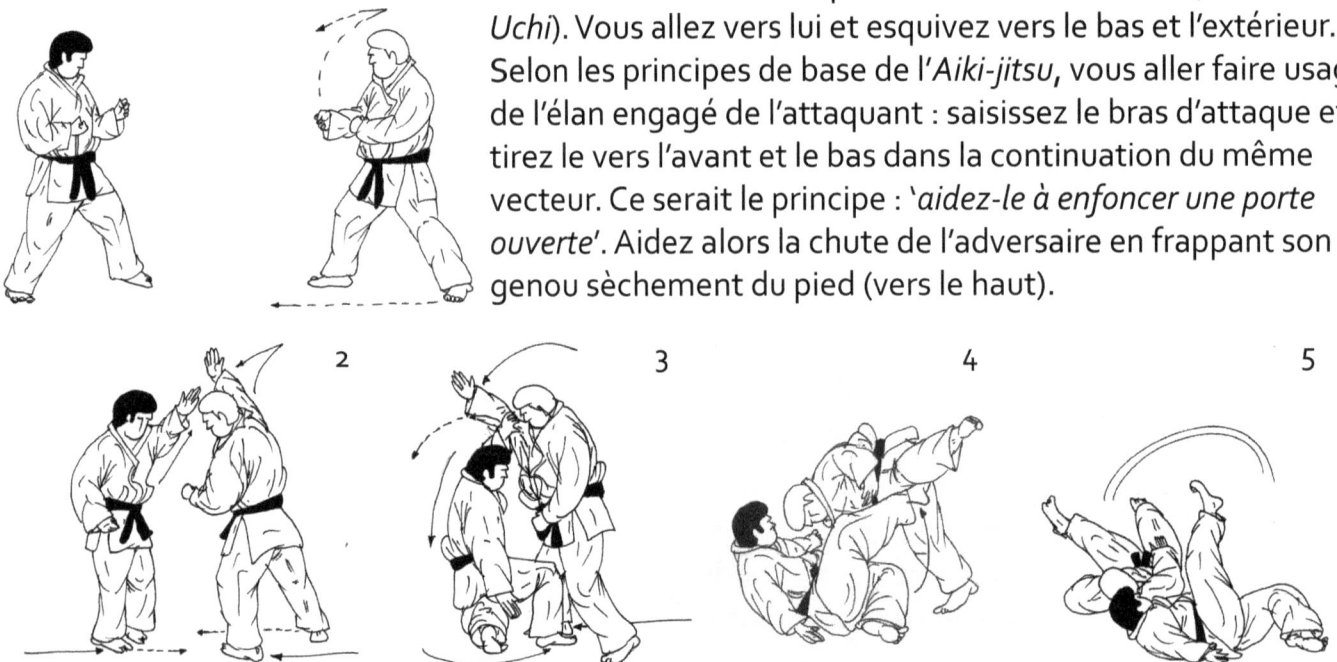

Un Coup de Pied de Face Montant dans la technique **Kokyu Ashi Nage** *d'Aikijitsu*

Entraînement spécifique

- Pratiquez le Coup de Pied de Face de base *debout*, car ses principes doivent être respectés même quand exécuté du Sol. Il est impératif d'avoir maîtrisé les versions de base avant de pouvoir développer de la puissance depuis le plancher. Il est recommandé de pratiquer toutes les variations du Coup de Pied debout (comme présenté dans 'Le Grand Livre des Coups de Pied') : ils sont tous pertinents à l'utilisation depuis le Sol.
- *Marcher en Crabe* vers l'avant, exécuter le Coup de Pied, marcher en crabe vers l'arrière, répéter (Voir Figure).
- Frappez un *sac de frappe ou un pneu* maintenu en place par un partenaire. Entraînez-vous pour la puissance de frappe et alternez les jambes (Voir Illustration ci-bas). Bien que ça puisse avoir l'air simple, le développement de la puissance de frappe depuis le Sol demande un entraînement assidu. Les résultats sont spectaculaires et gratifiants, mais ils ne viennent pas d'eux-mêmes sans transpiration.
- Commencez le Coup de Pied depuis toutes sortes d'*autres positions de départ au sol*, comme pour l'exemple déjà rencontré du balancement *Humpty-dumpty*. Changez rapidement de positions et enchaînez immédiatement avec le Coup de Pied ; et puis répétez.

Mouvement du Crabe et frappe au sac, jusqu'à épuisement

Le développement de la puissance de frappe sur des cibles comme des pneus et des sacs

- Pratiquez assidûment les *Coups de Pied en Chaise* présentés. Ce sont des exercices particulièrement efficaces pour le perfectionnement musculaire nécessaire pour les Coups de Pied au Sol. Les Coups de Pied en Chaise neutralisent une grande partie des muscles du tronc et vous forcent à concentrer l'effort sur les muscles des jambes.

Self défense

Souvenez-vous : il s'agit d'un Coup de Pied rapide et facile ! Utilisez-le en combat au sol **dès que possible dans toutes les situations**. Le Dessin illustre le Coup de Pied dès que l'adversaire place sa clé de cheville. Vous ne poussez pas, mais *vous <u>frappez</u> violemment* son muscle glutéal ou ses reins avec le talon. Simultanément, tendez le pied saisi et essayez de le tirer en le faisant glisser hors de la saisie adverse. Répétez le Coup de pied si nécessaire, et continuez de tirer votre pied de sa prise.

Le Coup de Pied de Face du Talon au Sol, contre une tentative de clé de cheville

L'exemple qui suit va illustrer un point important : si c'est à votre avantage, vous pouvez descendre délibérément afin de pouvoir exécuter un **Coup de Pied en vous relevant** (*Standing-up Kick*). Dans notre exemple, la descente vous aide à placer une douloureuse Clé de Poignet, et la Remise Debout vous apporte un supplément d'Energie de frappe. Pourquoi pas donc? Il s'agit d'une version avancée de la défense classique contre une saisie du revers que l'on retrouve dans le *Krav Maga*, le *Ju-jitsu*, l'*Aïkido* et bien d'autres. Mais dans notre version, vous descendez sur un genou pour plus de puissance sur le poignet adverse. En fait, votre utilisation de tout le corps pour la clé peut causer une sérieuse dislocation articulaire. Vous vous relevez alors avec force en frappant le visage de l'adversaire forcé de se plier. C'est le classique *Coup de pied de Face en se Relevant* (Standing-up Front Kick). L'adversaire est maintenant à votre merci ; vous pourriez par exemple pivoter pour le mettre en clé de bras et le contrôler au sol.

Descendez, et puis remontez avec un Coup de Pied de Face !

Les Dessins suivants illustrent une application **offensive** du coup de Pied dans un *triple* enchaînement. Avancez vers un attaquant debout en marche de Crabe : n'attendez pas qu'il vienne vers vous mais surprenez-le par votre attitude agressive. Frappez violemment son genou avant dès que vous êtes à distance, de préférence avec la version « *du Talon avec Pied Incliné vers l'Extérieur*. Ça devrait le stopper sur place. Suivez immédiatement d'un Coup de Pied de Face *Montant* du sol vers ses testicules ; il est préférable de frapper en série du même pied. Comme il devrait se plier de douleur, vous pouvez alors le frapper au menton d'un autre Coup de Pied de Face du Sol. Souvenez-vous d'un point important : <u>**au sol, remettre le pied par terre après un Coup de Pied ne vous donnera pas plus de puissance pour le Coup de Pied suivant !**</u>

Il est donc conseillé de frapper du pied en série avec la même jambe en repassant simplement par la position de chambrée chaque fois ; cela vous fera gagner de la vitesse sans que ça cause une perte de puissance (comme ça serait le cas debout).

Confrontez votre assaillant debout avec une combinaison offensive de trois Coups de Pied de Face du Sol

Dans l'exemple suivant, vous attaquez le plexus d'un adversaire debout qui doit se pencher pour vous frapper du poing. Une fois stoppé par votre *Coup de Pied d'Arrêt de Face*, vous saisissez sa cheville et placez votre jambe d'attaque entre les siennes. Tirez-vous vers lui, tout en le frappant de votre autre jambe. Attrapez-lui aussi le poignet si vous le pouvez : frapper du pied tout en le tirant vers vous va multiplier la force d'impact. Vous pouvez alors suivre avec une amenée au sol par clé de jambe, typique du *Ju-jitsu Brésilien*. Nous présentons cet exemple pour souligner l'importance du Coup de Pied du Sol pour arriver à placer les prises de corps-à-corps. Même si vous êtes un bon 'grappler' et croyez que vous pouvez vous en passer, essayez et jugez par vous-même. Le nombre de prises de lutte possibles après un

Coup de Pied du Sol est infini; celle-ci est juste un petit aperçu parmi une multitude.

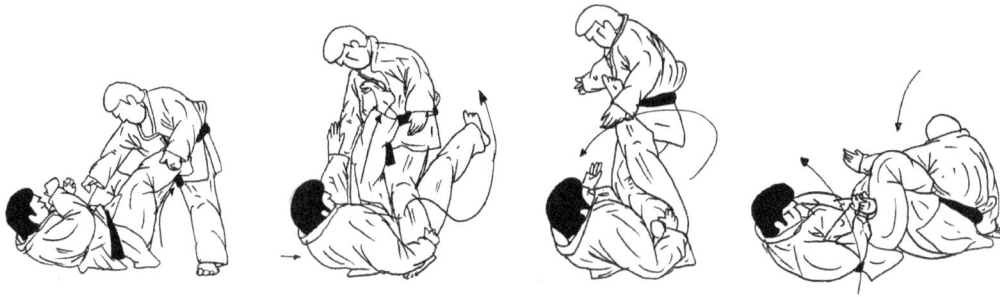

Deux Coups de pied de Face du Sol pour vous mettre en position pour une Clé de Jambe

Et les Figures qui suivent présentent une version '**de Presse**' (ou '*Assistée*') du Coup de Pied, exécutée depuis la position protective dite de la Coquille (*Shell Position*). Vous êtes donc au Sol sans support des bras : attendez que l'adversaire approche et 'explosez' dans le Coup de Pied. Levez vos hanches du sol en utilisant vos épaules et vos coudes et frappez. Si possible, comme illustré par les Dessins, placez votre autre pied sur son genou pour encore plus de support (et le Coup de Pied devient alors 'Assisté'). Dans les deux cas, vous frappez avec un maximum de puissance des hanches.

Coup de Pied de l'ace du Sol en version Assistée, sans support des mains

Les Figures suivantes illustrent l'exécution technique de la version *orthodoxe* du **Coup de Pied sans support des mains** : les hanches se lèvent et poussent de façon simultanée au développement du Coup de Pied. Ce sont les épaules et la nuque qui supportent l'effort alors que vous 'pontez' sur une jambe. Il s'agit d'une frappe relativement puissante et d'un exercice important pour la musculation du 'core'.

Le Coup de Pied de Face au Sol Ponté sans support des mains

Et la version illustrée dans les Dessins suivants regroupe les deux variations précédentes dans un Coup de Pied sophistiqué : un **Coup de pied de Face au Sol Assisté sans Support des Mains**. Vos ancrages seront : les hanches adverses pour le pied d'appui et le sol, pour vos épaules et coudes. L'exemple présente une situation de combat au sol dans laquelle l'adversaire est entre vos jambes (comme en garde de *Ju-jitsu Brésilien*). Vous placez un pied sur sa hanche et vous le repoussez (ou vous repoussez vous-même). Ce faisant, vous avez fait de la place pour un Coup de Pied de Face de l'autre pied, à effectuer avec une poussée/ levée des hanches. Bien exécutée, il s'agit d'une frappe méchante.

Le Coup de Pied de Face au Sol, Ponté et Assisté sans Support des Mains

Et la Photo montre l'utilisation simple mais dévastatrice du Coup de Pied contre un adversaire debout *qui essaye de venir au-dessus de vous*. Attendez le plus longtemps possible pour frapper son menton. Il faut noter que ce redoutable Coup de Pied est tellement dangereux qu'il est interdit dans les rencontres de *l'UFC* et de la plupart des compétitions de *MMA*.

Le redoutable Coup de Pied de Face au Sol vers le Haut, ciblant le menton adverse

La même version peut aussi être utilisée pour cibler *les parties génitales,* surtout si un assaillant debout devant vous est assez inconscient pour lever sa jambe dans l'intention de vous piétiner. Voyez Photos.

Coup de Pied de Face au Sol vers le Haut, ciblant les testicules d'un adversaire qui tente un Coup de Pied Ecrasant

Et les Dessins *du haut de la page suivante* montrent comment traiter l'adversaire si vous avez raté les manœuvres précédentes et s'il est arrivé plus loin dans son attaque et vous frappe du poing et du pied. Votre amortissez le Coup de Pied Ecrasant adverse avec vos avant-bras et le frappez alors aux testicules. Si un Coup de poing est déjà en route, amortissez-le aussi dans les avant-bras en position protective. Subissez les Coups, mais saisissez ses chevilles et frappez à nouveau ses parties. Soulevez-le alors avec votre pied toujours dans ses parties, tout en gardant contrôle de ses chevilles. Poussez vers le haut et vers l'arrière ; Aie !

➤

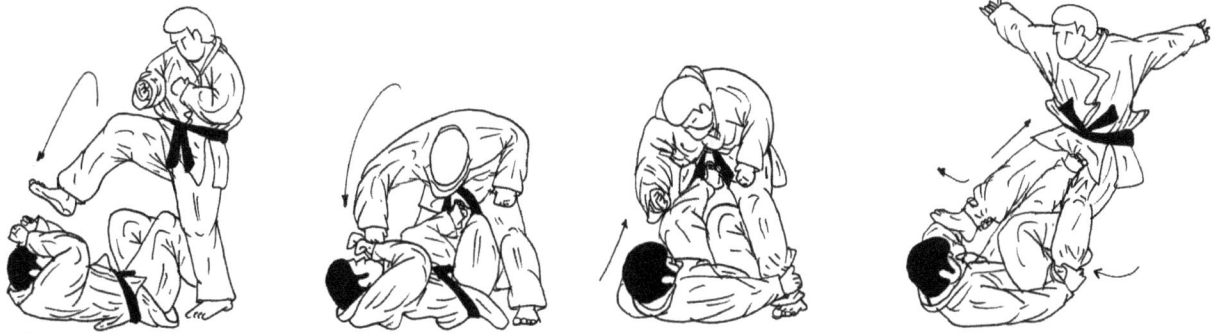

Amortissez les attaques venant d'en haut et puis exécutez votre Coup de Pied de Face Montant dans ses testicules ; enchaînez en attrapant ses chevilles

Et les Photos suivantes illustrent la version '***Par-dessus la Tête***' du Coup de Pied, version que l'on exécute contre un adversaire qui est derrière vous (du côté de votre tête). Nous traiterons de cette importante technique plus en détail plus loin, mais il est nécessaire de la mentionner ici car le développement biomécanique est celui d'un Coup de Pied de Face typique.

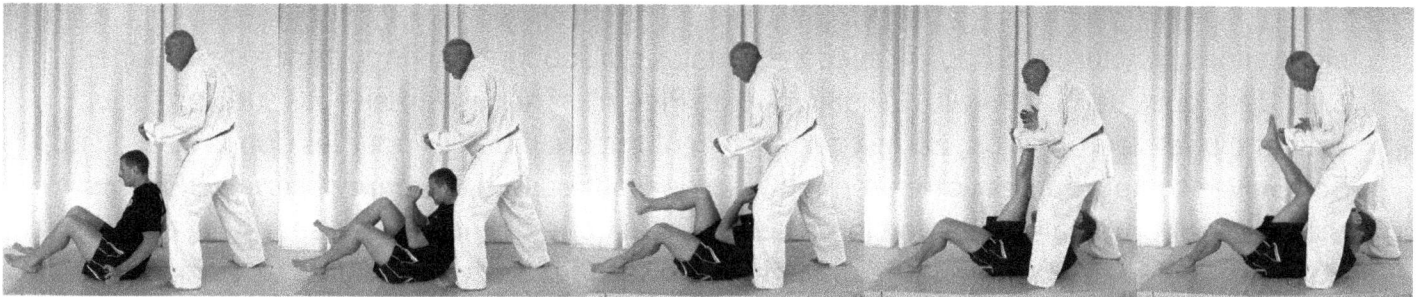

Le Coup de Pied de Face au Sol Par-dessus la Tête

The coming Drawings show an application of this *Overhead* version of the Kick. In this example, you are threatened from behind while sitting on the floor. Grab the assailant's wrist (or wrists) while dropping to the floor and do front-kick <u>overhead</u> into his face. Keep kicking until he is subdued.

Le Coup de Pied de Face au Sol Par-dessus la Tête depuis une position assise jambes croisées en tailleur

Comme nous avons déjà présenté la *version 'Par-dessus la Tête' du Coup de Pied de Face*, nous allons l'illustrer dans une application classique : **après un cumulet d'évasion sur une tentative de clé de bras**. Les Dessins en haut de la page suivante montrent comment rouler vers l'avant dès que votre adversaire vous attrape en Clé de bras latérale. Après la Chute Avant (*Mae Ukemi – Judo*) que vous brisez au sol, vous êtes en position parfaite pour la technique. Il est possible que la trajectoire du Coup de Pied doive être légèrement diagonale selon vos positions respectives, mais les principes restent évidemment les mêmes.

Roulez pour sortir de la clé, stoppez au sol et roulez de retour vers l'arrière pour un Coup de Pied de Face au Sol Par-dessus

Roulez vers l'avant pour sortir d'une clé typique Ik-Kyo d'Aikijitsu et laissez le pied rebondir au sol pour un Coup de Pied de Face au Sol Par-dessus

Nous allons conclure ce Chapitre avec 2 exemples qui soulignent l'importance d'enchaîner avec des Coups de Pied suivis. Un seul Coup de Pied n'est généralement pas suffisant pour conclure une confrontation, et c'est certainement encore plus vrai pour les Coups de Pied au Sol. Suivez toujours après votre premier Coup de pied réussi. **La première série de Photos** montre une combinaison des versions classiques du Coup de Pied Pénétrant de Face au Sol et du Coup de Pied de Face Montant au Menton. **La seconde série**, de Figures cette fois, illustre la transition naturelle d'un Coup de Pied au Sol de Face aux parties vers un Coup de Pied Fouetté au Sol, lui-même suivi par un Coup de Pied Arrière au Sol.

Double Coup de Pied de Face au Sol

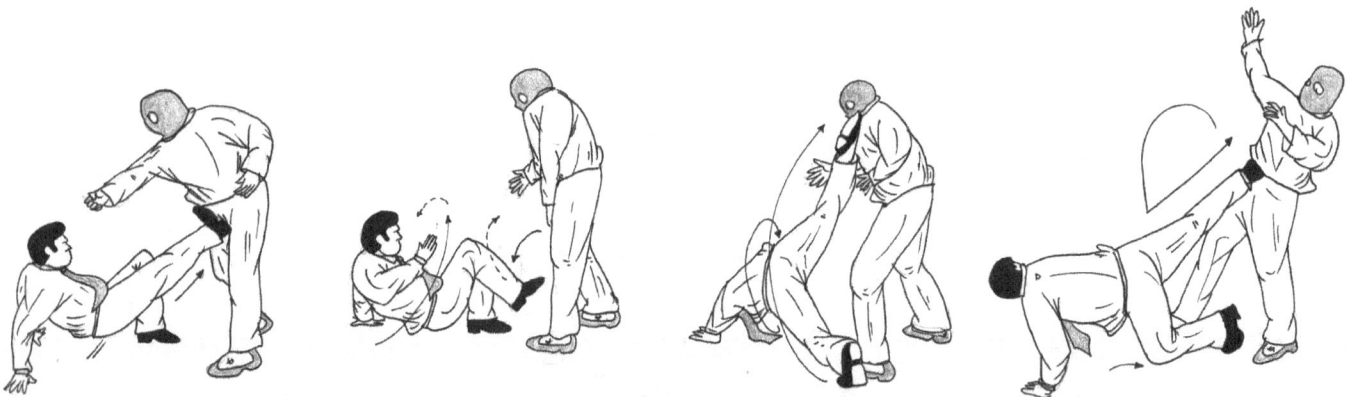

Triple enchaînement de Coups de Pied au Sol

Photos Illustratives

Le Coup de Pied Pénétrant de Face debout, de base

Le Coup de Pied de Face Montant debout, de base

Le Coup de Pied de Face Plongé de base, un proche du Coup de Pied de Face au Sol

Une Descente inorthodoxe dans le Coup de Pied de Face au Sol

Coup de Pied d'Arrêt de Face Latéral au Sol, visant le genou adverse

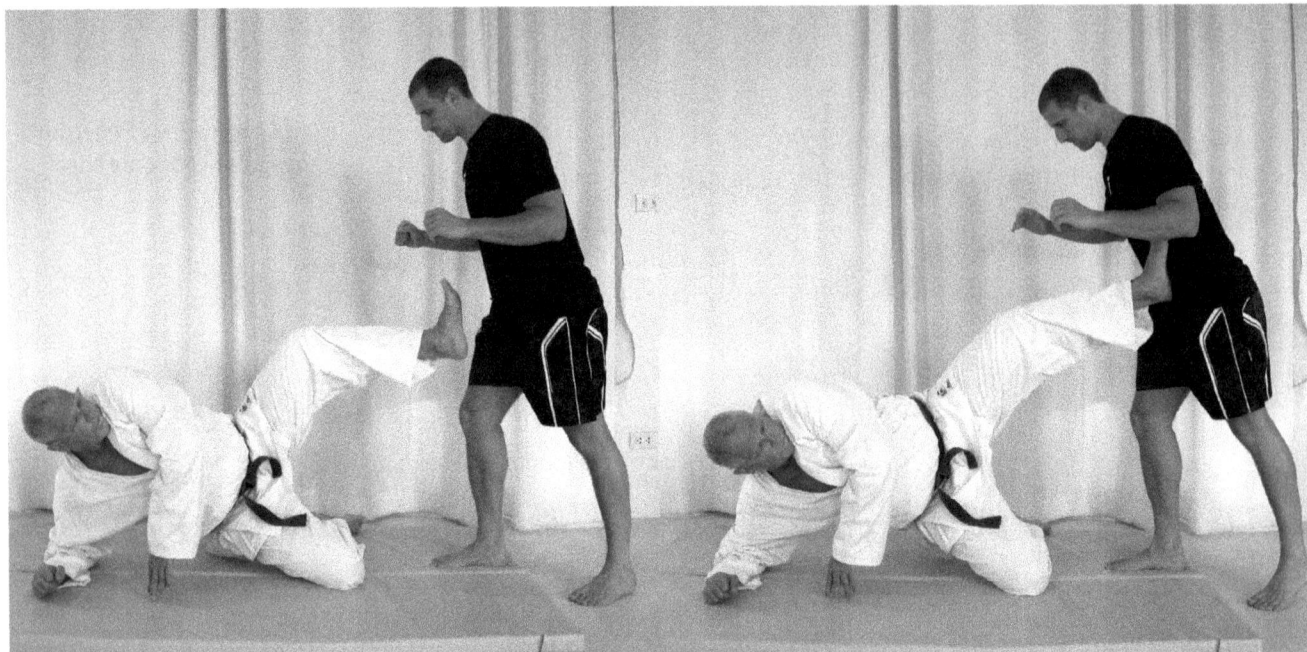

La version latérale du Coup de Pied de Face au Sol

Descente au sol en esquive – Ziv Faige

Essayé. Echoué. Peu importe. Essayer encore. Echouer encore. Echouer mieux.
~Samuel Beckett

2. LE DOUBLE COUP DE PIED DE FACE AU SOL

Général

Ce *Double Coup de Pied Simultané de Face au Sol* est moins puissant que la version unique parce que la technique manque le support d'une des jambes et, de ce fait, l'ancrage qui permet la poussée des hanches. Néanmoins, c'est un Coup de Pied intéressant, surtout quand il profite d'un élan avant mal contrôlé de l'adversaire. Ce n'est malheureusement pas un Coup de Pied d'Attaque.

La manœuvre se prête très naturellement a un enchaînement vers la Projection de la Roue (*Tomoe Nage – Judo*) qui lui aussi jouit des élans adverses. Le Coup de Pied peut être exécuté avec les deux pieds qui frappent au même niveau, ou avec les pieds qui frappent simultanément deux niveaux différents (genou et parties par exemple). Nous avons déjà mentionné dans un Chapitre précédent que les Coups de Pied au Sol sont pertinents à une exécution assistée par une table, une chaise, un bar ou quel qu'autre objet. La Photo illustre l'utilisation du **_Double Coup de Pied Simultané de Face_** quand acculé au capot d'une voiture.

La version 'debout' du Double Coup de Pied de Face Simultané au Sol

Description

Ce Coup de Pied est évidemment un proche du Double Coup de Pied *Plongé* de Face de base (présenté dans nos ouvrages précédents et illustré à la fin du Chapitre).
Le principe de base reste identique à celui du simple Coup de Pied de Face debout ou au sol. Les Figures ci-bas illustrent l'exécution de ce Coup de Pied au Sol à partir d'une banale position assise par terre avec jambes tendues. Vous vous penchez vers l'arrière sur vos fesses et placez le poids du corps sur vos mains à l'arrière. Simultanément, vous pliez les deux jambes en chambrée de Face classique. Frappez des deux pieds, ensemble, au niveau des testicules adverses et rechambrez avec vigueur.

La version classique du Double Coup de Pied de Face Simultané au Sol

Points clé

- *Synchronisez* votre Coup de Pied avec l'élan avant de votre attaquant, de façon telle à pénétrer de quelques centimètres à pleine extension.
- *Rechambrez* avec force après impact, et enchaînez toujours.
- Pratiquez ce Coup de Pied contre des cibles adéquates afin d'apprendre à y développer un *maximum de puissance* ; entraînez-vous à 'exploser' dans le Coup de Pied avec tout ce que vous avez comme Energie.

Cibles

- Avant tout : les parties génitales, puisque que ce n'est pas le plus puissant des coups de pied.
- Aussi : les côtes et le plexus solaire, si votre adversaire se penche vers vous.
- Comme cible secondaire : le genou, si vous frappez simultanément à deux niveaux différents.

Applications typiques

Les Illustrations ci-dessous montrent une utilisation fréquente du Coup de Pied, suivie par son enchaînement classique. Vous êtes couchés au sol et votre adversaire se penche pour vous frapper du poing. Vous le frappez des deux pieds à l'abdomen tout en agrippant ses manches ou ses poignets. Suivez tout naturellement en *Projection de la Roue*.

Double Coup de Pied Simultané de Face au Sol, suivi de la Projection de la Roue

Et les Dessins suivants illustrent la **version de Frappe a Deux Niveaux** du Coup de Pied : Votre adversaire avance vers vous et vous le stoppez en frappant à la fois son genou avant et ses testicules. Enchaînez...

T Le Double Coup de Pied Simultané de Face au Sol à Deux Niveaux

Entrainement spécifique

Pratiquez pour puissance et timing en frappant un sac au niveau des parties d'un adversaire debout ; le sac doit être lancé vers vous avec force par un partenaire et vous devez frapper *en coup d'arrêt*. C'est l'exercice le plus pertinent pour une exécution réaliste et effective.

Self défense

Les Illustrations qui suivent montrent comment inciter votre adversaire à plonger vers vous : exécutez un Coup de Pied de Face au Sol de base, long mais lent et pas très efficace. C'est un piège ! Vous rechambrez votre jambe pas trop vite pour le laisser suivre la rétraction avec sa contrattaque. Vous frappez alors simultanément des deux pieds dans les environs de ses parties. Vous pourriez suivre avec un Coup de pied Fouetté au Sol (*présenté plus loin*).

Causez une attaque de votre adversaire debout et stoppez-la avec un Double Coup de Pied Simultané de Face au Sol

Les Dessins qui suivent vont présenter une version dangereuse du Coup de Pied, *version dans laquelle vous saisissez les chevilles adverses pendant l'exécution de la frappe.* Non seulement la force à l'impact est multipliée par le fait que l'adversaire est maintenu en place, mais aussi la chute qui suit est très sèche. Il s'agit d'une technique très appropriée quand un adversaire se trouve debout au-dessus de vous, alors que vous êtes couché par terre. Souvenez-vous : C'est tout d'abord un Coup de Pied, et la projection n'est qu'un effet secondaire. Ne pas pousser, mais frapper sèchement !

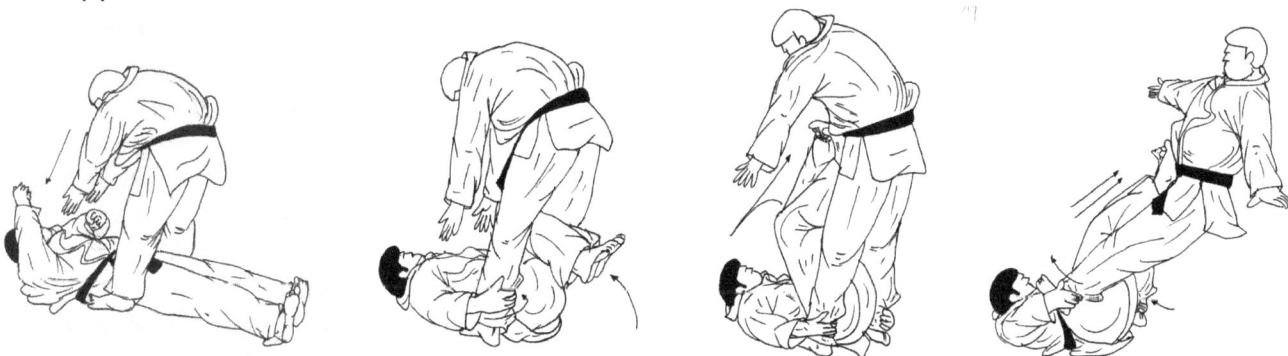

Le Double Coup de Pied Simultané de Face au Sol avec Chevilles Adverses Maintenues en Place : une technique dangereuse

Et comme nous en sommes aux techniques de Projection, voici maintenant la version 'Coup de pied' de la fameuse 'Projection de la Roue'. Dans nos exemples précédents, le 'Tomoe Nage' classique suivait le Coup de Pied Double. Nous présentons ici la version dans laquelle le Coup de Pied *est* la projection. L'Amenée au Sol ne suit pas la frappe du pied mais est la frappe du pied. Cette nuance est réelle et doit être soulignée ! Il s'agit une fois de plus d'une technique contre un adversaire debout au-dessus de vous et se penchant vers vous, alors que vous êtes couché sur le dos. Attrapez ses deux poignets et frappez simultanément des deux pieds tout en le tirant vers l'avant par-dessus votre tête.

Amenée au Sol par Double Coup de Pied du Sol avec saisie des poignets adverses

Pour conclure, nous présentons une **version 'Plongée'** du Coup de Pied avec un enchaînement possible. Cela va souligner une fois de plus que les Coups de Pied au Sol suffisent rarement par eux-mêmes et qu'ils requièrent presque toujours un enchaînement suivi sérieux. Le *Double Coup de Pied de Face Plongé* est un Coup de Pied de base couvert dans notre ouvrage précédent. Il s'agit en fait d'un Coup de Pied au Sol qui suit immédiatement une descente au sol appropriée. Dans notre exemple illustré par les Figures qui suivent, vous esquivez une violente poussée des deux mains adverses de votre poitrine (peut être une seconde poussée...) en vous laissant tomber directement au plancher en position défensive de 'coquille'. Votre assaillant sera déséquilibré par sa poussée dans le vide et va s'empaler sur votre Double Coup de Pied. Suivez, par exemple d'un Coup de Pied en Ciseaux d'une de ses jambes : Crocheté de la cheville et Fouetté simultané au genou !

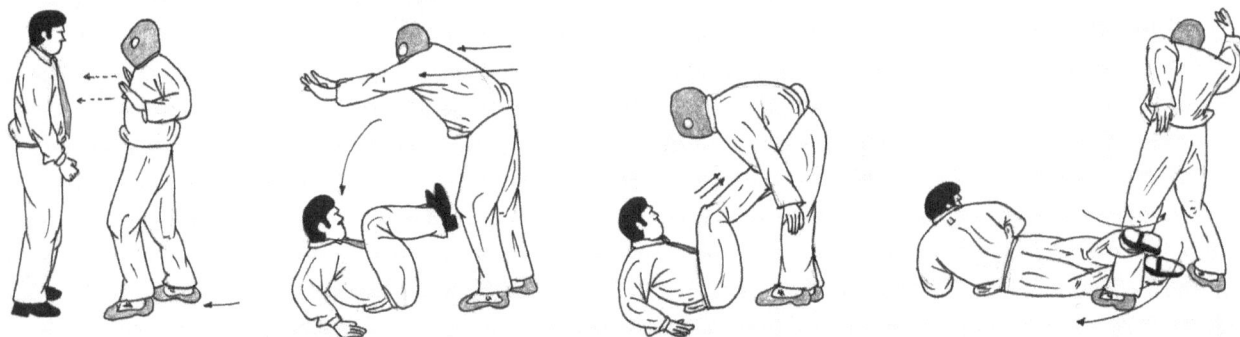

Application du Double Coup de Pied de Face Plongé, et enchaînement

Photos Illustratives

Le Double Coup de
Pied de Face Plongé

Double Coup de Pied de Face au Sol ciblant les parties

Double Coup de Pied de Face au Sol
ciblant le genou

La version 'Volante' du Double Coup de Pied de Face

3. Le Coup de Pied de Face Plongé avec Tirée

Général

Voici un Coup de Pied très efficace, pour usage en confrontation réelle. Il s'agit d'un Coup de Pied de Face du Sol ciblant la tête ou le torse **d'un adversaire que vous tirez vers vous à l'encontre de la frappe.** La technique est surtout d'usage dans sa version *Plongée*, où vous prenez avantage du poids de votre corps pour tirer l'adversaire par ses bras ou ses manches. Cela apporte un énorme supplément d'Energie à la force de base du Coup de Pied.

Mais la technique peut être aussi exécutée de par terre comme un Coup de Pied au Sol normal, si vous parvenez à saisir les bras ou les manches adverses. Comme il ne s'agit pas d'un Coup de Pied de base, nous ne l'avons pas présenté comme Coup de Pied Plongé dans notre *'Grand Livre des Coups de Pied'*. Nous aurions aussi pu classifier la technique comme un Coup de Pied 'Suicide' de par la tombée volontaire au sol, mais nous avons préféré le classer comme un Coup de Pied au Sol parce qu'il est relativement facile et sûr à exécuter. Non seulement l'Energie délivrée par un Coup de Pied dans lequel vous tirez la victime est immense, mais, en plus, la manœuvre a l'avantage de neutraliser les options de blocage de l'adversaire.

Bref, cette technique, très typique des styles Indonésiens de *Pentchak Silat*, est un mouvement très punitif. C'est un Coup de Pied très naturel et facile à exécuter, mais qui requiert une préparation de par la nécessité de saisir les bras adverses. Si vous y arrivez, le succès est assuré. Cette technique redoutable vaut certainement le temps d'entraînement qui vous sera nécessaire pour la rendre instinctive en cas de besoin.

Le Coup de Pied de Face Tiré au Sol

Description

Les Dessins qui suivent illustrent l'exécution **Plongée** du Coup de Pied. Une fois que vous avez saisi les poignets adverses, laissez-vous tomber sur place en chambrant votre Coup de Pied de Face. Descendez sans vous éloigner. Tirez sur ses bras tout en frappant vers le haut et ciblez le menton. ***Soyez très prudents à l'entraînement ! Il s'agit d'une technique extrêmement dangereuse.***

Le classique Coup de Pied de Face Plongé avec Tirée

Points clé

- Laissez-vous tomber au sol de façon *explosive* : votre chute sera amortie par votre saisie des bras adverses.
- Le succès dépendra *de la force de votre saisie*: ne lâchez pas, ni les poignets, ni les manches.
- Laissez-vous tomber *sur place*, juste devant ou entre ses jambes ; n'essayez pas de le tirer vers l'avant en tombant vers votre arrière.
- *Synchronisez* la tirée des bras et le développement du Coup de Pied.

Cibles

Le menton, de préférence.
Mais aussi : le visage, la gorge et le sternum.

Applications typiques

La technique est relativement simple, une fois le contrôle des bras adverses acquis. Une fois de plus, le suivi le plus naturel sera la Projection *Judo* de la Roue. Les Figures suivantes illustrent comment rétracter la jambe après impact au menton tout en vous tirant un peu vers le haut. Frappez-le alors immédiatement au ventre et projetez le par-dessus.

L'enchaînement classique après un Coup de Pied de Face Plongé avec Tirée

Et si vous cafouillez pendant l'exécution de la technique, pas de soucis. Frappez l'abdomen adverse et enchaînez avec une technique de sauvetage. Dans l'exemple illustré ci-bas, accrochez votre autre pied derrière son genou pour vous tirer vers lui et lui attraper la cheville avec la main. Tirez sa cheville vers vous en poussant du pied (toujours sur son abdomen). Cela devrait l'amener au sol où vous pouvez suivre avec nombre de Coups de Pied.

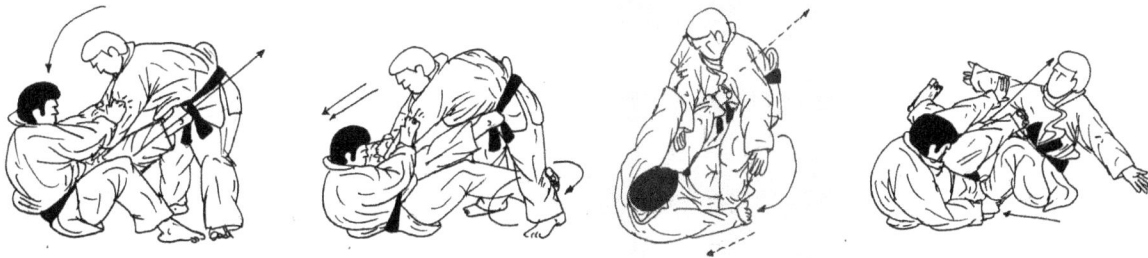

Sauvez un Coup de Pied raté en le redirigeant vers le ventre adverse et en transformant la technique en amenée au sol

Le Coup de Pied Plongé de Face avec Tirée est une manœuvre idéale pour un bon lutteur au sol. Elle le mettra dans une bonne garde au sol avec un adversaire sonné par un Coup de Pied très dangereux. Les Dessins illustrent un enchaînement au sol possible, entre bien d'autres: Une clé de bras classique après avoir poussé la hanche adverse avec l'autre pied.

Une clé de bras classique préparée par le Coup de Pied Plongé de Face avec Tirée

Entraînement spécifique

- Pratiquez le Coup de Pied en solitaire (*Shadow-kicking*).
- Entraînez-vous *à tous les autres Coups de Pied de Face au Sol*.
- Il s'agit d'un Coup de pied important et efficace, et le seul entraînement spécifique possible est la pratique *prudente* avec un partenaire bien protégé. **_Cette technique est potentiellement létale et requiert une grande prudence à la pratique._**

Self défense

Nous avons mentionné que la clé du succès de cette technique est la saisie réussie des poignets, des bras ou des manches adverses. Nombreux sont les Arts Martiaux qui ont perfectionné à l'extrême le contrôle des membres adverses ; le *Wing Chung Kung Fu* et le *Pentchak Silat* viennent à l'esprit. Leur pratique des 'Mains Collantes' introduit de nombreuses façons d'arriver au contrôle des bras adverses. Mais vous pouvez aussi simplement vous contenter d'une double saisie des poignets ou d'un double blocage devenant une double saisie. Les possibilités sont nombreuses.

Mais les Figures qui suivent montrent l'application la plus naturelle de la technique : une défense contre une tentative d'étranglement de face. Il vous suffit de bloquer et de saisir les bras qui se tendent vers vous (ou de 'casser' la saisie à son début pour attraper les poignets). Vous vous laissez alors tomber pour exécuter le Coup de Pied. L'enchaînement présenté dans cet exemple est spécialement intéressant, et facile à réaliser si vous avez étourdi votre assaillant. Conservez le contrôle de ses poignets, encerclez son bras avec la jambe qui vient de frapper, et accrochez la région de ses parties avec le pied. Dans cette position de clé de bras, attaquez sa jambe avant en ciseaux et roulez pour l'amener au sol. Gardez le contrôle par clé de bras (avec votre jambe) et frappez le si nécessaire.

Saisissez les poignets adverses qui viennent vers vous pour vous étrangler ; Coup de Pied de Face Plongé avec Tirée et suivi par clé de bras

Une autre bonne préparation pour cette technique de saisie des poignets serait le 'Clinch' en corps-à-corps. Les Illustrations suivantes montrent l'utilisation du Coup de Pied à partir d'une telle position. Ramollissez-le avec un Coup de Genou et un Ecrasement du pied, et profitez-en pour lui attraper les bras et pour tomber dans la technique. Lâchez-le alors pour suivre d'un Coup de Pied au Sol de Face aux parties, de l'autre pied et avec toute la puissance de vos hanches. Vous pouvez alors le poursuivre avec d'autres Coups de Pied Face au Sol, en ciblant les genoux par exemple.

Le Coup de Pied Plongé de Face avec Tirée convient à la sortie d'un Clinch au corps-à-corps

Et les Figures suivantes illustrent **la variation au sol de Tirée avec une seule main**. Ce n'est pas un Coup de Pied Plongé, mais la version spéciale d'un Coup de Pied au Sol. Vous êtes couché sur le dos avec un adversaire agenouillé à votre côté et tentant de vous saisir et de vous frapper. Attrapez un de ses poignets d'une main et attaquez son visage de l'autre (*Coup de Paume ou Pique aux yeux*). Ce faisant, vous prévenez une attaque possible. Roulez immédiatement vers lui et placez votre genou sous le bras que vous contrôlez ; renforcez votre saisie de son poignet avec votre autre main (qui vient de frapper). Repoussez son corps avec le genou et tirez sur son bras. Vous pouvez alors le frapper au visage d'un puissant Coup de Pied de Face au Sol de type 'écrasant', tout en tirant violemment sur son unique bras saisi ! Gardez son bras en extension et faites passer votre jambe par-dessus (devant son visage) pour le placer dans une clé de bras classique (*Ude Hishigi Juji Gatame – Judo*). Levez les hanches et pressez le poignet vers le bas.

Coup de Pied au Sol de Face avec Tirée **sur Un Bras**, *et qui tourne en clé de bras classique*

Une bonne façon de clôturer ce Chapitre après l'exemple précédent : *nous présentons une technique très proche*. Il s'agit d'un Coup de Pied qui devrait aider à amollir l'adversaire pour un meilleur contrôle par clé de bras. Ou, cela pourrait être une technique destinée à frapper violemment du pied à la tête pour ajouter aux dommages déjà infligés à l'articulation.... ➡

... Pratiquez avec grande prudence. Notez aussi que, dans notre exemple, la jambe qui ne frappe pas vient envelopper le bras adverse pour un meilleur contrôle pendant l'exécution du Coup de Pied. Il s'agit d'une version dynamique de la clé de bras classique, qui permet de frapper du pied sans perte de la position.

Variation de la clé Juji Gatame, accompagnée du dangereux Coup de Pied de Face au Sol avec Tirée

4. LE COUP DE PIED LATÉRAL AU SOL

Général

Il s'agit d'un Coup de Pied au Sol très versatile, facile à exécuter depuis de nombreuses positions au sol, et à la base de beaucoup de variations possibles (dont nous allons présenter quelques exemples). C'est une technique qu'il est impérieux de pratiquer, et qui se doit d'être utilisée automatiquement si vous vous retrouvez au sol sur le côté. C'est aussi un Coup de Pied très utile pour se relever aisément du sol en sécurité. La technique est basée, comme sa version debout, sur une poussée des hanches qui nécessite d'avoir deux mains et un genou ancrés au sol. Malheureusement, la puissance de la version au sol est bien moindre que celle de la version originale debout, et la technique requiert un sérieux entraînement pour en développer l'optimisation énergétique. Le lecteur est aussi invité à consulter nos ouvrages précédents à propos du Coup de Pied Latéral Plongé de base.

Coups de Pied Latéraux au Sol

Il est intéressant de noter que la *Capoeira* a une variation importante du Coup de Pied Latéral, exécutée avec juste deux mains au sol. C'est donc une espèce de Coup de Pied Plongé, ou bien, un Coup de Pied du Sol délivré vers le haut (*Escorão* ou *Coice de Mula*)

La version Sautée du Coup de Pied Latéral au Sol

Sauter **depuis** le sol : Le Coup de Pied Sauté Latéral au Sol

Plonger **vers** le sol : le Coup de Pied 'Suicide' Latéral Plongé

Description

Les Photos suivantes illustrent *la version 'basse et légère'* du Coup de Pied : il n'y a pas beaucoup de poussée des hanches, mais la jambe au sol 'tire' le corps vers l'avant pendant exécution. Ce Coup de Pied cible le genou d'un adversaire debout, ou cible un adversaire au sol, mais ne va guère plus haut.

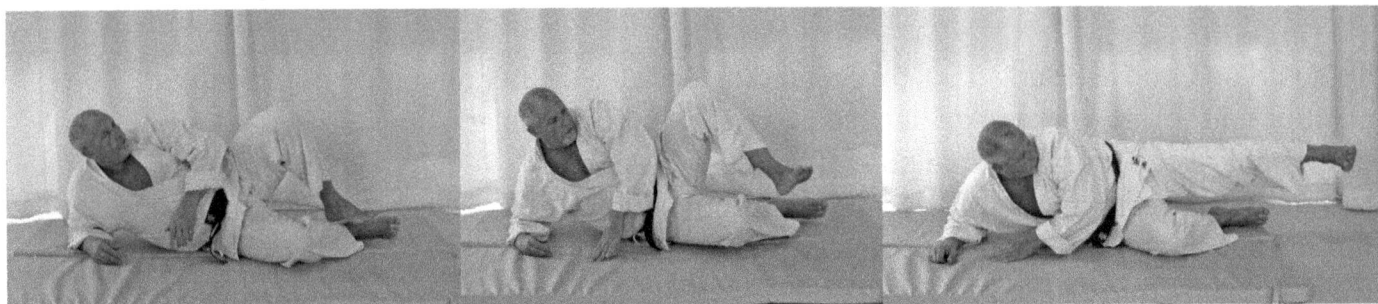

La version basse du Coup de Pied Latéral au Sol

Et les Photos qui suivent montrent la version **orthodoxe avec poussée maximale des hanches**, qui peut aussi cibler plus haut. Il s'agit d'une attaque plus puissante où les bras soulèvent le corps pour encore plus de poussée des hanches.

La version classique du Coup de Pied Latéral au Sol, avec poussée maximale des hanches

La Figure adjacente illustre l'exécution *depuis une position assise naturelle au sol, avec jambes tendues.* Pivotez sur le côté et placez les deux mains au sol, tout en vous levant sur un genou. Chambrez la jambe du dessus et frappez avec un maximum de poussée des hanches. Faites contact avec la plante du pied, le talon ou le côté extérieur du pied (comme pour tous les Coups de Pied Latéraux). Ramenez la jambe en position de chambrée.

Les Dessins *en haut de la page suivante* illustrent la **version Pressée/Assistée** que nous avons déjà rencontrée dans le contexte du Coup de Pied de Face au Sol. Les Figures montrent clairement comment cette variation permet un support plus haut et aussi la neutralisation simultanée des jambes adverses. La méthode d'entraînement pour cette version est présentée dans les Photos qui suivent.

Coup de Pied Latéral au Sol depuis une position assise au sol, jambes tendues

L'utilisation du Coup de Pied Latéral Assisté au Sol

L'entraînement au Coup de Pied Latéral Assisté au Sol

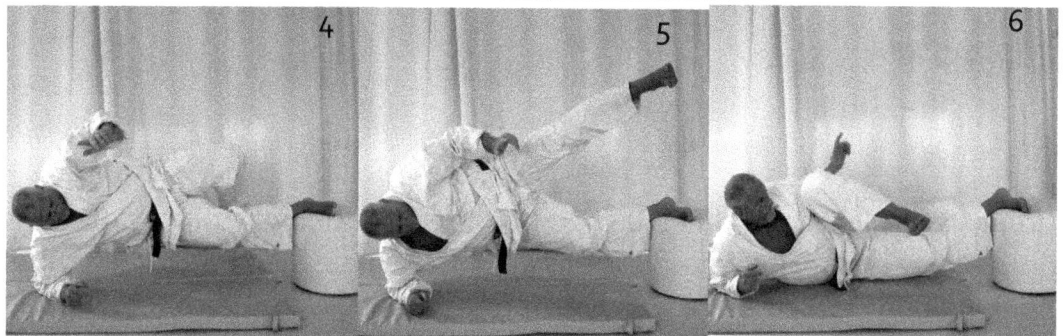

La version Sautée du Coup de Pied Latéral au Sol peut être exécutée avec une main ou avec deux mains sur le sol. Voir illustrations ci-bas.

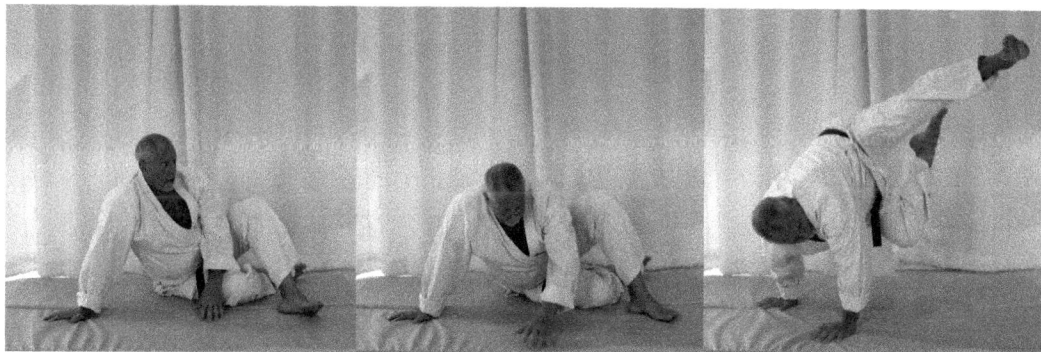

Le Coup de Pied Latéral Sauté au Sol – deux mains

Le Coup de Pied Latéral Sauté au Sol – une main

LE COUP DE PIED LATÉRAL AU SOL 77

Les Coups de Pied Sautés du Sol sont encore plus pertinents dans les cas où un élan peut être pris. La meilleure façon de le faire est certainement *de précéder la technique d'un cumulet Roulé*. La 'chute avant roulée', expliquée dans l'introduction générale, peut débuter au sol ou même depuis la position debout. Les Figures suivantes illustrent le *Cumulet Roulé devenant un Coup de Pied Latéral Sauté du Sol*, une technique très surprenante et un excellent exercice. Le Roulé aide le saut et donc la surprise inattendue. La clé de la réussite de cette manœuvre est la poussée des mains à la fin du Roulé pour vous propulser vers l'avant (pas vers le haut !).

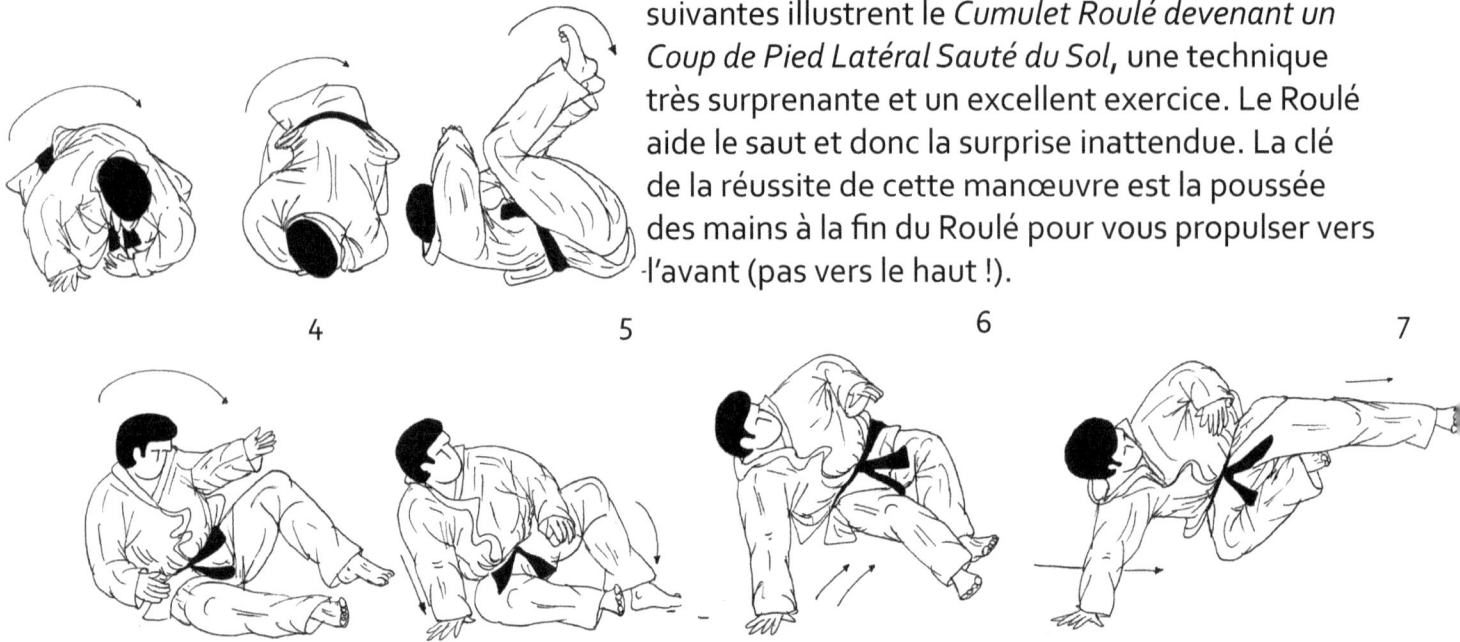

Surprenant et à grande portée : Roulé devient Coup de Pied Latéral Sauté

Comme dernier rappel du concept de la différentiation « jambe avant/jambe arrière » au sol, nous allons en présenter les versions pour le Coup de Pied Latéral (comme nous l'avons fait pour le Coup de Pied de Face). La variation 'jambe arrière' sera toujours plus lente mais plus puissante de par l'élan plus long.

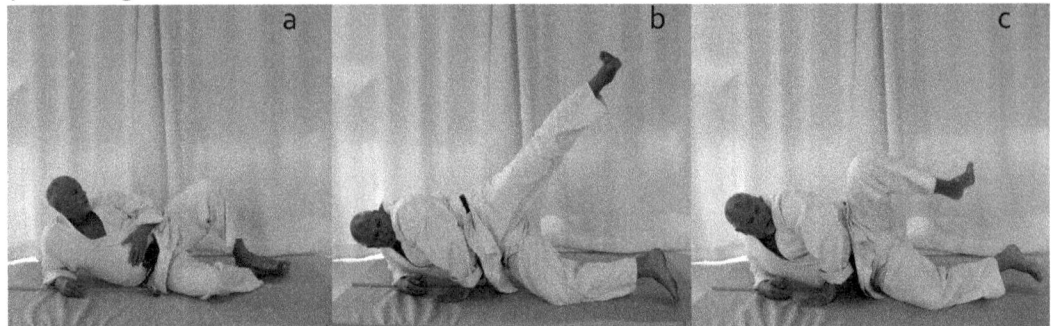

La version jambe **avant** du Coup de Pied Latéral au Sol

La version jambe **arrière** du Coup de Pied Latéral au Sol

Il y a **deux** méthodes de base pour exécuter le Coup de Pied Latéral au Sol *depuis une position à quatre pattes* : **1.** Directement sur le côté, ou **2.** Après un pivot de 90 degrés pour plus de poussée des hanches. La pratique des deux versions est importante pour le développement des muscles spécifiques et pour la compétence générale de l'Art du Coup de Pied.

A quatre pattes, frappez directement sur le côté

A quatre pattes, pivotez et exécutez votre Coup de Pied Latéral devant vous

Pour essayer de présenter toutes les variations possibles des Coups de Pied au Sol, nous allons aussi introduire *la version « grimpante »*, un peu exotique, du Coup de Pied Latéral au Sol. Il s'agit d'un Coup de pied Assisté 'boosté' qui utilise le corps adverse pour pouvoir frapper haut. C'est une technique spectaculaire et intéressante, et aussi un très bon exercice. Mais aux yeux de l'auteur, ce n'est pas une manœuvre nécessaire pour être efficace. Les genoux et les parties génitales de l'adversaire sont bien plus proches, bien plus faciles à attaquer et bien plus vitales comme cibles. Nous essayons d'être complets dans cet ouvrage, et devons aussi admettre que la technique pourrait être justifiée dans certaines circonstances, spécialement s'il y a une grande différence dans la compétence des deux protagonistes.

Le spectaculaire Coup de Pied Latéral Grimpant du Sol

Coups de Pied avec Chaise

Juste comme pour le Coup de Pied de Face au Sol, nous allons présenter quelques *Coups de Pied depuis la position assise sur une chaise* ; et ce, pour être complets. Le lecteur est invité à faire sa propre recherche des variations et exercices qui lui conviennent.

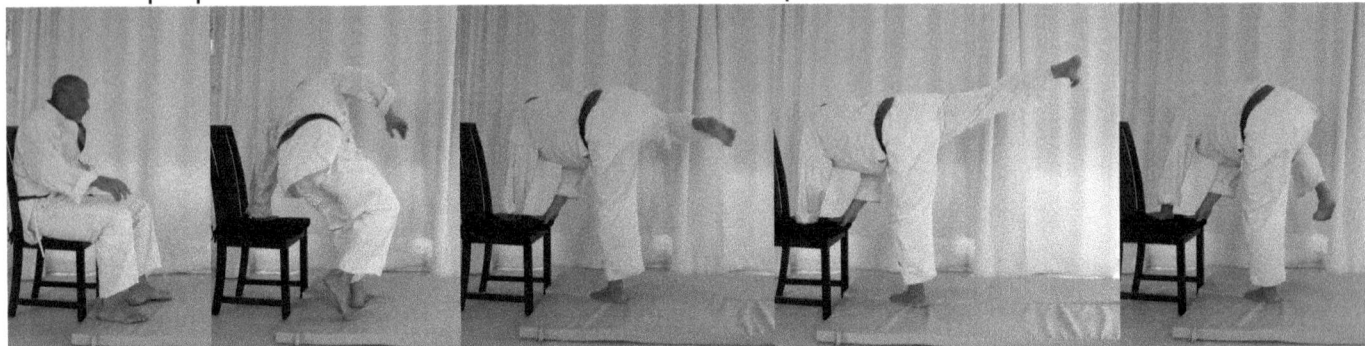

Le Coup de Pied Latéral vers l'avant depuis la position assise sur une chaise ; la chaise sert de support

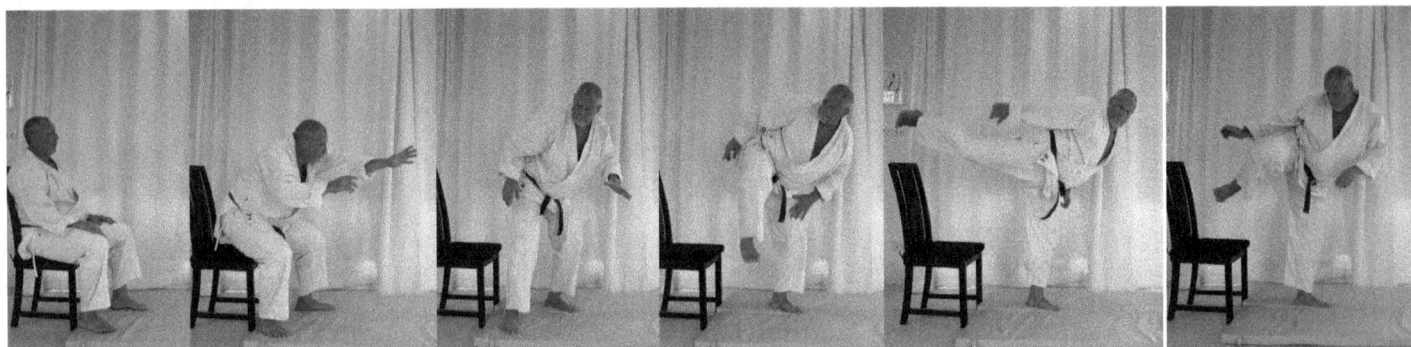

Le Coup de Pied Latéral vers l'arrière depuis la position assise sur une chaise, un bon exercice

Points clé

- *Pousser les hanches* dans le Coup de Pied, le plus possible
- Toujours *ramener en chambrée*, immédiatement et avec force.

Cibles

Surtout : les parties, le genou, le tibia, le plexus solaire et les côtes.

Applications typiques

Comme illustré par les Photos *du haut de la page suivante*, le Coup de Pied Latéral au Sol est le **Coup d'Arrêt** idéal contre un adversaire debout qui s'avance vers vous (qui êtes au sol). Notre exemple montre un Coup de Pied d'Arrêt Haut, mais cela pourrait tout aussi bien être (et même de préférence) un Coup de Pied à hauteur du tibia (voir les Photos qui suivent).➤

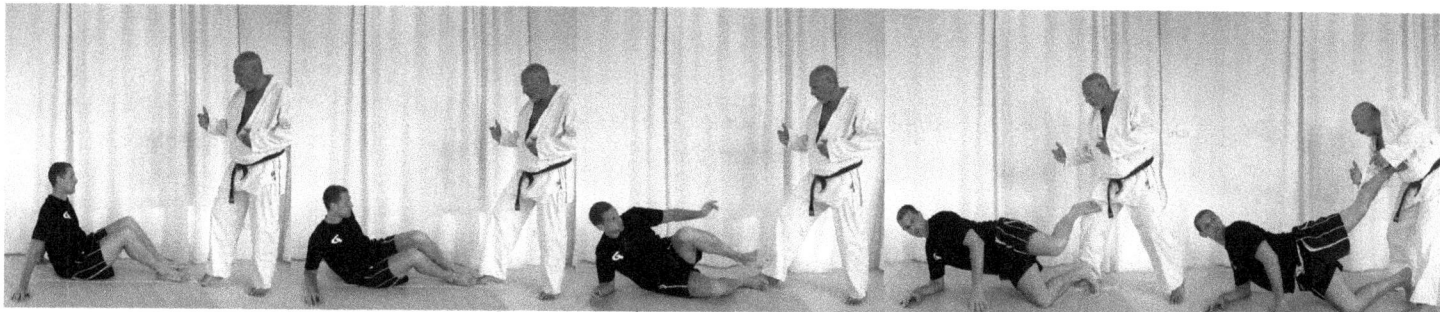

Stopper un adversaire debout qui approche

Mais le Coup de Pied Latéral au Sol est à délivrer, de préférence, au niveau du tibia adverse

Le Coup de Pied Latéral au Sol, dans sa version *offensive* comme dans sa version *d'Arrêt*, est toujours fantastique **pour commencer un enchaînement**. La technique se prête à de nombreux suivis. Les Photos qui suivent montrent le Coup de Pied Latéral au Sol comme préparatoire à un Coup de Pied Fouetté du Sol à pleine puissance.

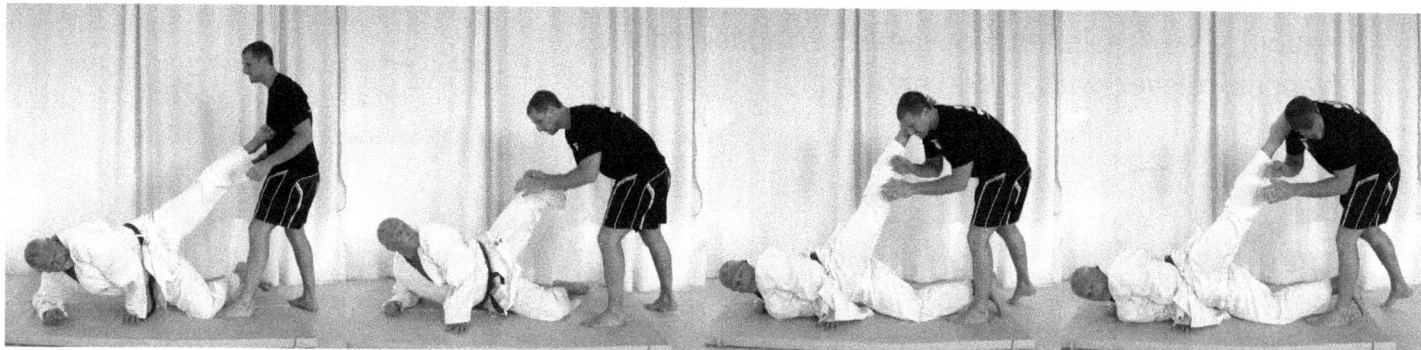

Coup de Pied Latéral au Sol, suivi par un Fouetté au Sol

Les Dessins ci-dessous et les Photos *en haut de la page suivante* montrent une technique très proche de notre Coup de Pied : Il s'agit du **Coup de Pied Latéral Plongé 'Suicide'** (ou *Coup de Pied Latéral Plongé Volant*). Ce n'est pas tout-à-fait un Coup de Pied au Sol, bien que presque, mais c'est une technique très utile quand bien acquise. Devant une subite attaque, vous vous laissez tomber vers l'arrière en vous recevant sur les mains. Vos pieds sont déjà en l'air en position de chambrée, comme pour un Coup de Pied Sauté. Cela pourrait être considéré comme une esquive très rapide ou comme un Coup de Pied d'Arrêt exotique. De toute façon, une technique surprenante. Vous exécutez le Coup de Pied Latéral dès que vos mains touchent le plancher. Atterrissez en 'garde au sol'. Vous pourriez enchaîner immédiatement avec un Coup de Pied Latéral au Sol classique, étant donne que vous êtes prêt en position chambrée.

up de Pied Suicide Latéral Plongé, suivi immédiatement d'un Coup de Pied Latéral au Sol

Différents angles sur le Coup de Pied Suicide Latéral Plongé

Entrainement spécifique

* Frappez *un sac lancé vers vous par un partenaire*, comme illustré. Faites bien attention a rétracter la jambe après impact : c'est un Coup de Pied et pas une poussée.
* Pratiquez *depuis toutes sortes de positions au sol*, ou même à partir de la position debout (voir Illustrations ci-bas). Le Coup de Pied doit être suivi par un déplacement au sol, par un autre Coup de Pied ou par une remontée debout. Il faut rester en mouvement : frappez, roulez, frappez, relevez-vous, redescendez, …

L'entraînement à la puissance du Coup de Pied d'Arrêt Latéral au Sol

Un bon exercice : Pivot Retourné vers le bas pour l'exécution d'un Coup de Pied Latéral du Sol ; restez en mouvement

Self défense

Les Photos *du haut de la page suivante* montrent une technique que l'on pourrait qualifier de '*Coup de Pied Latéral Plongé Offensif*'. Vous provoquez une contrattaque adverse du Poing par une rapide feinte du poing en revers (*Uraken, Backfist*). Vous esquivez le contre en plongeant au sol pour un Coup de Pied Latéral.

➤

Provoquez une contrattaque et stoppez-la avec un Coup de Pied d'Arrêt Latéral Plongé

Les Dessins qui suivent montrent combien ce Coup de Pied est un *suivi naturel du Coup de Pied de Face au Sol* (ou Plongé). Dans notre exemple, vous esquivez un Coup de Bâton avec un Coup de Pied de Face Plongé aux testicules. Pivotez pendant la rétraction en Chambrée et enchaînez immédiatement en *Coup de Pied Latéral au Sol* vers la gorge de l'adversaire qui se penche de la douleur aux parties. Vous pouvez suivre d'un autre Coup de Pied Latéral au genou pour l'éloigner. Tous les Coups de Pied sont exécutés de la même jambe.

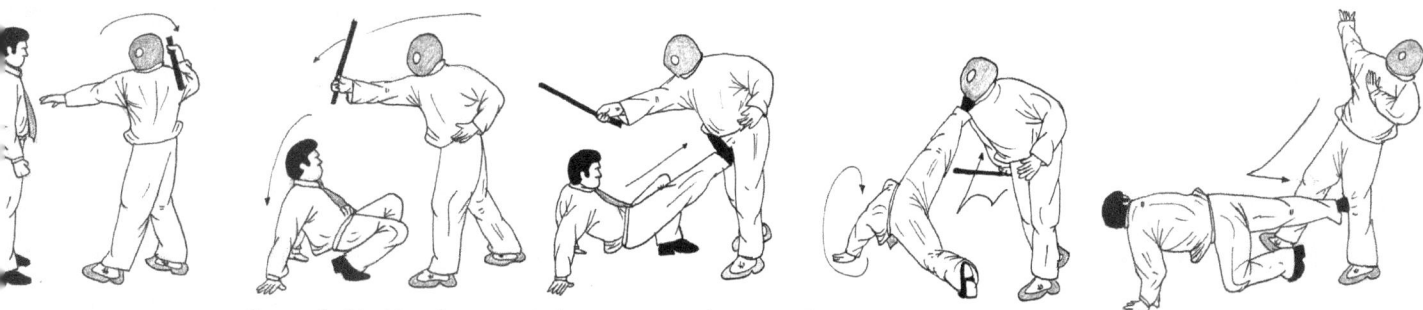

Coups de Pied Latéraux au Sol qui suivent très naturellement un Coup de Pied de Face au Sol

Les Figures suivantes illustrent une version *courte et facile* du Coup de Pied contre un assaillant proche de vous. Jeté au sol, vous laissez votre attaquant s'approcher mais vous placez vos pieds entre les siens. *Ouvrez-lui les jambes avec force*, et, sans vous interrompre, frappez ses testicules d'un Latéral Montant. Cette fois, ne ramenez pas en chambrée, mais poussez le vers le haut et l'arrière.

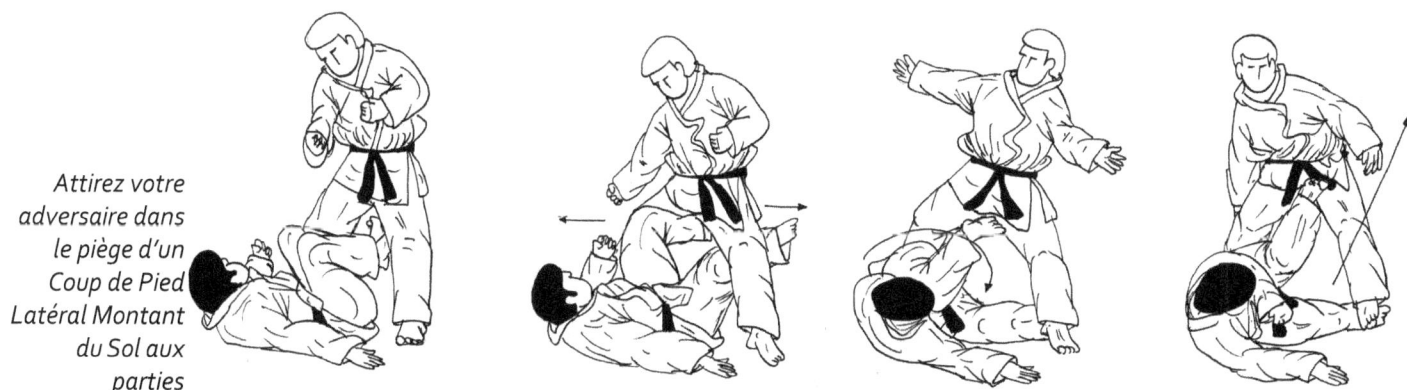

Attirez votre adversaire dans le piège d'un Coup de Pied Latéral Montant du Sol aux parties

Dans les années Soixante-dix, certains Etats des Etats Unis d'Amérique autorisaient les Coups de Pied *aux parties* pour les tournois de semi-contact. Cela explique la mode de cette époque du *Coup de Pied Latéral Plongé* contre les adversaires friands de Coups de Pied hauts. Selon la même logique, le Coup de Pied Latéral au Sol peut vous être très utile si vous êtes attaqués du pied en position couchée. La Photo illustre l'attaque de la jambe de soutien adverse : vous n'attendez pas le Coup de Pied, mais vous avancez vers l'assaillant en mode 'Coup d'Arrêt'.

Coup de Pied d'Arrêt Latéral au Sol, offensif

Evidemment, vous pouvez aussi stopper sa chambrée avec un Coup de Pied d'Arrêt Latéral typique. Le lecteur est invité à se référer à notre livre sur les *Coups de Pied d'Arrêt* pour les principes des différentes sortes de Coups de Pied d'Arrêt.

Coup de Pied d'Arrêt Latéral au Sol contre le tibia ou le genou d'un Coup de Pied en Chambrée

Mais c'est l'avis de l'auteur que la meilleure façon de traiter des attaques du pied quand vous êtes en position couchée, c'est *l'esquive* qui causera un déséquilibre de l'adversaire qui frappe trop fort dans le vide. Présentez votre genou en l'air comme une cible attrayante pour ses coups de pied. Et retirez-le de sa trajectoire à la dernière seconde. Frapper les cuisses d'un adversaire en garde au sol est très courant : ça n'est pas difficile de causer une telle attaque adverse. Baissez votre genou et laissez son Coup de Pied passer au-dessus. Suivez immédiatement d'un Fouetté sur sa jambe de frappe pour le pousser encore plus loin dans son élan. Ce Fouetté peut revenir aisément en Chambrée Latérale typique. Un

Coup de Pied Latéral au Sol dans le creux poplité de son genou devrait à la fois faire des dommages et le repousser.

Esquivez le Coup de Pied adverse vers le genou que vous lui présentez, et prenez avantage de élan pour attaquer sa jambe de soutien

3

4

5

Une autre façon de réagir contre une attaque de ce type vers vos cuisses serait un « *Coup de Pied 'd'Amenée'* » (*Leading Kick*) qui encercle la jambe d'attaque, la fait dévier et l'emmène par-dessus votre corps en accélérant son propre élan. Votre assaillant sera encore plus déséquilibré. Vous pouvez alors exécuter le même *Coup de Pied Latéral au Sol* vers l'arrière de son genou. *Le Coup de Pied d'Amenée* présenté est une variation du Coup de Pied de Blocage en Croissant au Sol, technique très efficace mais qui demande un bon sens de timing.

Coup de Pied Latéral au Sol à l'arrière du genou adverse, après un Coup de Pied de Blocage et d'Amenée, en Croissant

Un Artiste expérimenté pourrait être surpris de n'avoir pas encore rencontré dans ces pages le **Coup de Pied Latéral au Sol contre le genou adverse avec cheville immobilisée** (Voir Figure). Cette attaque classique du genou, très typique du vieux *Ju-Jitsu* (*Kanihasami*) et des styles de l'Asie du Sud-Est, est tout simplement un Coup de Pied Latéral vers le genou avant adverse tout en crochetant et en tirant la cheville par l'arrière. Nous n'avons pas présenté ce 'Coup de Pied en Ciseaux' parce qu'il fait plutôt partie, aux yeux de l'auteur, de la catégorie des Coups de Pied contre Articulations. Ce n'est pas un simple Coup de Pied au Sol, et il sera présenté en détail dans notre ouvrage en préparation traitant des *Coups de Pieds contre Articulations*.

Un Coup de Pied Articulaire : le Coup de Pied Latéral au Sol de casse du genou, avec cheville immobilisée

Photos Illustratives

Le Coup de Pied Latéral Pénétrant de base, debout

Le Coup de Pied Latéral Montant de base, debout

Le Coup de Pied Latéral Sauté, de base

Le Coup de Pied Latéral Bas Ecrasant

An application of the Essential Drop Side Stop Kick

LES COUPS DE PIED AU SOL

Le Coup de Pied Latéral au Sol contre genou avec cheville immobilisée

La chance est là où l'occasion rencontre la préparation.
~Seneca

5. Le Coup de Pied Fouetté au Sol

Général

Le Coup de pied Circulaire Fouetté au Sol est une technique très rapide et versatile. C'est aussi une technique surprenante par sa puissance, en raison des mouvements de torsion des hanches qui sont impossibles pour les Coups de Pied au Sol droits et directs. Il est généralement possible de frapper <u>au travers</u> de la cible avec beaucoup d'Energie, et c'est souvent préférable au retour en chambrée des Fouettés debout (Bien que le retour en chambrée avec fouet au Sol soit tout aussi efficace pour des cibles comme les testicules). De plus, la vitesse et la précision font de ce Coup de Pied une arme redoutable. Il peut être exécuté très vite et très facilement de toutes les positions de départ, et il peut être très difficile à

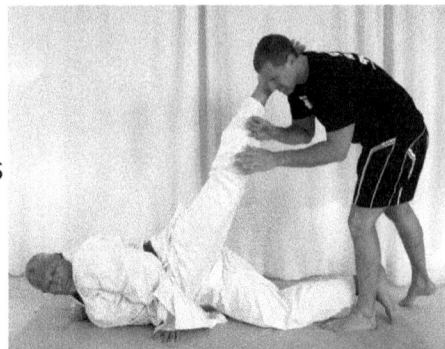
Le Coup de Pied Circulaire Fouetté au Sol

détecter pendant une grosse partie de sa trajectoire. Il est toujours nécessaire d'enchaîner, mais ce Coup de Pied est un fantastique début de combinaison.

La pratique du Fouetté au Sol est aussi un excellent exercice pour perfectionner le Fouetté debout et la maîtrise générale de l'Art du Coup de Pied. Rien que pour cette raison, le Coup de Pied Fouetté au Sol se

La chambrée du Coup de Pied Fouetté au Sol

doit de faire partie du programme d'entraînement de tout pratiquant.

Il est intéressant de noter que cette technique est le seul Coup de Pied au Sol qui apparait dans les Katas traditionnels du style *Shotokan* de *Karaté*, un style très avare de Coups de Pieds sophistiqués. Un extrait du Kata '*Unsu*' est illustré dans les Dessins du haut de la page suivante. La présence de ce Coup de Pied dans un style de Karaté classique des champs de bataille d'antan est testament de son importance et de son efficacité.

Applications du Coup de Pied Fouetté au Sol

➡️

*Extrait du Kata **Unsu Shotokanryu** avec une série de deux Coups de Pied Fouettés au Sol*

Description

Le Coup de Pied Fouetté Plongé de base est une technique très importante décrite dans notre 'Grand Livre des Coups de Pied'. Il s'agit d'une manœuvre qui était très prisée des écoles classiques du vieux *Jiu-jitsu* (*Mukosen*) et *Nin-jitsu*, en raison de son efficacité et de son effet de surprise. Il est clair que c'est aussi une technique très proche des Coups de Pied Fouettés classiques, et nous présenterons quelques variations dans le texte qui suit. **Le Coup de Pied Circulaire Fouetté au Sol** de base est illustré par les Photos qui suivent. L'exécution est simple et il vous reste à décider, selon les circonstances, de combien d'engagement est nécessaire: (1) d'un rapide retrait fouetté en position de chambrée jusqu'à (2) la version de frappe à fond "*au travers*" de la cible avec un élan qui vous entraîne dans un roulé au sol.

Le Coup de Pied Fouetté au Sol de base

Déjà à cette étape de la description du Fouetté au Sol de base, il y a trois versions générales à pratiquer selon la trajectoire du Coup de Pied : trajectoire vers le *haut*, vers le *bas* ou en *parallèle* au sol. Chacune de ces versions a ses applications et ses conditions d'emploi préférentielles. Il faut bien noter que la version a trajectoire diagonale vers le bas qui est illustrée ici **n'est pas** le Coup de Pied Fouetté Descendant qui sera lui présenté plus loin dans le texte.

Coup de Pied Fouetté au Sol **horizontal** *classique, parallèle*

Coup de Pied Fouetté au Sol **diagonal vers le haut**

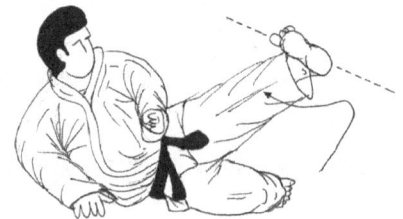

Coup de Pied Fouetté au Sol **diagonal vers le bas**

Le Fouetté au Sol est basé sur des mouvements de torsion du corps et est donc facile à exécuter depuis de nombreuses positions de départ. Il doit être clair que le mouvement depuis la position initiale comprend un **pivot** quelconque dont l'Energie se doit d'être mise à profit pour multiplier la puissance que donne la force centrifuge au Coup de Pied. Les Figures suivantes montrent l'exécution du Coup de Pied *depuis la position triviale assise avec jambes tendues.* Pivotez sur vos mains et genoux, juste comme pour le Coup de Pied Latéral au Sol. Chambrez et *utilisez l'Energie du pivot* pour augmenter l'élan du coup de pied. La version illustrée ci-bas est du puissant fouet que donne la rapide et vigoureuse rétraction en chambrée. Selon les circonstances, ce Fouetté pourrait être le précurseur de : **1.** Une version qui frappe au travers et n'est pas rétractée, ou : **2.** Un Coup de Pied Crocheté au Sol en retour de la même jambe.

➡

Coup de Pied Fouetté au Sol avec rétraction en chambrée, depuis la position assise par terre avec jambes tendues

Et dans le même ordre d'idées, les Photos qui suivent illustrent le Fouetté au Sol exécuté **depuis la position assise jambes croisées 'en tailleur'**, une fois de plus dans la version avec rétraction 'fouet' vers la chambrée originale.

Coup de Pied Fouetté au Sol avec rétraction en chambrée, depuis la position assise en tailleur avec jambes croisées

Et les Figures qui suivent montrent cette fois **la version 'jambe arrière'** du Coup de Pied Fouetté au Sol, et ce, depuis une position triviale assise au sol ou depuis une position accroupie. Si vous êtes assis, passez à la position accroupie, et puis pivotez latéralement vers une position de garde a genoux. Exécutez alors le Coup de Pied en torsion vers le sol. Il s'agit d'une version plus difficile du Fouetté au Sol, mais bien plus puissante.

Le Coup de Pied Fouetté au Sol de la jambe arrière, depuis une position quasi-accroupie

Les Dessins *en haut de la page suivante* montrent le *Coup de Pied Fouetté au Sol* traditionnel, exécuté comme Coup d'Arrêt depuis la position traditionnelle Japonaise assises sur les talons (*Zeiza*). Depuis cette position assise sur talons et genoux, vous vous laissez tomber en diagonale vers l'arrière pour 'libérer' la jambe qui va exécuter le Coup de Pied. Si vous disposez de plus de temps pour ce Coup de Pied d'Arrêt de Timing, vous pourriez opter pour la version plus puissante avec le support des mains au sol, comme le montrent les Photos qui suivent.

LE COUP DE PIED FOUETTÉ AU SOL 91

Coup de Pied Fouetté au Sol en chute depuis la position assise sur les talons traditionnelle

*Le Fouetté au Sol classique avec rétraction, depuis la position **Zeiza***

Nous avons maintenant clairement établi que le *Coup de Pied Fouetté au Sol* peut être exécuté depuis de nombreuses positions de départ. Le lecteur est invité à faire ses propres recherches et à pratiquer depuis d'autres positions, et surtout de positions qui lui sont courantes ou préférées. Le Fouetté se prête facilement à de nombreux déplacements au sol et à de nombreuses positions de départ au sol. Et cela comprend les mouvements de **Relevée** (*Première série de Photos*) ou de **Descente au Sol** (*Seconde série de Photos*). Le lecteur est conseillé de s'entraîner à un mouvement constant au sol avec montées et descentes intermittentes et parsemé de Coups de pieds 'surprise'.

Le Coup de Pied Fouetté en Relevée, de base

Le Coup de Pied Fouetté Plongé, de base

Nous pouvons à présent passer à quelques exemples supplémentaires de variations du Coup de Pied Fouetté au Sol de base.

Frapper **depuis la position 'à quatre pattes'** devrait déjà être trivial pour notre lecteur. Cette manœuvre peut être exécutée de façon légère en utilisant juste la jambe (Première série de Photos), ou alors de façon plus énergétique en générant de la puissance avec un mouvement synergique du corps (Seconde série de Photos). Les deux versions présentées sont des exercices importants qu'il se faut pratiquer intensément pour le conditionnement musculaire et pour la maîtrise générale de l'Art du Coup de Pied.

Exercice classique de Fouetté au Sol depuis la position quadrupédique...

... et la plus puissante version du Fouetté au Sol en torsion/descente depuis la position quadrupédique

La version Assistée (*de Presse*) du Coup de Pied est basée sur les mêmes principes rencontrés avec les Coups de Pied au Sol précédents. L'étudiant se doit juste de se rappeler que l'idée derrière les versions *Assistées* est d'utiliser le corps de l'adversaire pour 'grimper' et frapper plus haut, et de neutraliser les membres adverses pendant exécution. Les Dessins *en haut de la page suivante* illustrent l'entraînement au Fouetté au Sol de base, à l'aide de vieux pneus. Les Photos qui suivent illustrent alors **la version plus puissante avec le support additionnel des mains**. Et pour finir, l'application **de grimpée** du Coup de Pied Fouetté Assisté au Sol est montrée dans les Figures subséquentes. Les *Coups de Pied de Grimpe* sont des techniques sophistiquées, un peu exagérées pour le combat libre ; mais ce sont d'excellents exercices pour la maîtrise générale de l'Art du Coup de Pied ou pour des circonstances spéciales comme une grande différence de compétences entre protagonistes.

➡️

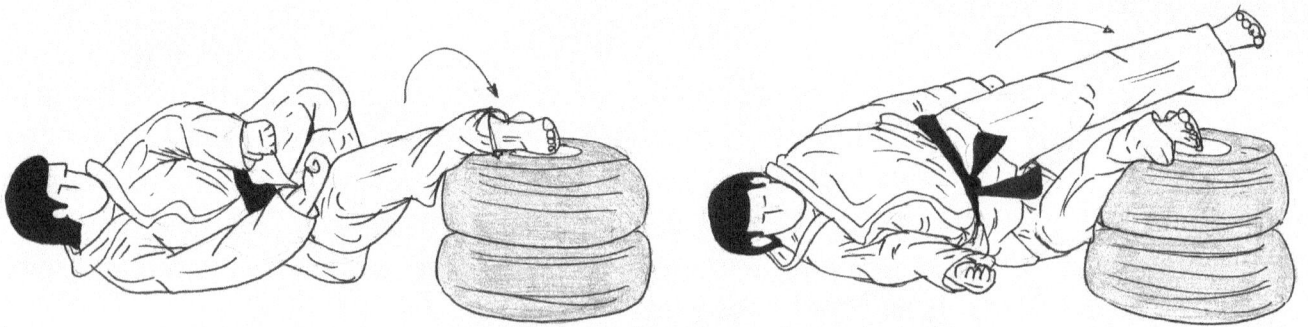

La version facile du Coup de Pied Fouetté Assisté au Sol

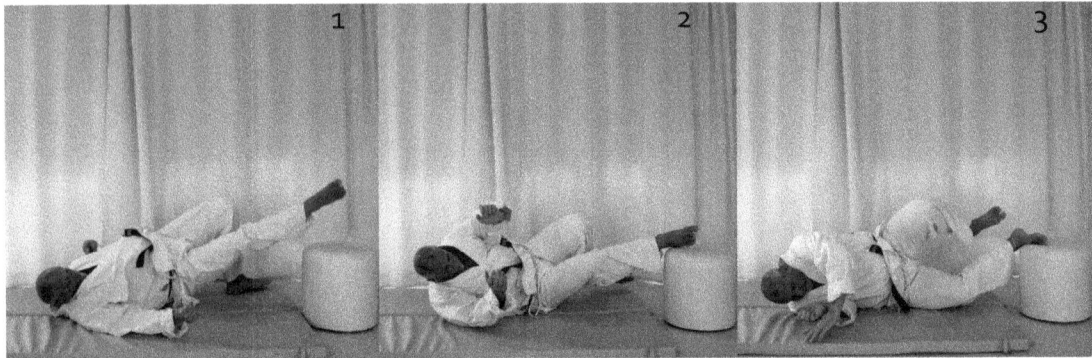

L'exercice de Fouetté Assisté au Sol avec support des mains

La version de Grimpée du Coup de Pied Fouetté Assisté au Sol

*La version de Grimpée **très proche** du Fouetté Assisté au Sol*

Le Coup de Pied Fouetté **Sauté** du Sol est une technique qu'il est important de pratiquer : très efficace, surprenant et puissant. C'est aussi une manœuvre qui permet de frapper jusqu'à un retour à la position debout si nécessaire. Même si ce n'est pas un de vos favoris, pratiquez ce Coup de Pied pour améliorer votre endurance et votre aptitude générale à frapper du pied de toute position.

Le Coup de Pied Fouetté Sauté du Sol de la jambe arrière, jusqu'à reprise de la position debout

Coups de Pied avec Chaise

Les Coups de Pied Fouettés autour d'une chaise ressemblent très fort à ce que nous avons déjà vu avec les Coups de Pied de Face et Latéraux. Le lecteur est invité à se référer à ces Chapitres pour rechercher ses propres exercices et variations. Nous allons nous borner à présenter un exercice important qui fera des miracles pour votre endurance générale et pour la puissance de tous vos Coups de Pied Fouettés. Cet exemple est extrait de notre livre '*Plyo-Flex pour le développement de la puissance explosive des Coups de Pied*'. Pratiquez-le des deux côtés, et chaque fois sans arrêt jusqu'à épuisement total (*Photos en haut de la page suivante*).

➤

Exercice Plyo-Flex avec une chaise pour un Fouetté plus puissant

Points clé

- La puissance du Coup de Pied vient *de sa vitesse et de la torsion du corps*. Si la situation requiert une rétraction en position de chambrée, la vitesse de la rétraction est aussi très importante : les muscles doivent donc rester lâches (pas de crispation). Si au contraire vous frappez au travers de la cible, il faut rester en mouvement : roulez (Première série de Photos) ou revenez en Coup de Pied Crocheté avec la force de la torsion des hanches (Seconde série de Photos *en haut de la page suivante*).
- Prenez avantage de *l'élan du pivot du corps* pour donner de la puissance au Coup de Pied.
- Cette technique doit être *précise* pour être efficace. Un Coup de Pied Fouetté au Sol requiert toujours un suivi enchaîné.

Roulez vite jusqu'à la garde au sol après un Coup de Pied Fouetté au Sol qui passe au travers de la cible

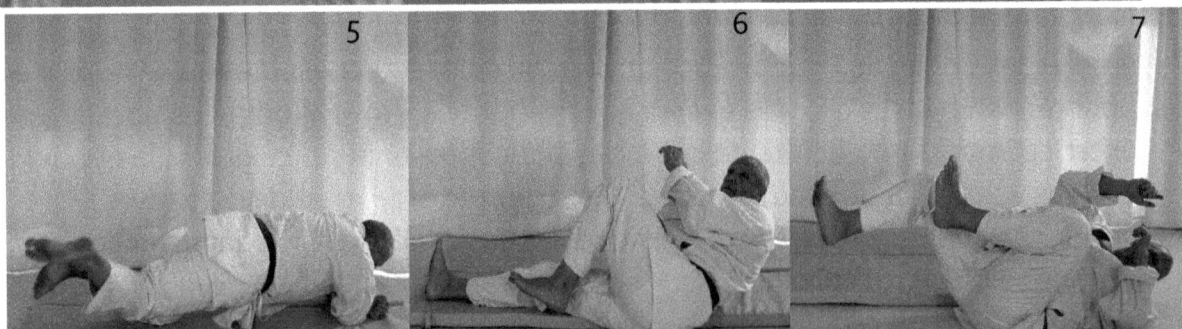

➡

Re-torsion en Crocheté après un Coup de Pied Fouetté au Sol qui passe au travers de la cible

Cibles

De préférence, les *parties génitales* et les *genoux*.
Les côtes et les cuisses sont aussi des cibles valables, mais contre lesquelles il faut connecter avec la balle du pied (*orteils relevés*).

Applications typiques

Les Figures suivantes illustrent ce que l'auteur considère comme **l'application la plus importante de ce Coup de Pied**. Si vous êtes jetés au sol, utilisez l'élan de votre chute pour pivoter *immédiatement* en Fouetté du Sol (et suivre de suite en enchaînement). Cette manœuvre doit être pratiquée jusqu'à devenir automatique quand vous êtes projeté au sol, de façon à empêcher ou au moins à déranger toute possible suite de votre adversaire. C'est une technique à laquelle je me suis beaucoup entraîné pendant ma carrière de tournois ; en ce temps-là, les balayages de Karaté suivis d'un Coup de Pied ou de Poing étaient fort à la mode (et excellents pour gagner des points). Il était très important de pouvoir réagir instinctivement si balayé, afin d'annuler le succès d'amenée au sol par l'adversaire.

Si jeté au sol, passez vite et sans accroc en Coup de Pied Fouetté du Sol

C'est ici l'endroit idéal de rappeler au lecteur le mécanisme de l'entraînement. Il est important de pratiquer même des techniques qui peuvent vous sembler tirées par les cheveux, sophistiquées ou pas nécessaires ! On m'a parfois reproché de présenter de telles techniques, mais il faut se souvenir que le corps en mode de combat ne se base pas sur des décisions conscientes et réfléchies. Le corps marche sur l'adrénaline, l'instinct et l'intuition ; il choisira de façon automatique la technique la plus adaptée à la situation, à condition qu'elle se trouve dans votre mémoire musculaire inconsciente. Et c'est cela la raison de l'importance de la pratique continuelle de toutes sortes de manœuvres situationnelles, de Coups de Pied depuis des positions étranges et de techniques qui peuvent paraître a priori trop sophistiquées. Entraînez-vous à toutes les techniques, et pratiquez assidument ; cela ne peut certainement pas nuire. Après, laissez votre corps décider !

Les Dessins suivants illustrent l'utilisation du Coup de Pied contre un adversaire debout qui vous confronte, alors que vous êtes **assis par terre, jambes croisées en tailleur.** Pivotez de tout votre corps pour exécuter un Coup de Pied Fouetté au Sol classique vers sa tête. Si l'attaquant vous a saisi, attrapez-lui le poignet et tirez le simultanément vers vous.

Application d'un Coup de Pied Fouette au Sol, depuis une position assise en tailleur

Les Figures qui suivent montrent l'application traditionnelle de la technique comme *Coup de Pied d'Arrêt* qui démarre depuis la position ***assise sur les genoux et talons*** (*Zeiza*). Votre adversaire debout vous attaque avec un Coup de Poing Marché classique, et vous l'esquivez en vous laissant tomber sur le côté. Vous le frappez simultanément d'un Fouetté aux parties. Alors qu'il se tord de douleur testiculaire, vous pouvez suivre avec un Coup de Pied Latéral au Sol vers le creux poplité de son genou avant. Relevez-vous et saisissez ses épaules par derrière pour le tirer violemment au sol, où vous enchaînez.

Coup de Pied Fouetté au Sol en Esquive, qui vise les testicules et part de la position traditionnelle Zeiza

Entrainement spécifique

- Frappez *un sac suspendu bas* depuis toutes les positions de départ possibles ; travaillez puissance et vitesse. Frappez en suite de tous les déplacement au sol possibles ; remontez et redescendez au sol en insérant le Coup de Pied entre les mouvements.
- Exécutez le Coup de Pied d'Arrêt contre un sac de frappe suspendu *lancé vers vous par un partenaire* ; et ce depuis différentes positions de départ.
- Pratiquez le Coup de Pied automatique et sans accroc quand vous êtes *projeté au sol par un partenaire* (page précédente).
- La version de frappe "*au travers*" de la cible doit être pratiquée sur des cibles de frappe et non sur un sac (voir Figure).

Entraînez-vous à la version de frappe «au travers» sur des cibles de frappe

Self défense

Les testicules doivent toujours être votre cible de choix pour le Fouetté contre un adversaire debout. Dans l'exemple ci-bas, vous pouvez enchaîner avec un *Double Coup de Pied Arrière au Sol.*

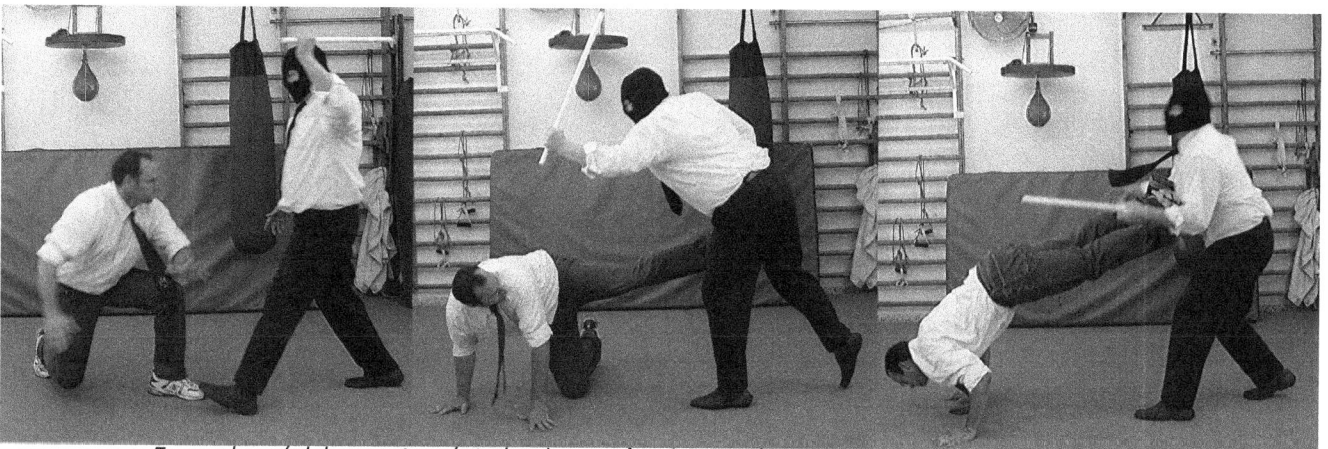

En combat réel, les parties génitales doivent être la première cible du Coup de Pied Fouetté au Sol

La série de Dessins qui suit montre une application plus traditionnelle de combat au sol : un **Coup de pied en Esquive** depuis la position classique de *Zeiza* (présentée précédemment). Il faut évidemment suivre.

Coup de Pied Fouetté au Sol en Esquive, depuis la position traditionnelle assise sur les talons

Les Figures qui suivent montrent une version du Coup de Pied *de style 'Balai de Fer' du Kung Fu*. Il s'agit d'un Coup de Pied Circulaire Bas *au travers* de la jambe adverse afin de le faire tomber. Le lecteur est aussi invité à remarquer la position de départ, typique de styles Indonésiens et souvent nommée la Position *Swastika* au Sol (Voir position des jambes ! **Note de l'auteur : Il s'agit évidemment du symbole bouddhiste Indo-Européen, et non du déplorable icone nazi**). Vous démarrez le Coup de Pied après le pivot, juste comme le Coup de Pied Circulaire Fouetté à Jambe Tendue (Low Kick). Frappez *au travers* de la cheville adverse afin de l'amener au sol. Prenez avantage de l'élan de ce Coup de Pied énergétique pour rouler en retour et frapper de l'autre jambe d'un Coup de Talon Descendant au Sol vers les testicules, la tête ou le corps de l'adversaire ainsi projeté. Ce 'Coup de Pied de Hache' vient avec l'Energie supplémentaire d'un mouvement de type *Humpty-dumpty* avec ciseaux des jambes.

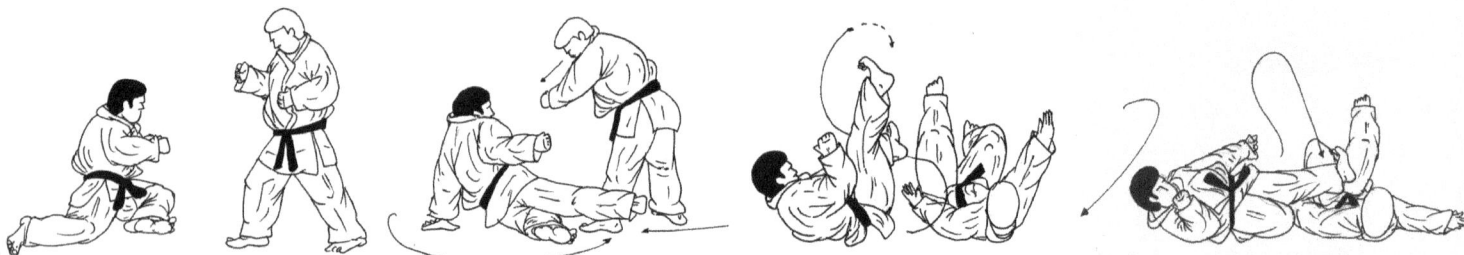

Combinaison au Sol : Balai de Fer et Coup de pied en Hache

Et les Dessins suivants illustrent l'utilisation du Coup de Pied après avoir laissé l'adversaire approcher pour vous attaquer au sol. Il arrive entre vos jambes pour attaquer, et vous le frappez à la tête depuis votre garde de lutte au sol. Surprise.

Coup de Pied Fouetté au Sol depuis une garde de 'grappling' typique

Les Illustrations qui suivent montrent un autre exemple de **« frapper du pied quand jeté au sol»**. Votre adversaire réussit son Grand Fauché Intérieur (*O Uchi Gari – Judo*) : ne résistez pas et jetez-vous au sol. Prenez avantage de cet élan et du pivot des hanches pour exécuter un Coup de Pied Fouetté du Sol un peu suicidaire, visant sa tête. Si possible, gardez la saisie de sa manche ou de son bras.

Frappez automatiquement du pied si jeté au sol, et utilisez l'élan de la chute pour aider l'énergie de la torsion des hanches

LES COUPS DE PIED AU SOL

Les Coups de Pied d'Extraction (*Stripping Kicks*) sont exécutés contre un bras adverse qui tient un de vos membres, généralement la cheville. En frappant le bras qui saisit votre jambe, vous devriez pouvoir casser la prise et vous libérer (*Extraction*). Les Figures suivantes montrent une application **d'Extraction par Coup de Pied Fouetté au Sol.** Le lecteur est prié de se référer à mes précédents sermons à propos de l'importance de pratiquer assidûment les techniques qui doivent devenir automatiques. *Le Coup de Pied Fouetté d'Extraction au Sol* doit devenir instinctif, pour le cas où un adversaire réussit a vous attraper le pied et à le tordre vers l'extérieur pour vous forcer à rouler au sol. Il s'agit d'une clé de Jambe par Torsion qui peut être très douloureuse si brusque : ne résistez pas ! Roulez plutôt avec la torsion afin de délivrer un puissant Coup de Pied Fouetté *au travers* de son articulation du coude. Continuez de rouler un tour complet : votre Coup de Pied et l'élan inattendu de votre Roulé vont vous libérer de la saisie. Prenez immédiatement votre position de garde au sol et soyez prêt pour un Coup de Pied de Face au Sol si l'adversaire est toujours a portée. *Le Coup de Pied Fouetté d'Extraction* est une technique agressive qui est exécutée avec l'intention et le but de faire du dommage articulaire au coude adverse. C'est une manœuvre importante qu'il faut pratiquer afin de l'imprimer dans votre système intuitif de combat.

Coup de Pied Fouetté d'Extraction au Sol contre une Torsion de cheville

Et les Illustrations qui suivent montrent que faire *si la technique précédente ne réussit pas*, et elles présentent aussi *le suivi naturel du Fouetté* : Le Coup de Pied Crocheté Retourné au Sol. Si votre Coup de Pied d'Extraction a raté pour quelque raison que soit, laissez-vous tomber au sol avec force tout en tirant vos jambes vers le bas et l'avant. Tirez-vous au sol vers l'avant en utilisant vos mains, et commencez à pivoter. Si nécessaire, et si possible, vous devriez aussi pousser de votre jambe libre pour vous éloigner de lui (poussez sur sa cuisse ou sur son corps). Pendant que vous vous libérez ainsi, continuez de pivoter dans l'exécution d'un *Coup de Pied Fouetté au Sol*. Poursuivez ce mouvement circulaire pour suivre d'un Crocheté Retourné. Cette manœuvre est plus facile et plus naturelle qu'elle ne peut paraitre, et elle se doit d'être utilisée dans toute situation au sol où vous avez votre dos vers l'adversaire.

Combinaison au sol appliquée de Fouetté/ Crocheté Retourné

J'ai été critiqué dans le passé pour donner des exemples de descente volontaire au sol pour des situations de Self-défense. Je maintiens ma position qu'un adversaire qui se déplace au sol est très dangereux et très difficile à traiter. La pratique de l'exercice qui suit devrait vous donner la bonne impression de ce que c'est que d'être au sol contre un adversaire debout : ses parties génitales sont dangereusement à votre portée. Dangereux...pour lui. Dans l'exemple illustré ci-bas, vous stoppez un assaillant avançant vers vous avec un Coup de Poing vers ses parties. Pivotez et descendez vers le sol pour un Coup de Pied Fouetté au Sol de la jambe avant, de nouveau vers ses testicules. Cela a l'avantage additionnel d'éloigner votre tronc de sa portée. Continuez à rouler pour un Coup de Pied en Ciseaux de sa jambe avant qui l'amènera au sol.

Application du Coup de pied Fouetté au Sol aux parties, de la jambe avant ; suivie d'un Roulé en Coup de Pied en Ciseaux

Photos Illustratives

Le classique Coup de Pied Fouetté de base, debout

Le 'Petit' Coup de Pied Fouetté debout

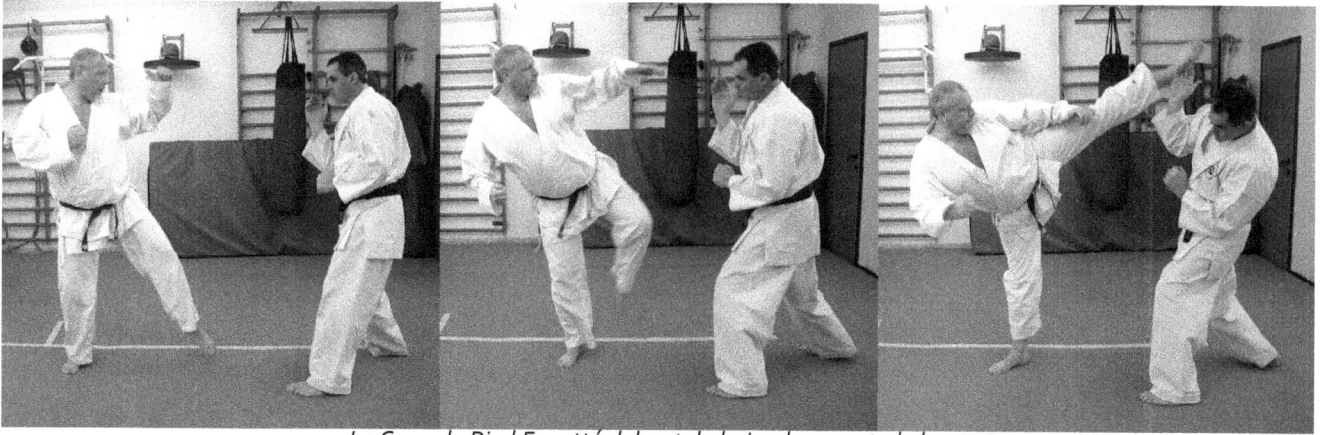

Le Coup de Pied Fouetté debout de la jambe avant, de base

Le Coup de Pied Fouetté Plongé de base

*Coup de Pied Crocheté
Retourné au Sol*

Ce n'est pas la taille du chien qui compte dans la bataille, c'est la taille de la bataille dans le chien.
~Mark Twain

6. Le Coup de Pied Fouetté en se Relevant et techniques associées

Général

Il s'agit de la version au Sol du Coup de Pied de base Fouetté Relevé, décrit dans notre livre précédent (*Le Grand Livre des Coups de Pied*). Dans cette version de base, on s'agenouille pour esquiver une attaque haute ou pour juste embrouiller l'adversaire, **et puis on se relève brusquement avec le Coup de Pied**. Dans ce Chapitre, nous présentons brièvement, et pour être complets, le Coup de Pied *qui démarre au sol* et ignore la partie de la Descente. Le lecteur peut se référer à nos ouvrages précédents pour plus de détails.

Comme les principes décrits seront aussi applicables à d'autres « *Coups de Pied Relevés* », et plus spécialement pour le Coup de Pied Latéral en se Relevant, nous allons inclure dans ce Chapitre ces techniques associées, quelle que soient les positions de départ.

La position de départ classique est la position Accroupie Jambe Croisées très prisée des styles Indonésiens et de la Chine du Sud. La manœuvre elle-même est très surprenante. Il faut tenir compte du fait que c'est un Coup de Pied classique, mais à n'utiliser que si vous êtes bien entrainé et compétent : vous êtes vulnérable durant le mouvement de Remontée.

De toute façon, ce Coup de Pied est avant tout un excellent exercice de renforcement musculaire et de compétence versatile générale dans l'Art de la Frappe du Pied.

Description

Le Coup de Pied Fouetté Remontant de base est illustré dans les Dessins *du haut de la page suivante*. Depuis une position assise jambes croisées, vous vous relevez avec la force des jambes uniquement, sans aide des mains. La jambe du dessus monte directement en position de chambrée, alors que la jambe du dessous pousse tout le poids du corps. Frappez dès que vous êtes debout, et enchaînez (toujours) ! Le lecteur est invité à bien examiner la position de départ : la position de combat au sol jambes croisées très courante dans les Arts Martiaux de l'Asie du sud-Est (Illustrée page suivante). L'exécution du mouvement de Remontée est aussi très importante : les Dessins qui suivent vont illustrer la progression depuis la position au Sol et jusqu'à la position de « Chambrée Universelle » de laquelle sortira le Coup de Pied. [**Rappel**: *La Chambrée Universelle est une position trompeuse depuis laquelle on peut directement exécuter un Coup de Pied ou Latéral ou Fouetté ou Crocheté. Pour plus de détails à propos des Coups de Pied de Chambrée Universelle, voir 'Le Grand Livre des Coups de Pied'*]

➤

Le Coup de Pied Fouetté en Remontant

Une des positions classiques de 'Silat' : agenouillé avec les jambes croisées

Relevez-vous directement en position de Chambrée Universelle, et frappez

Points clé

- Gardez *une garde haute* pendant la Montée : vous êtes vulnérable.
- Montez *directement en position de chambrée* pour passer sans accrocs a l'exécution du Coup de Pied.
- Il ne s'agit pas d'une technique très puissante et elle requiert donc un *suivi immédiat*.

Cibles

Le Coup de Pied manque de puissance parce que l'élan vertical n'y contribue pas. Les cibles doivent donc être des points vitaux comme les *testicules, les genoux, la gorge, le plexus solaire ou les reins.*

Applications typiques

Cette section est tout simplement à propos de la frappe du pied pendant une Montée du sol. Les Figure suivantes illustrent *__l'exécution de la version 'de la jambe arrière'__* depuis la position de départ sur un genou. C'est une variante déjà plus puissante que la version classique. Frappez dès que l'adversaire arrive à portée.

Le Coup de Pied Fouetté en Montant, depuis la position à un genou au sol

Et les Illustrations suivantes montrent un Coup de Pied en Montant **depuis une position conventionnelle assise par terre** et relaxée. Dans cet exemple, la main avant est tenue bien haute afin d'y attirer l'attention adverse pendant que le Fouetté attaque les parties.

Fouetté en Montant aux parties génitales, depuis une position assise au sol tout à fait conventionnelle

Mais l'application la plus utile sera un Coup de Pied en Montant **exécuté immédiatement et sans accrocs après un Coup de Pied au Sol**. C'est par ailleurs la meilleure façon de se relever si voulu. Une fois touché par votre Coup de Pied du Sol, votre adversaire sera au minimum troublé ; profitez de cet instant pour suivre immédiatement avec un Coup de Pied Montant. Si vous réussissez, vous vous retrouverez debout sur vos deux pieds après l'avoir frappé deux fois. C'est la raison de l'importance des exercices comme celui présenté en haut de la page suivante : exécutez un Coup de Pied au Sol et enchaînez sans temps mort avec un Coup de Pied Montant. Variez les Coups de Pied au Sol et les Coups de Pied Montants, et entraînez-vous avec focus et concentration.

Un exercice importante: Coup de Pied Fouetté en Montant qui suit naturellement un Coup de Pied Fouetté au Sol

Entraînement spécifique

Le lecteur est invité à consulter nos ouvrages précédents qui traitent de l'entraînement aux *Coups de Pied en Remontant*. Tous les Coups de Pied décrits ci-dessus et ci-dessous, sont en fait d'excellents exercices par eux-mêmes. Ils contribueront à la compétence de tous les Coups de Pied Montants, mais aussi : au développement de la puissance et de l'endurance, à l'amélioration de la frappe intuitive situationnelle, à une meilleure exécution des Coups de Pied correspondants debout et à plus de confiance en soi pour le travail au sol. Tous les Coups de Pied exécutés pendant la Montée et tous les exercices apparentés aideront à l'atteinte de

ces buts. Le plus connu, le plus simple et le plus efficace est certainement l'exercice classique d'échauffement « *s'accroupir et frapper du pied et recommencer* ». Les Photos illustrent le Coup de Pied Latéral, mais sont aussi pertinentes pour le Fouetté, le Coup de Pied de Face et toutes autres techniques de base.

The kne S'agenouiller et Coup de Pied Latéral Remontant : répéter jusqu'à épuisement

Un autre exercice bien connu, lui aussi illustré ***par la version en Coup de Pied Latéral,*** est la frappe depuis la position basse de combat avec jambes croisées à laquelle on revient pour recommencer. Remontez et frappez de la jambe arrière, avant de redescendre avec la jambe de frappe devant. Vous pouvez ainsi progresser à petits 'pas' dans le *dojo* en alternant les jambes, jusqu'à épuisement.

'Marcher' avec Coup de Pied Latéral, en position au sol à jambes croisées

L'entraînement à l'aide d'escaliers présenté dans notre livre '*Plyo-Flex*' est de grande utilité pour améliorer l'explosivité de vos Coups de Pied. Certains des exercices sont fort apparentés aux Coups de Pied au Sol ou aux Coups de Pied en Montant. Entre parenthèses, l'entrainement pliométrique et d'assouplissement intensif sont chaudement recommandés à l'aspirant à la maîtrise de l'Art du Coup de Pied.

Coup de Pied Fouetté sur escaliers : un exercice pliométrique

Un autre exercice important pour renforcer les muscles qui prennent part à l'exécution d'un Fouetté est présenté dans les Photos qui suivent. Sa pratique est recommandée pour améliorer aussi la version au Sol, ainsi que les techniques générales de frappe du sol. Cet exercice engage certains muscles de la hanche qu'il est difficile de solliciter en isolement et il est extrêmement avantageux pour la maîtrise générale des Coups de Pied. Exécutez-le en série jusqu'à épuisement ; changez de jambes, répétez...

Exercice de renforcement et musculation pour le Coup de Pied Fouetté au Sol

Self défense

Les Illustrations *en haut de la page suivante* montrent l'utilisation du Coup de Pied quand vous êtes agressé alors **qu'assis par terre jambes croisées en tailleur.** L'assaillant s'approche pour essayer de vous frapper du poing et vous le stoppez d'un rapide Coup de Poing Fouetté en revers aux parties. Relevez-vous alors en chambrant votre Fouetté de la jambe avant. Visez à nouveau les testicules s'il a reculé comme il devrait après la première frappe. Si, pour une raison ou l'autre il présente encore le dos à votre Coup de Pied, il faudrait mieux viser le genou, les reins ou le cou. De toute façon, gardez la pression et enchaînez, par exemple comme illustré.

➡️

1   2   3

Depuis la position assise en tailleur, les parties d'un attaquant debout présentent une cible aisée a votre Coup de Poing ; profitez-en pour suivre d'un Coup de Pied Fouetté Montant

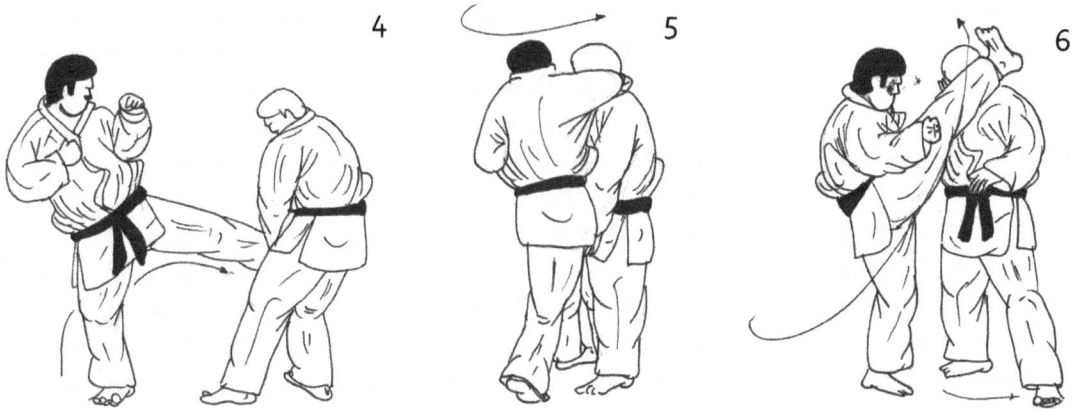

4   5   6

Et les Figures qui suivent montrent un **Coup de Pied Latéral Montant**, après avoir bloqué un coup et saisi le poignet d'un attaquant debout. En vous penchant un peu pour esquiver et en poussant à l'aide de la main au sol, vous allez pouvoir mieux exploser dans votre mouvement de montée. En outre, votre saisie du poignet adverse vous aidera à le garder à portée du puissant Coup de Pied Latéral qui vient.

L'application d'un Coup de Pied Latéral Montant

Les Dessins en haut de la page suivante montrent cette fois un *Coup de Pied Fouetté Montant* depuis la même position. Mais cette fois, vous surprenez l'assaillant qui approche de façon menaçante avec la version au Sol d'un Coup de Poing Fouetté en Revers <u>Retourné</u> aux parties (*Uraken - Karatedo*). Ces testicules sont vraiment trop proches et vous y invitent ...(*Souvenez-vous en quand vous serez debout devant un ennemi au sol !*). Vous pouvez alors enchaîner avec une Montée en position de Chambrée pour votre Fouetté. Si nécessaire, vous pouvez sautiller avec le développement du Coup de Pied. Continuez votre contrattaque. ➤

LE COUP DE PIED FOUETTÉ EN SE RELEVANT

Coup de Pied Fouetté en Relevé après un sournois Coup de Poing Retourné, du sol vers ses parties

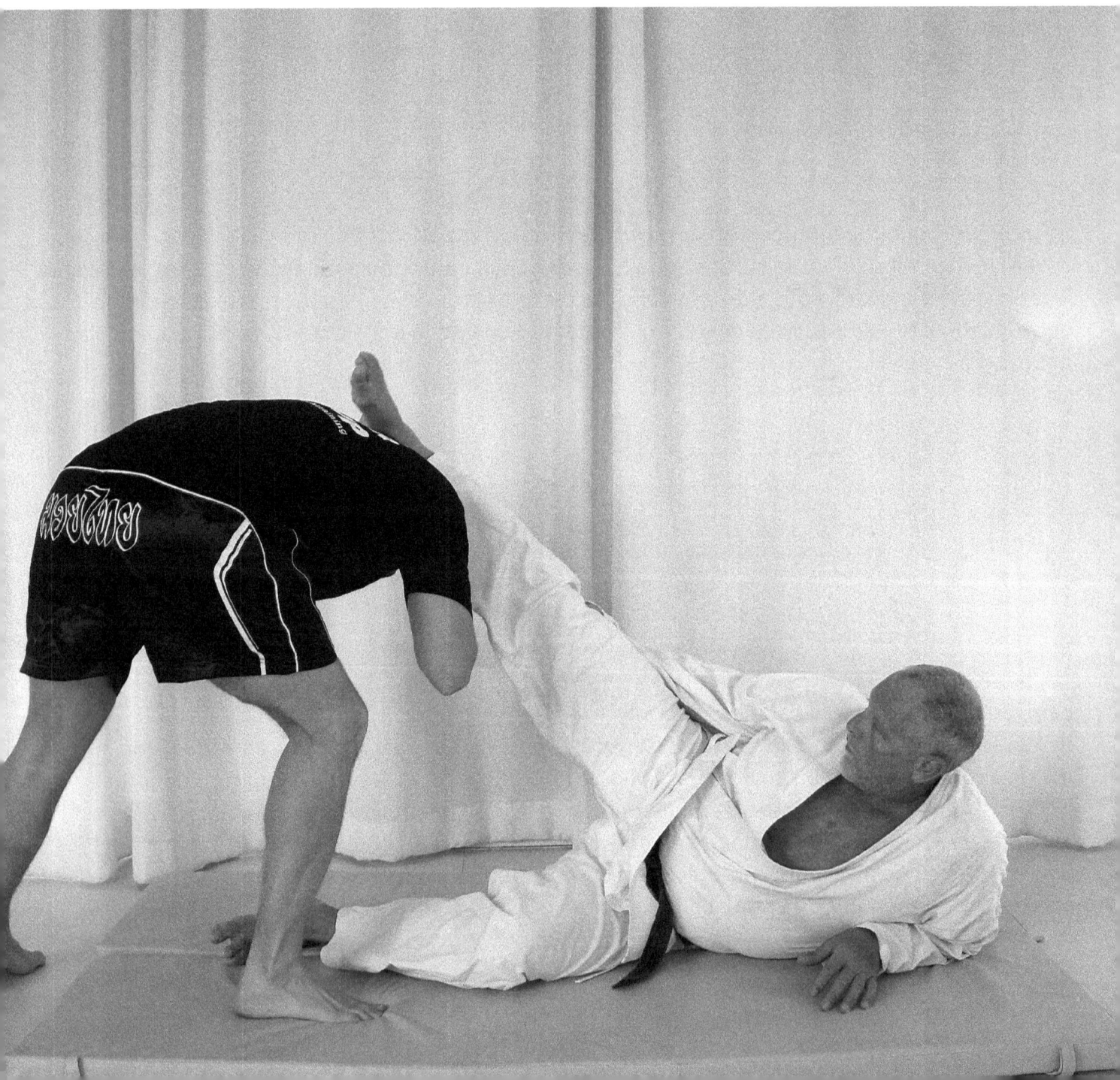

7. LE COUP DE PIED CROCHETÉ AU SOL

Général

Tout comme le Coup de Pied Crocheté Plongé de base présenté dans notre livre précédent, **le Coup de Pied Crocheté au Sol** est sournois et très souvent surprenant. Mais, en lui-même, ce n'est pas un Coup de Pied très puissant. Il requiert de se mettre en position pour pouvoir ajouter un peu d'Energie de par la torsion des hanches et de par l'utilisation de tout le corps dans la technique. C'est pourquoi c'est surtout une technique de suivi naturel après un Coup de Pied Fouetté au sol : nous avons déjà vu, et verrons encore, de nombreux exemples. Le manque de puissance est aussi la raison pour laquelle le Crocheté est surtout utilisé dans sa forme Retournée (présentée dans un autre Chapitre). Le lecteur doit surtout garder en tête que le Crocheté au Sol est un excellent Coup de Pied quand il est inséré dans une situation *dynamique* qui permet la réalisation de tout son potentiel. Et le texte va en présenter quelques exemples.

Un Coup de Pied Crocheté au Sol contre le genou adverse

Description

Les Dessins en haut de la page suivante illustrent l'exécution de base à partir d'une position couchée au sol avec jambes croisées. C'est la façon la plus simple de pratiquer pour comprendre la biomécanique de la technique. Comme déjà dit, **le Coup de Pied Crocheté au Sol** est à utiliser dans des situations dynamiques et tout mouvement qui vous met dans cette position de départ implore un suivi par Crocheté.

➤

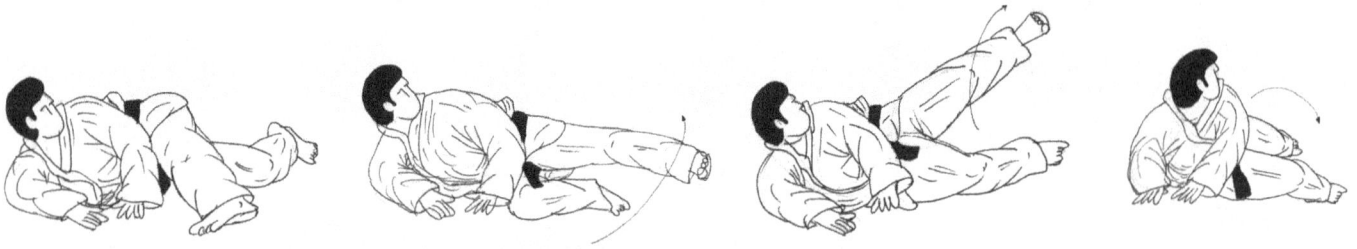

Le Coup de Pied Crocheté au Sol, de base

Vous pouvez évidemment arriver directement à la position de départ de base depuis n'importe quelle position au Sol et avec le seul but d'exécuter un Crocheté. Les Photos ci-bas montrent l'exécution complète depuis une position couchée triviale : passez en position jambes croisées et frappez ! Simple…

Le Coup de Pied Crocheté au Sol à puissance maximum depuis la position couchée de base

Les Illustrations qui suivent montrent l'exécution du Coup de Pied depuis **la position assise par terre jambe tendues**, position normale et relax. Vous pivotez d'un côté sur vos mains et sur un genou et puis vous revenez en pivot opposé avec le Crocheté. Le principe est identique à celui de la version orthodoxe, mais le pied '**rebondit**' en fait au sol avec force pour un Coup de Pied plus puissant (Pensez à un ressort).

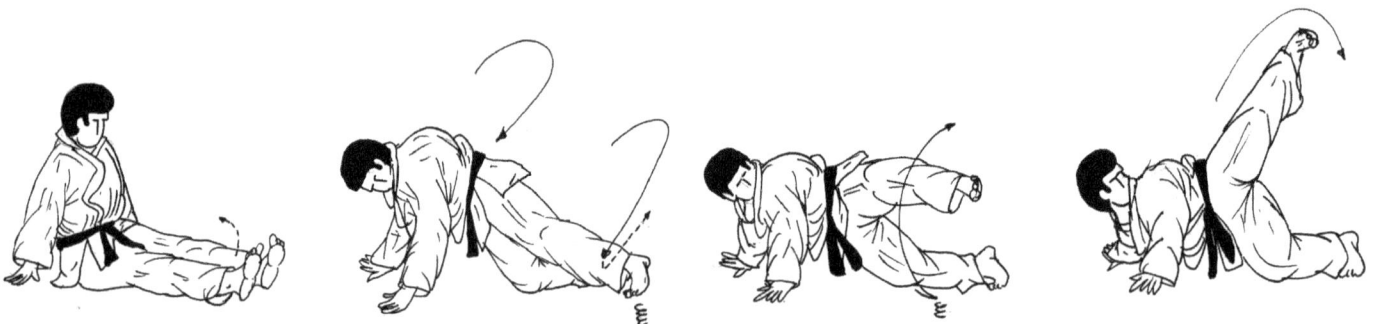

Démarrer le Coup de Pied Crocheté au Sol depuis une position assise par terre normale

Points clé

- Il est nécessaire d'aller d'un côté jusqu'au bout *avant de revenir* avec le Coup de Pied, afin de créer une trajectoire assez longue pour permettre une réelle accélération. Frappez avec les hanches, et pas avec le pied.
- « *Crochetez* » du talon a l'impact, si possible, pour encore un peu plus de concussion.
- Visez des *cibles sensibles* comme les testicules, le genou, la gorge, le visage …
- *Enchaînez toujours* : ce n'est pas le plus puissant des Coups de Pied. Nous allons présenter des exemples plus loin.

Cibles

Visez la *tête, le cou, les parties génitales ou le genou.*

Coups de Pied Crochetés au Sol ciblant respectivement : la hanche au niveau des parties, et la nuque

Applications typiques

Les Photos suivantes montrent l'exécution **depuis la position à quatre pattes** ; pas d'explications nécessaires.

Le Coup de Pied Crocheté au Sol depuis la position quadrupédique

Les Figures suivantes illustrent l'adjectif 'sournois' pour un Coup de pied. Il s'agit de la technique classique contre un adversaire debout qui se penche vers vous. Vous avez juste à faire ce qu'il faut pour qu'il se penche, et ce n'est pas trop difficile. Depuis la position de garde, vous roulez d'un côté et puis revenez de façon inattendue avec le Coup de Pied. Vous devez faire croire à l'adversaire que vous roulez de peur d'être frappé, et seulement alors envoyer votre Crocheté hors de son champ de vision. Un peu de comédie est donc nécessaire pour l'appâter, mais vous pourrez alors suivre avec un très naturel Fouetté au Sol, par exemple.

Surprenez l'adversaire qui se penche pour vous frapper au sol : Crocheté !

Et les Illustrations suivantes montrent l'utilisation logique de la technique *comme suivi du Coup de Pied Fouetté au Sol.* Nous avons déjà mentionné (et illustré en Photos) ce couple intrinsèque dans le Chapitre du Coup de Pied Fouetté au Sol. Les Dessins montrent comment fouetter les testicules de l'adversaire qui s'approche de façon menaçante. Ensuite vient l'enchaînement naturel du retour en Crocheté au Sol alors qu'il se plie de douleur. La pratique de ces combinaisons est importante pour conditionner le corps et l'esprit à enchainer automatiquement, Fouetté et Crocheté et vice-versa.

Un Crocheté qui suit sans accroc un Fouetté au Sol aux parties adverses

Comme déjà répété, le **Coup de Pied Crocheté au Sol** est une technique à exécuter dans des situations dynamiques qui aideront à lui donner l'élan nécessaire à son efficacité. Les Figures qui suivent montrent une application de 'balayage' délivrée de façon inattendue après avoir appâté l'adversaire à contrattaquer. Depuis des gardes opposées, vous exécutez un Coup de Pied en Croissant de la jambe arrière à toute puissance au travers du bras avant de l'adversaire, et de préférence juste quand il entame un 'Jab'. Frappez au travers du bras pour atterrir sur un genou après un demi-cercle complet. Vous êtes arrivés dans une position qui peut sembler délicate et il est vraisemblable que votre adversaire plonge pour contrattaquer. Mais vous frappez alors vers l'arrière de la même jambe en plaçant le poids du corps sur les mains. Ce *Coup de Pied Crocheté au Sol* puissant contre le côté de son genou avant devrait l'amener au sol. Vous pouvez suivre avec un Coup de Pied Fouetté Descendant au Sol (présenté plus loin)

vers le visage. Cette application n'est pas un Coup de Pied Plongé, bien qu'elle y ressemble : vous descendez à la fin de votre Coup de Pied en Croissant et stoppez pour une milliseconde afin de causer une approche adverse vers vous. En fait, ce serait plutôt un Coup de Pied en Feinte. Et il est certain que votre adversaire sera déconcerté de vous voir descendre subitement pour alors frapper du pied ; cela vous donnera un avantage psychologique supplémentaire.

2 3 4

Coup de Pied Crocheté au Sol vers le genou adverse, depuis une position dynamique à un genou par terre

Entrainement spécifique

- Couchez-vous *en-dessous d'un sac de frappe* suspendu et pratiquez le Coup de Pied pour sa puissance, depuis toutes les positions au sol possibles (Voir Figure).
- Entraînez-vous *au sac à l'exécution de tous les enchaînements* présentés (force).
- Répétez ces mêmes combinaisons *au travers de cibles de frappe* présentées par un partenaire, pour vitesse et pénétration.

Travaillez la puissance au sac de frappe ;
pratiquez d'en-dessous

Self défense

Les Dessins qui suivent vont illustrer une variation du Coup de Pied très proche du *Coup de Pied Crocheté Retourné en Plongeant* décrit dans notre ouvrage sur les Coups de Pied de base. Notre exemple peut être considéré un Coup de Pied au Sol parce que vous descendez au sol d'abord, et puis seulement vous frappez après une rupture de rythme. Mais la nuance est légère, et la même technique sans à-coups serait vraiment un Coup de Pied Plongé. Nous avons répété que le Coup de Pied Crocheté au Sol n'est vraiment efficace que dans un contexte dynamique et les distinctions sont donc difficiles. Toute la différence ici provient de la brève interruption du mouvement qui fait de la technique un Coup de Pied *et pas un Balayage*. L'enchaînement présenté va aussi introduire l'important Coup de Pied de Hache au Sol (qui a son propre Chapitre plus loin). Notre application a les deux protagonistes debout, et vous attaquez avec un puissant Coup de Pied de Balayage Circulaire à Jambe Tendue (voir *'Coups de Pied Bas'*). Cette importante variation du 'Low Kick' classique devra, au minimum, mettre l'adversaire en déséquilibre et sur un pied. Prenez avantage de votre élan de frappe pour continuer le pivot, pour poser le pied, et puis le genou de la jambe de frappe. De cette position au Sol, vous démarrez un **Coup de Pied Crocheté Retourné Bas au Sol**. Ciblez le genou ou le mollet de sa jambe d'appui en vous concentrant sur l'aspect Coup de Pied, et pas Balayage. Il tombera de toute façon et vous suivez avec un Coup de Talon Descendant (Coup de Pied de Hache au Sol) à son atterrissage.

Coup de Pied Crocheté au Sol après un Retournement Descendant ; la cible est le genou adverse

Photos Illustratives

Coup de Pied Crocheté de la jambe arrière ; technique debout de base

Un autre exemple du Coup de Pied Crocheté debout de base, de la jambe arrière

L'effet additionnel de crochetage à l'impact du Coup de Pied Crocheté

Le Coup de Pied Crocheté debout de base, **de la jambe avant** et avec sautillement

Le Coup de Pied Crocheté Plongé

Un Coup de Pied Crocheté au Sol qui cible l'articulation de la hanche

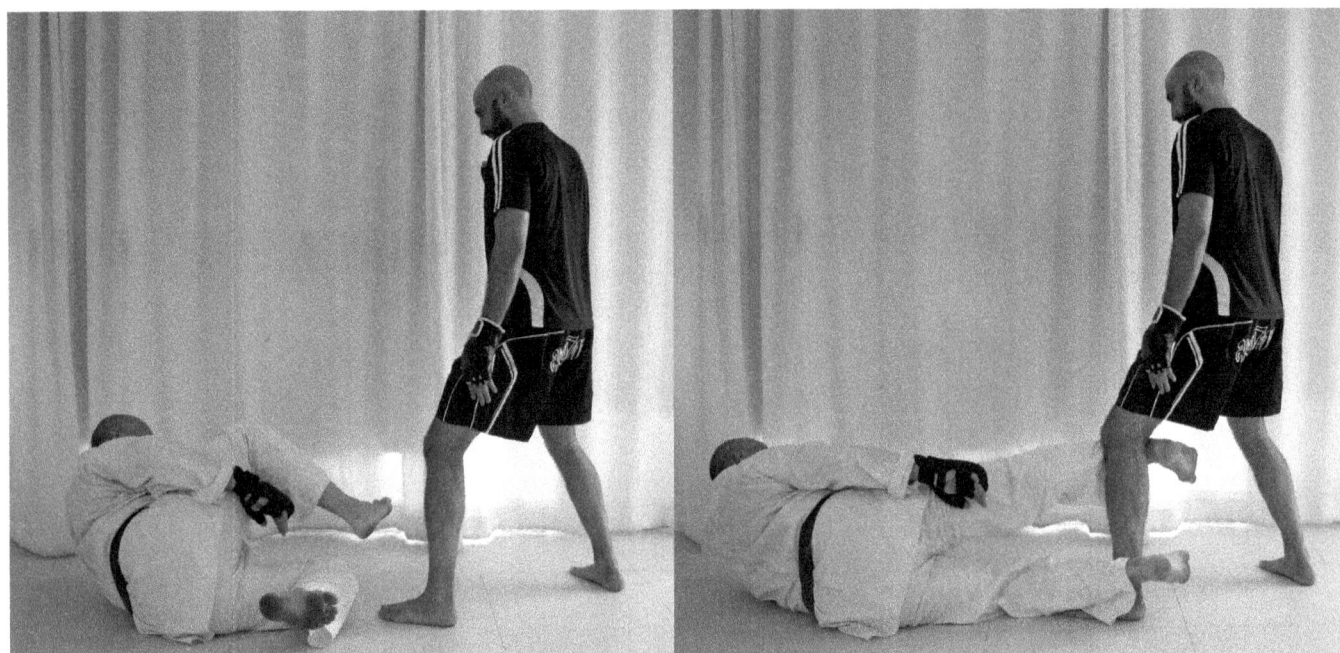

Coup de Pied Crocheté au Sol contre un genou tenu en place par la cheville : une variation du Coup de Pied en Ciseaux au Sol

Celui qui sait quand il peut se battre et quand il ne peut pas, sera le vainqueur.
~Sun Tzu

8. Le Coup de Pied Fouetté Descendant au Sol

Général

Dans le Chapitre traitant du Coup de Pied Fouetté au Sol, nous avons présenté la version diagonale descendante de la technique. **Le Coup de Pied Fouetté Descendant au Sol** est tout simplement cette version, mais exécutée encore plus loin **pour une trajectoire descendante quasi-verticale**. Il s'agit d'une technique très importante pour le combattant au sol. C'est le Coup de Pied adéquat si votre adversaire est au sol avec vous et tout proche, ou si vous parvenez à le faire tomber près de vous, ou s'il se penche vers vous. C'est même un Coup de Pied très utile pour garder l'adversaire à distance comme souvent en *Capoeira* (cette version *Capoeira* sera présentée dans le texte). Tout comme la version debout, le Fouetté Descendant au Sol est toujours un Coup de Pied surprenant de par sa trajectoire et de par sa vitesse inhérente. C'est aussi une technique puissante, car le poids de votre jambe s'ajoute à la force du coup et à son élan.

LE COUP DE PIED FOUETTÉ DESCENDANT AU SOL

Le Coup de Pied Fouetté Descendant au Sol, exécuté sur votre côté

Description

Tout comme pour tous les Coups de Pied Fouettés au Sol précédents, et, en fait, comme pour tous les Coups de Pied au Sol, celui-ci peut être délivré de presque toutes les positions de départ. Les Illustrations qui suivent montrent comment exécuter le Coup de Pied *depuis la position assise au sol triviale*, jambes tendues. Pivotez loin pour vous retrouver sur les mains et un pied (ou un genou) en présentant votre dos à l'adversaire. Vous chambrez pendant le pivot et frappez, le plus tôt possible, verticalement vers le bas.

Coup de Pied Fouetté Descendant au Sol, depuis la position assise par terre relax avec jambes tendues

Une des exécutions les plus naturelles et les plus 'coulantes' de cette technique-surprise viendra *avec un Roulé Arrière*. Les Figures en-haut de la page suivante illustrent comment rouler vers l'arrière depuis la position assise. La position de chambrée est acquise pendant le cumulet arrière et la frappe vers le bas jouit de l'énergie supplémentaire de l'élan du Roulé.

➤

Le Coup de Pied Fouetté Descendant au Sol en Cumulet Arrière

Une autre préparation dynamique au Fouetté Descendant serait l'intéressante **version de Grimpe**. Le lecteur se souviendra que les *Coups de Pied de Grimpe* sont en fait des Coups de Pied Assistés exécutés de très près pour pouvoir placer la jambe d'Assistance très haut sur le corps adverse et ainsi le frapper à la tête. Il s'agit probablement d'une technique trop sophistiquée pour un usage courant, mais c'est une technique intéressante et un exercice excellent pour la maîtrise générale du Coup de Pied « depuis toutes les situations possibles ». Les Dessins illustrent la manœuvre de façon claire : essayez et pratiquez-la. Ça vous fera du bien, même si vous ne l'utiliserez jamais.

Le Coup de Pied Fouetté Descendant au Sol en version de Grimpe

L'Artiste expérimenté comprendra que le *Fouetté Descendant au Sol* peut être délivré depuis toutes les positions au sol et dans toutes les variations déjà décrites pour le Fouetté au Sol classique et tous les autres Coups de Pied au Sol. Le lecteur est maintenant invité à pratiquer et à s'essayer aux variations du Fouetté au Sol de base décrites, mais dans leur version 'descendante'.

Points clé

- Le 'feeling' du Coup de Pied est celui d'un *Fouetté*, juste comme pour la version debout : vous exécutez un Fouetté classique, mais sa trajectoire tourne à la verticale parce que vous *tournez simultanément les hanches* jusqu'à présenter votre dos à l'adversaire.
- Frappez *au travers* de la cible, et revenez en chambrée avec force.
- *Enchaînez* toujours.

Cibles

Ce Coup de Pied n'est pas très puissant et il se doit de cibler des points sensibles : la *tête, la gorge, la nuque, le plexus solaire, les testicules, les genoux et les reins*. La liste est limitée par le fait que le Coup de Pied vient d'en haut. Un facteur dominant sera la position respective des protagonistes.

Applications typiques

Les Coups de Pied au Sol et apparentés sont évidemment une grande spécialité de la *Capoeira*. Les Illustrations qui suivent montrent une variation très intéressante qui vient de cet Art Brésilien (*Passa Pescoço*) : vous utilisez la tête et les deux mains comme support au sol pour un Coup de Pied *ressemblant au Fouetté Descendant*. Vous partez d'une position agenouillée et penchez latéralement pour mettre mains et crâne au sol. Levez la jambe le plus haut possible et frappez verticalement vers le bas tout en levant l'autre jambe. Il s'agit d'une technique très efficace et très surprenante, et aussi d'un excellent exercice qui est pratiquement isométrique si exécuté lentement. Même si vous ne délivrez pas la technique de façon *Capoeira* orthodoxe, ce sera une manœuvre importante dans votre arsenal. Adaptez-la à votre style et à votre morphologie propre et votre Art n'en sera que plus riche.

A Capoeira variation on the theme of the Ground Downward Roundhous Une variation Capoeira sur le thème du Fouetté Descendant au Sol

Les Dessins qui viennent en haut de la page suivante illustrent une petite variation du Coup de Pied, vu de l'arrière. Cette technique part de la position (dynamique) 'Ginga', garde un pied au sol durant toute l'exécution et termine debout (*Martelo de Chão*). Le pied décrit une trajectoire d'un demi-cercle complet jusqu'à sa cible, et prend avantage à l'impact de tout le poids du corps et de l'énergie de torsion des hanches. Inutile de répéter que la *Capoeira* est un Art Martial fantastique à pratiquer pour le 'kicker' universel, et qui enseigne de façon intense le mouvement au sol et la tactique de combat par feinte et par sournoiserie. ➡

*Vue arrière du **Martelo de Chão**, une des version Capoeira du Coup de Pied Fouetté Descendant au Sol*

Le Fouetté Descendant est aussi, de toute évidence, le Coup de Pied de choix si votre adversaire est couché au sol près de vous ; cette technique devrait en fait être inconsciemment automatique. Les Figures montrent l'application après une défense contre un étranglement de face par un adversaire vous chevauchant. Au moment où s'assied sur vous pour commencer son étranglement, vous saisissez ses manches immédiatement au niveau des triceps. Tirez d'un côté et poussez de l'autre, tout en levant les hanches brusquement avec un peu de torsion dans la direction choisie. Tout doit être soudain et simultané, avant que l'assaillant ait pu renforcer sa prise. Frappez-le au visage du poing ou de la paume pendant qu'il roule sur le côté, et frappez à nouveau à son atterrissage. Gardez l'élan de la torsion pour exécuter très naturellement votre *Coup de Pied Fouetté Descendant*, en ciblant la tête. Enchaînez.

3   4   5   6

Frappez l'adversaire du pied après l'avoir fait rouler sur votre côté

Entrainement spécifique

L'apprentissage d'une exécution de puissance maximum pour cette technique requiert un sérieux entraînement à l'impact. Travaillez avec un sac jeté au sol, depuis toutes les positions et depuis tous les mouvements de transition possibles (Voir Figure P 120). Pratiquez aussi toutes les Applications présentées sur le sac, et frappez à fond.

Self défense

Les Dessins suivants montrent comment ce Coup de Pied peut devenir la défense classique contre la clé de bras au sol la plus prisée des combats de MMA : le *Ude hishigi juji gatame* du *Judo*. Dès que votre adversaire tente de tirer sur votre bras pour placer la clé, vous saisissez votre propre poignet pour résister. Il est important de réagir rapidement, avant que la saisie puisse aboutir, car une défense sera alors bien plus difficile. Pivotez alors immédiatement pour exécuter le *Fouetté Descendant* vers sa tête. Répétez jusqu'à ce que sa saisie faiblisse. Libérez alors votre poignet de sa prise et enchaînez avec un Coup de Pied Crocheté au Sol qui connecte avec le talon et au travers de la tête ciblée. Répétez si nécessaire. Le lecteur se souviendra de nos commentaires au sujet de la complémentarité naturelle du Fouetté et du Crocheté. Cela reste vrai pour le Fouetté Descendant qui peut être précédé et suivi d'un Crocheté (et ainsi de suite).

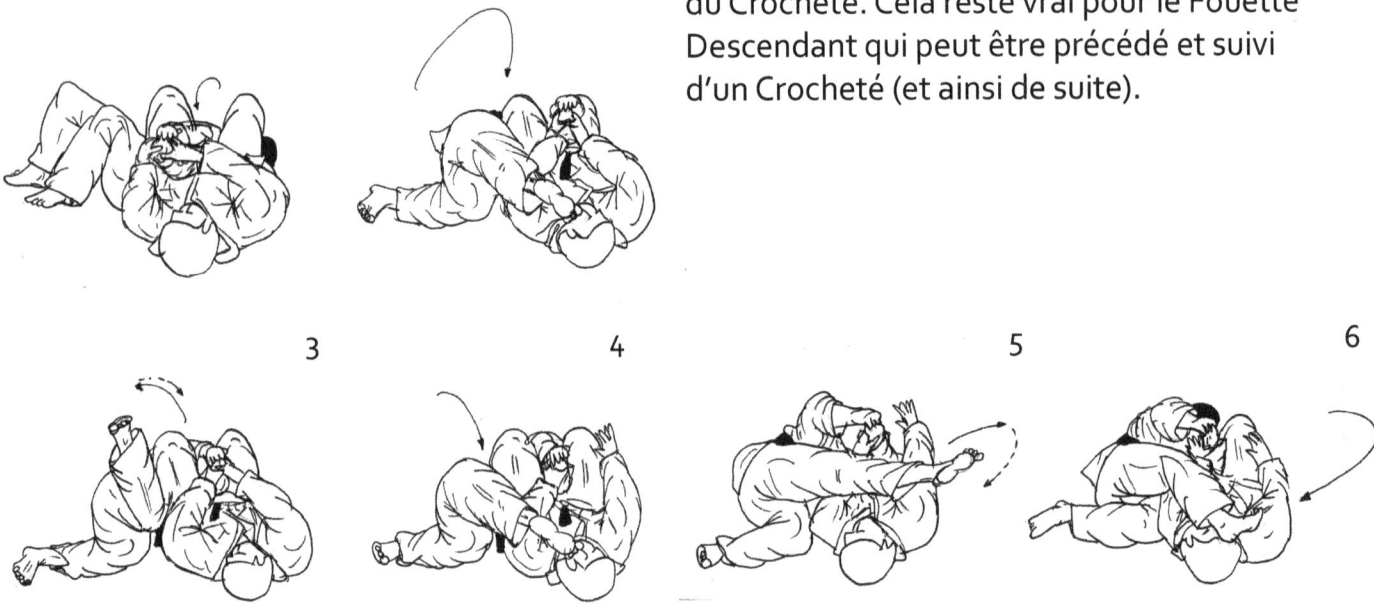

Le Coup de Pied Fouetté Descendant au Sol contre une tentative de clé de bras

Notre dernier exemple va illustrer une fantastique préparation pour l'exécution du *Fouetté Descendant.* Vous ouvrez avec un classique Coup de Pied d'Arrêt Fouetté de timing aux parties d'un assaillant qui avance vers vous. Vous attaquez alors sa nuque quand il se plie de douleur. Comme illustré par les Dessins du haut de la page suivante, vous exécutez un Fouetté au Sol vers les parties de l'assaillant qui approche de façon menaçante. Frappez dès qu'il est à distance. Ramenez la jambe et pivotez encore un peu plus, alors qu'il se plie de douleur. Frappez sa nuque avec un *Fouetté Descendant* en vous poussant vers lui. Ramenez la jambe et vous pouvez alors suivre d'un Fouetté à toute puissance de votre autre jambe en prenant avantage de toute l'énergie de la torsion en retour de vos hanches. Vous pouvez viser le genou avant adverse, par exemple.

➤

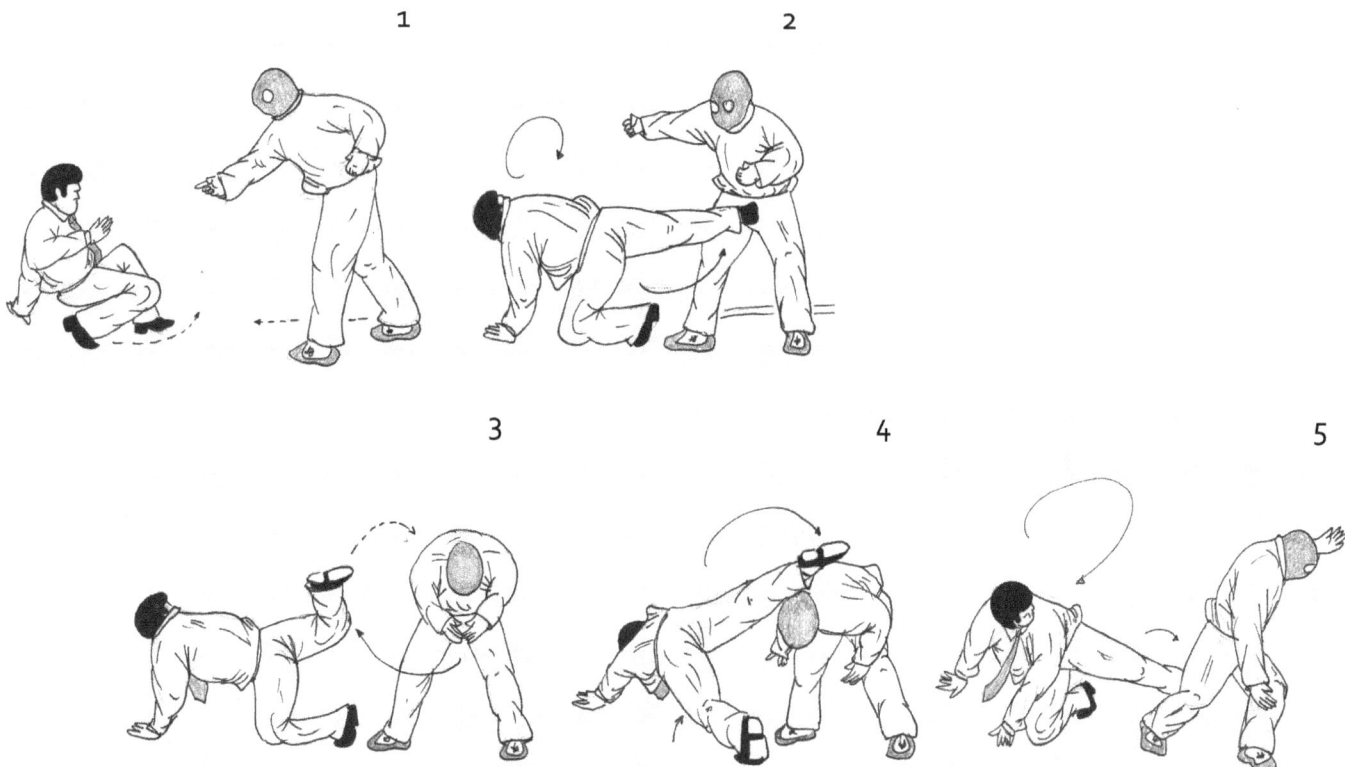

Le Coup de Pied Fouetté Descendant au Sol après un Fouetté au Sol classique aux testicules adverses

Photos Illustratives

Le Coup de Pied Fouetté Descendant debout, de base

Le Coup de Pied Fouetté Descendant avec Main au Sol, debout

L'entraînement au Fouetté Descendant classique debout

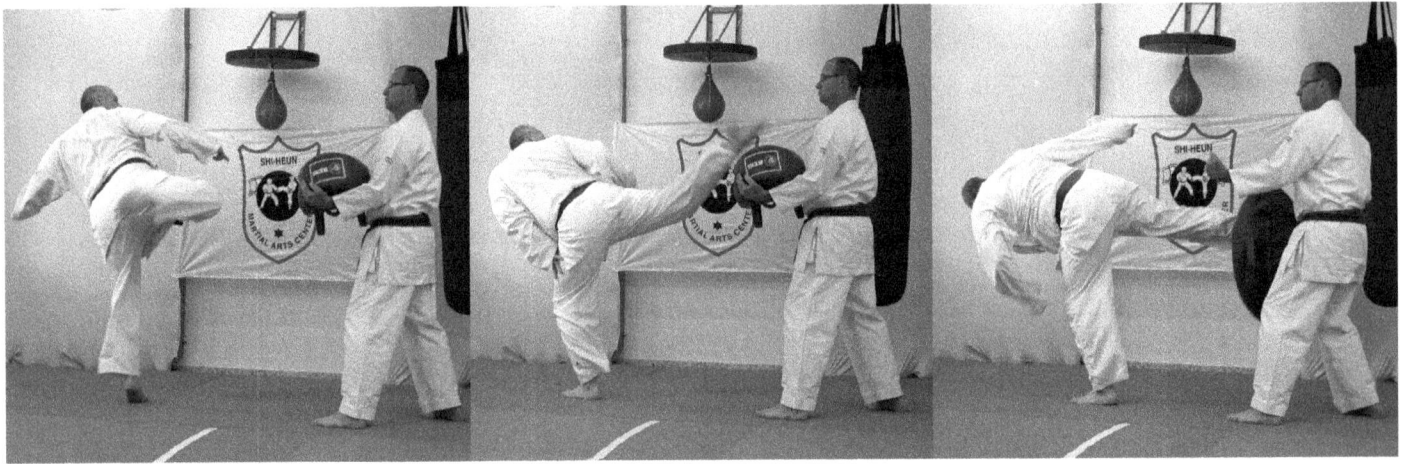

Je ne vous enseigne rien. Je vous aide juste à vous explorer vous-mêmes.
~Bruce Lee

9. Le Coup de Pied Crocheté Retourné au Sol

Meia-lua Queda de Rim/ Rasteira Giratoria (Capoeira)

Général

Voici un Coup de Pied très dynamique qui comporte beaucoup de mouvements du tronc. Il ne sera jamais exécuté depuis une position statique, mais généralement après un Fouetté ou un mouvement de torsion des hanches. Nous avons déjà mentionné qu'il est impératif de bouger beaucoup en combat au sol, et cette technique est parfaite comme transition entre mouvements. *Le Coup de Pied Crocheté Retourné au Sol* sera très déroutant pour l'adversaire et il sera généralement inattendu au sol. De plus, il est aussi un excellent mouvement pour se relever tout en frappant, de la façon la plus sûre pour garder l'adversaire à distance ou même peut-être l'atteindre.

Le Coup de Pied Crocheté Retourné au Sol est très proche de la version Plongée du Crocheté Retourné, version présentée dans '*Le Grand Livre des Coups de Pied*' et présentée brièvement par la suite. En fait, la Plongée est tout simplement un mouvement classique de Descente au sol.

Description

L'exécution de base pour l'entraînement au *Coup de Pied Crocheté Retourné au Sol* de base part de la position *naturelle assise au sol avec jambes tendues*. Les Figures qui suivent montrent comment tout simplement rouler en position préparatoire et puis continuer le pivot. Cette pratique rend immédiatement clair combien le Coup de Pied coulerait encore mieux après un Fouetté au Sol ou tout autre technique de torsion dynamique du tronc. Mais un départ statique est la meilleure façon de se familiariser avec la technique et d'y progresser.

Le Coup de Pied Crocheté Retourné au Sol de base

Une façon plus dynamique de commencer le Coup de Pied est de partir d'une **Position classique de Garde Agenouillée**. La technique devient alors 'le petit frère' du Coup de Pied debout correspondant de base, depuis une garde parallèle. Tous les principes restent identiques et la comparaison aide à mieux comprendre la version au Sol. Les dessins montrent la descente en position agenouillée pour 'couler' dans le Coup de Pied. Pratiquez d'abord le Coup de Pied Crocheté Retourné debout de base, et puis utilisez les mêmes principes ressentis pour exécuter la technique depuis la Garde Agenouillée. Il sera alors plus aisé d'avancer vers la pure technique au sol.

Coup de Pied Crocheté Retourné au Sol depuis la Garde « un-genou-au-sol »

Une entrée encore plus dynamique pour ce Coup de Pied au Sol serait **un Roulé Arrière/Latéral** depuis la position de défense '*en Coquille*' ou depuis la '*Garde de Lutte au Sol*'. Le Roulé donne tout l'élan nécessaire pour un Coup de Pied Crocheté qui accélère vers sa cible. Les Illustrations montrent comment rouler vers l'arrière et/ou en diagonale et puis comment vous retourner sans accroc dans le Coup de Pied, dès que vous atterrissez sur vos mains et genoux.

Roulez vers l'arrière pour passer sans à-coups dans le Coup de Pied Crocheté Retourné au Sol

Points clé

- C'est l'énergie du Retournement qui donne la puissance à ce Coup de Pied : le Coup de Pied et le mouvement qui le précède *doivent se fondre progressivement l'un dans l'autre afin de prendre un avantage maximum de l'élan produit.*
- C'est une technique *d'engagement total* : il n'y a pas de ralentissement ou d'arrêt de l'élan à l'impact.
- *Enchaînez toujours*, de préférence en prenant avantage du mouvement circulaire pour une technique qui suit le sens du Retournement.

Cibles

Uniquement des cibles sensibles : *les genoux, les testicules et la tête.*

Applications typiques

Toutes les variations habituelles possibles des Coups de Pied au Sol sont généralement applicables ici, et encore plus si elles apportent un élan supplémentaire au Coup de Pied. Le lecteur est invité à se référer aux variations de Coups de Pied au Sol déjà présentées et à les appliquer au *Crocheté Retourné* de la façon la plus convenante à son tempérament et à sa technique. Un exemple parmi beaucoup d'autres est illustré par les Dessins qui suivent : **La version Assistée** (*de Pression*) du Coup de Pied. Il faut bien remarquer que le placement du pied sur son support (par exemple sur les jambes adverse) et la pression d'immobilisation doivent être un mouvement sans accroc qui se coule déjà dans l'exécution du Retournement et qui lui donne plus d'élan et de vitesse.

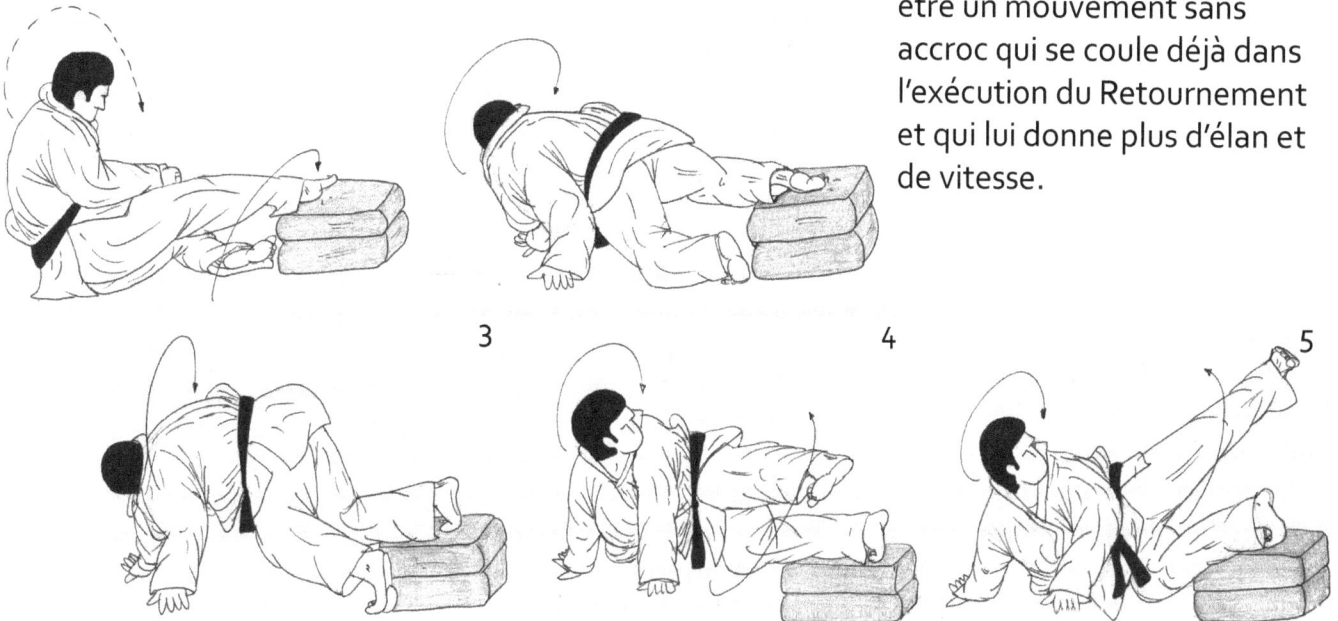

Le Coup de Pied Crocheté Retourné Assisté au Sol

Dans le même ordre d'idées, **la version Sautée** du Coup de Pied requiert la création d'un élan qui va aussi s'ajouter à la puissance du Coup. Sauter en se retournant (*voir en haut de la page suivante*) va aider à créer un Coup de Pied puissant, entre autres par le fait que le pivot en l'air n'est pas limité par des ancrages au sol. Il est utile de rappeler au lecteur qu'il est important d'exécuter une manœuvre homogène et sans interruptions. Il s'agit d'une technique puissante et surprenante qui vaut bien le travail d'expérimentation et de pratique requis.

➡

Le Coup de Pied Crocheté Retourné Sauté au Sol

Les Dessins suivants illustrent comment exécuter le Coup de Pied **tout en se mettant debout**, dans le style *Capoeira* (Les Artistes de *Capoeira* flottent en fait près du sol, ils remontent et redescendent et frappent du pied tout en bougeant incessamment). L'application présentée est un '*Coup de Pied en se Relevant*' inspiré de la version *Capoeira* du *Coup de Pied Crocheté Retourné au Sol* et qui part d'une position dynamique très typique. Evidemment, un *Capoeirista* enchaînera probablement en redescendant au sol pour de nouvelles manœuvres surprenantes. Il s'agit d'une version fantastique du Coup de Pied qu'il est important de pratiquer à la fois comme la technique d'attaque qu'il est, mais aussi comme un exercice complet : Frapper du pied et redescendre, et répéter sans interruption !

La version « en se Relevant » du Coup de Pied Crocheté Retourné au Sol

Et après la version 'en se Relevant', voici un exemple de la version « *en Descendant* ». Les Photos montrent une variation *presque Plongée* du Coup de Pied après ... un Fouetté debout (pas de surprise !). Dans notre exemple, c'est l'élan du Coup de Pied Fouetté de base qui aidera votre pivot de Retournement pendant lequel vous descendrez simultanément. La manœuvre illustrée est aussi une amenée au sol, mais il faut bien se mettre en tête que c'est avant tout un Coup de Pied qui frappe au travers du tronc adverse avec puissance ; la projection n'est pas un but mais une conséquence.

Un Retournement et une Descente simultanée se prêtent facilement à l'exécution d'un Crocheté

Et maintenant : la version **Assistée** du Coup de Pied, mais à un niveau de sophistication plus élevé. Les Figures suivantes montrent un Double Coup de Pied Crocheté Retourné Assisté au Sol : la première pression d'assistance va immobiliser les jambes adverses et permettre la pose d'une seconde presse d'assistance bien plus haut sur le cou adverse. Il s'avère que la pose de la seconde presse d'assistance est en fait un Fouetté sans retour en chambrée (Fouetté et Crocheté sont toujours complémentaires). Cette technique est bien plus simple qu'elle n'a l'air, et gagne beaucoup à être pratiquée. On peut noter que ce genre de manœuvre rappelle la version debout classique qui voit un Fouetté haut devenir une presse pour un Crocheté Retourné Plongé haut.

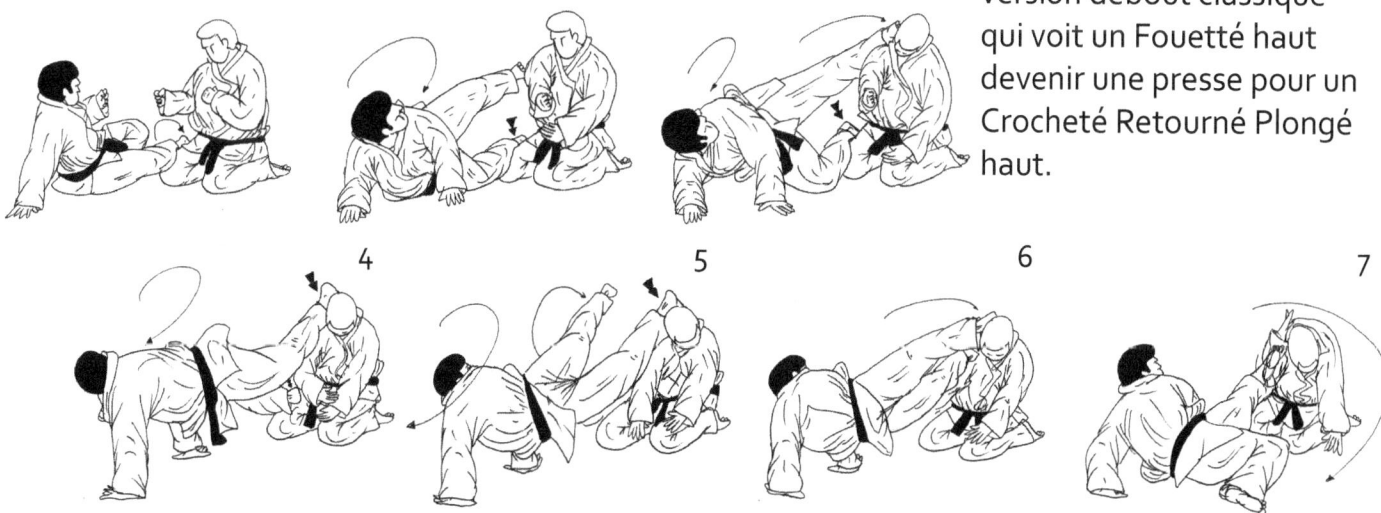

Coup de Pied Crocheté Retourné Assisté au Sol après une préparation par deux poses de pressions assistées

Généralement parlant, le Crocheté Retourné est un excellent **Coup d'Arrêt par timing**. Et la version au sol ne fait pas exception, comme illustré par les Figures suivantes. Vous êtes en garde agenouillée et votre adversaire debout initie un Fouetté vers votre tête. Vous pivotez dans un Retourné Descendant pour frapper ses parties génitales offertes avec un *Crocheté Retourné au So*l. Votre tronc et votre tête sont en sécurité hors de portée de l'attaque.

Le Coup de Pied Crocheté Retourné au Sol comme Coup de Pied d'Arrêt de timing aux testicules

Entrainement spécifique

- Pratiquez toutes les versions, y-compris debout, *sur un sac de frappe avec des cibles marquées* ; travaillez familiarité, exécution explosive et précision. Prenez bien soin de partir de toutes les positions et situations dynamiques possibles. Frappez les cibles marquées avec précision.
- Pour développer la puissance et la vitesse, il n'y a pas d'alternative *à la frappe d'une cible ou d'un bouclier de frappe tenu par un partenaire* : il s'agit d'un Coup de Pied qui passe au travers de la cible et qui doit accélérer pendant toute la trajectoire vers et **au travers** de la cible visée. Frapper le sac et autres cibles immobiles est nuisible à l'acquisition de vitesse et de pénétration, ce qui pourrait causer le freinage inconscient de l'accélération à l'impact.

Self défense

Le Crocheté Retourné au Sol est spécialement bon comme *Coup de Pied d'Amenée au Sol* contre un adversaire debout. Mais il faut bien garder à l'esprit les deux points suivants : **(1)** partez toujours d'une position dynamique, et **(2)** exécutez un vrai Coup de Pied dont la projection est une conséquence naturelle. Nous avons mentionné tout cela à maintes fois, mais certainement pas assez. Les Photos suivantes montrent un tel exemple : ce qui peut sembler être une Projection en Ciseaux est en fait avant tout un *Coup de Pied Crocheté Retourné au Sol* dans les testicules adverses ! Après un Fouetté d'Esquive au Sol aux parties génitales de l'attaquant, vous posez le pied d'attaque derrière l'adversaire et commencez immédiatement votre pivot de Retournement. Le *Crocheté Retourné* cible a nouveau les testicules à toute vitesse, toute puissance et pleine pénétration. La chute de l'adversaire en sera une conséquence mais pas le but principal. Quand l'adversaire atterrit, saisissez sa jambe comme on le voit clairement dans la dernière Photo, et frappez ses parties, a nouveau, avec un Coup de Talon en Hache (*pas illustré*).

Projection par Coup de Pied Crocheté Retourné au Sol visant les testicules, et qui suit tout naturellement un Fouetté

Les Illustrations qui suivent, *en haut de la page suivante*, montrent une fantastique utilisation dans une altercation <u>debout</u> contre un assaillant friand de 'Low Kick'. Ce sera à nouveau une Amenée au Sol. Votre assaillant attaque beaucoup votre cuisse extérieure avec des Coups de Pied Circulaires d'Attrition. Après en avoir bloqué/absorbé quelques-uns, vous esquivez/absorbez le suivant en pliant la jambe ciblée tout en descendant sur le genou ; cette manœuvre est aussi le début de votre Retournement. Cette technique d'Esquive par Agenouillement Retourné est importante à pratiquer pour améliorer vos réflexes situationnels. Avec un genou et une main au sol, vous pouvez transitionner sans à-coups vers le *Crocheté Retourné* **au travers** du genou de sa jambe d'appui. C'est avant tout un Coup de Pied, et un Balayage seulement après la complétion d'un impact puissant au travers du genou. La chute adverse est une bonne opportunité pour suivre avec le Fouetté Descendant au Sol déjà rencontré.

➡️

1   **2**   **3**

Descendre sur un genou pour esquiver un 'Low kick' peut être un bon départ pour le Crocheté Retourné au Sol

4   **5**   **6**

Et pour conclure, nous allons présenter **une version d'Arrêt** du Coup de Pied, dans un enchaînement qui va encore rappeler au lecteur le lien d'affinité entre Fouettés et Crochetés. Mais cette fois, c'est le Fouetté qui suivra le Crocheté Retourné ! Vous êtes sur un genou et laissez l'adversaire approcher. Pour qu'il puisse vous frapper du poing, il lui faudra se mettre dangereusement à votre portée. Pivotez dans un *Retourné Descendant d'Esquive* dès qu'il frappe, et exécutez le Crocheté Retourné vers sa tête bien trop proche. Gardez l'élan de torsion du Retournement pour un Fouetté au Sol de l'autre jambe, de nouveau à la tête. Une fois que votre Fouetté est passé au travers de sa tête, ramenez la jambe en Chambrée pour le repousser avec un Coup de Pied Arrière au Sol.

Coup de Pied d'Arrêt Crocheté Retourné au Sol contre une attaque du Poing debout, et suivi d'un Fouetté au Sol

3   **4**   **5**

Le Coup de Pied Crocheté Retourné de base, debout

Le Coup de Pied Crocheté Retourné Plongeant de base, comme Coup de Pied 'de Coupe'

Coup de Pied Crocheté Retourné malgré une jambe saisie ; technique apparentée aux Coups de Pied Assistés avec presse

10. Le Double Coup de Pied Latéral au Sol

General

Les Coups de Pied Doubles sont généralement anecdotiques et trop spectaculaires pour la puissance qu'ils développent vraiment. La règle est plutôt qu'il n'est pas nécessaire de frapper des deux pieds quand vous pouvez frapper avec un et puis suivre avec l'autre. Mais toute règle a ses exceptions, et ces techniques peuvent avoir leur utilité, spécialement en tant que mouvements de déplacement au sol ou comme manœuvres-surprise. Notre ouvrage sur les Coups de Pied de base comporte quelques Coups de Pied Doubles Plongeants et les versions au Sol sont très similaires. L'idée est très simple : vous placez les deux mains au sol et explosez avec deux Coups de Pied Latéraux simultanés en passant par les trajectoires classiques de Chambrée et de développement. Le Double Coup de Pied Latéral est assez puissant en raison de la Chambrée classique et de la puissance de la poussée de tout le corps. Son utilité est surtout comme Coup de Pied d'Arrêt, et il a alors l'avantage de pouvoir connecter a deux points d'impact simultanés, comme le genou et les parties par exemple. Ce n'est cependant pas une technique très importante, et nous la présentons ici de façon succincte pour être complets.

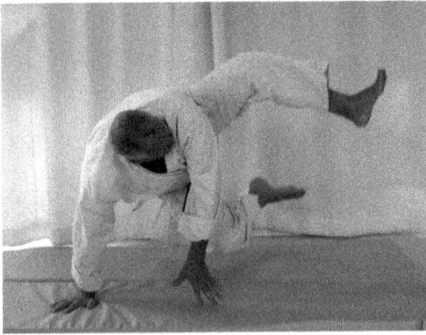

Explosez dans une position de Double Chambrée en l'air

Description

Depuis une position agenouillée, pivotez pour présenter votre côté à l'adversaire, tout en posant vos mains au sol. Sautez dans une Double Chambrée (de Coup de Pied Latéral) en poussant sur les mains pour propulser le corps en l'air avec puissance. Frappez des deux jambes *simultanément* en poussant avec les hanches. Essayer d'atterrir sur les pieds et d'enchaîner.

Le Double Coup de Pied Latéral au Sol, version classique

Points clé

- Il s'agit d'un Coup de Pied Latéral (Double) : frappez droit *depuis une position de chambrée complète*, comme vous le feriez pour un Latéral classique debout.
- *Poussez vos hanches dans le Coup de Pied*, comme pour tout Coup de Pied Latéral.
- *Ramenez la jambe en chambrée*, même un peu seulement, sinon la technique devient une poussée.
- Frappez quelques centimètres *au travers* de la cible, et essayez de synchroniser l'impact avec l'extension pleine de la jambe et du corps.
- *Enchaînez* toujours.

Cibles

Genoux, testicules, côtes flottantes.

Application typique

Les Figures qui suivent montrent comment utiliser la technique après avoir été jeté au sol avec violence. Roulez pour amortir la chute *et rebondissez sans accroc* vers la position agenouillée, le plus vite possible et avec l'aide du même élan. Exécutez le Coup de Pied vers le bas-ventre de l'adversaire qui s'approche pour enchaîner. Les deux pieds aux alentours du bas-ventre vont certainement le stopper (hanche et cuisse supérieure) et l'impact général se répercutera aussi vers ses testicules. C'est une manœuvre fantastique d'Arrêt surprise !

Jeté au sol ? Un Roulé Humpty-dumpty vous ramènera vers l'avant pour un Double Coup de Pied Latéral

Entrainement spécifique

- Pratiquez le Coup de Pied *sur le sac de frappe, depuis toutes sortes de positions*. Travaillez la vitesse d'arrivée en position de chambrée depuis ces positions de départ. Travaillez aussi le développement de puissance d'impact en frappant le sac le plus fort possible.
- Pour plus de familiarité, pratiquez le Coup de Pied en enchaînement après quelques Coups de Pied au Sol de base comme de Face, Latéral et Fouetté. *Travaillez sur une transition sans à-coups.* Même si vous n'utiliserez jamais la technique, ce sera un très bon exercice pour le mouvement au sol et pour le conditionnement musculaire.

Self défense

Les Illustrations suivantes montrent comment utiliser le Coup de Pied (à nouveau comme *Coup d'Arrêt*) après avoir attiré l'assaillant vers vous avec trop de confiance en lui. Préparez le terrain en vous comportant comme un 'fuyard' à quelques reprises. Vous esquiverez alors son attaque suivante avec un cumulet arrière (*Ushiro Ukemi*) qui aboutira dans la position agenouillée requise de départ. Exécutez le Double Coup de Pied sans interruption pour stopper l'assaillant qui vous suit pour conclure. Dans notre exemple, vous frappez à la fois le genou avant et la région des parties. Enchaînez, comme toujours.

Invitez-le à vous suivre, et ... Double Coup de Pied d'Arrêt

Photo Illustrative

Le Double Coup de Pied Latéral Volant est très apparenté à la version au sol

11. LE DOUBLE COUP DE PIED ARRIÈRE AU SOL À DEUX NIVEAUX

Général

Voici un *Double Coup de Pied au Sol* très spécial mais pas très important. Sa particularité est d'être un Double Coup qui frappe deux cibles complémentaires : un pied frappe les testicules adverses et l'autre frappe au visage. Et c'est le Coup aux parties qui cause la penchée vers l'avant et donc l'amenée du visage dans le Coup de Pied à la tête quasi-simultané. Bien exécutée, il s'agit d'une manœuvre très efficace qui a des conséquences inattendues : en plus des dommages directs causés par l'impact des pieds, l'adversaire va être projeté vers l'arrière. Tout comme moi, une fois que le lecteur l'aura utilisée quelques fois, il réalisera combien facile, efficace et surprenante cette technique peut être, dans les conditions convenantes. Il me faut cependant admettre que les positions relatives nécessaires n'apparaissent pas très souvent. Mais soyez prêts...

Le Double Coup de Pied Arrière au Sol à Deux Niveaux

Description

Les Illustrations montrent l'exécution de base du Coup de Pied *depuis la position couchée par terre sur le dos avec l'adversaire du côté de votre tête*. Vous roulez vers l'arrière en position de chambrée, avec les jambes levées. Vous frappez alors par-dessus votre tête d'un Coup de Pied direct droit et pénétrant de type 'de Face' et vous visez exclusivement les testicules. *Quasi-simultanément*, vous frappez de l'autre pied vers le haut, dans la direction de son visage qui vient vers vous. Ce mouvement résulte de la douleur testiculaire ou bien de la rétraction instinctive des hanches pour esquiver le coup aux parties. Si possible, vous devriez saisir les chevilles ou pantalons de l'adversaire pour plus d'impact, mais ce n'est pas obligatoire pour un Coup de Pied réussi.

Frappez testicules et visage quasi-simultanément : Le Double Coup de Pied exotique, Arrière au Sol à Deux Niveaux

Points clé

- Le Roulé et le Double Coup de Pied *sont un seul mouvement sans interruption* : utilisez l'élan du cumulet.
- Frappez du pied, *sans pousser*. Il faut ramener la jambe au moins un peu pour frapper sèchement.
- La puissance du Coup de Pied sera augmentée si vous pouvez saisir quelque chose de vos mains pour vous ancrer, *de préférence les membres inférieurs adverses*.

Cibles

Exclusivement comme décrit ; testicules et visage.

Entrainement spécifique

- Commencez à pratiquer *sur un sac de frappe*, pendu ou debout, afin de développer coordination et précision. Il est important de pouvoir frapper au niveau des parties sans hésitation depuis le mouvement roulé arrière.
- Un partenaire pourra alors simuler le visage adverse avec *une cible de frappe pour le Coup de Pied simultané à la tête.* N'augmentez la vitesse que graduellement.
- Finalement, la maîtrise de la technique ne peut venir que d'une *pratique prudente avec un partenaire*.

Roulé arrière dans un Coup de Pied Double qui frappe à la fois le sac et la cible

Self défense

Les Applications typiques sont limitées a des situations très spécifiques de défense de soi. Les dessins en haut de la page suivante illustrent comment dévier le Coup de Pied Ecrasant d'un attaquant du côté de votre tête. Votre Blocage Extérieur doit frapper sa jambe inferieure fort et sèchement afin de la dévier mais aussi de causer des dommages (au tibia). Saisissez immédiatement les jambes de son pantalon et tirez dessus pour aider votre roulé arrière, qui deviendra le *Double Coup de Pied*. Frappez fort et regardez le s'écrouler vers l'arrière. Relevez-vous en vitesse ou prenez une garde au sol.

1

2

Bloquez le Coup de Pied Ecrasant à la tête, saisissez et exécutez ce Coup de Pied à Deux temps

3

4

5

Photos Illustratives

Roulez vigoureusement dans le Double Coup de Pied

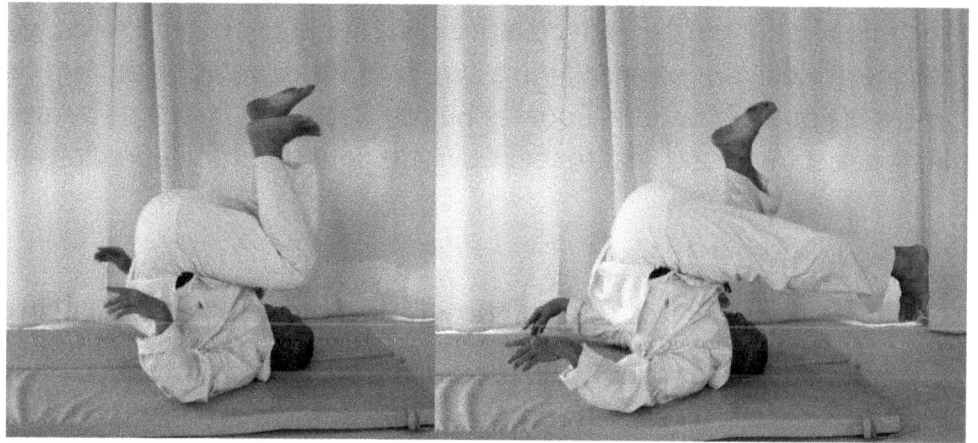

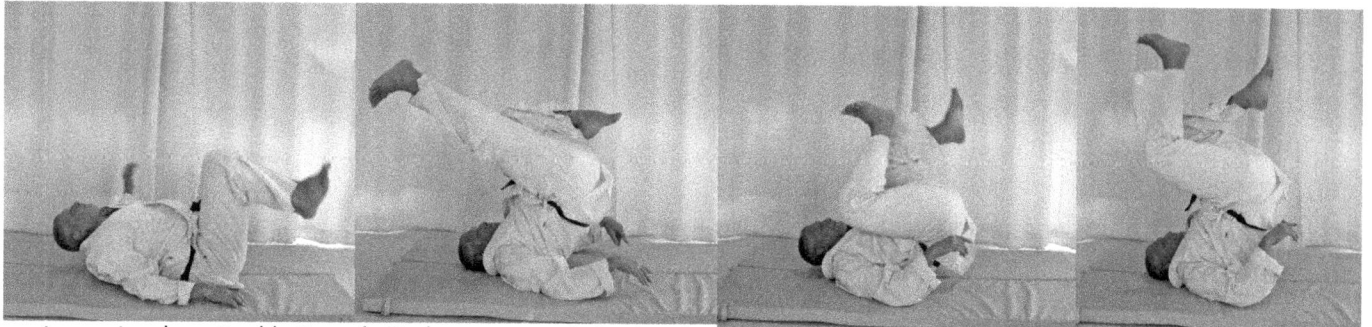

La version de ce Double Coup de Pied avec une seule jambe : frappez en série avec le même pied les parties et puis le visage

LE DOUBLE COUP DE PIED ARRIÈRE AU SOL À DEUX NIVEAUX

12. Le Coup de Pied Fouetté de Balayage au Sol

Général

Le nom même du Coup de Pied explique tout : c'est un *Coup de Pied Fouetté au Sol* dont le but est de balayer le pied adverse pour le faire tomber. Nous aurions pu présenter cette technique dans le Chapitre du Fouetté au Sol, mais l'exécution est un peu différente avec une jambe quasi-tendue. Il est plus cohérent de présenter cette technique séparément. **Cette version 'balayage' du Fouetté au Sol** est généralement exécutée très près du plancher et se conclut par un mouvement de crochetage pour une meilleure amenée au sol. Comme toutes les projections et les Coups de Pied de Balayage de cet ouvrage, il s'agit avant tout d'un Coup de Pied, mais avec des conséquences de balayage. Vous vous concentrez à faire des dommages à sa cheville en la frappant avec force, et sa chute sera un bénéfice secondaire automatique. Cependant, la façon de délivrer le Coup de Pied de Balayage est modifiée afin de maximiser les chances d'une projection réussie : vous allez poursuivre le vecteur circulaire du Coup de Pied tout en crochetant sa cheville par l'arrière. Ces deux actions tendent à tirer le pied dans une direction naturelle de perte d'équilibre. Ce type de manœuvre est très répandue en *Capoeira* (Rasteira) et en *Kung Fu* Chinois (Balai de Fer). C'est par ailleurs une excellente technique pour garder l'adversaire à distance ou pour le faire reculer juste assez pour vous permettre de vous relever. Notre livre traitant des 'Coups de Pied Bas' explique la différence entre le Fouetté Bas et le Fouetté Bas de Balayage ; l'idée et les principes sont similaires et le lecteur est invité à consulter cet ouvrage pour une meilleure compréhension.

Description

En l'honneur de ses racines *Kung Fu*, nous allons présenter la forme de base de ce Coup de Pied au Sol dans un style traditionnel. Les dessins montrent l'exécution d'un *Coup de Pied Fouetté de Balayage au Sol* depuis une position dite de l'Arc, debout mais très basse. Cette illustration souligne le fait que c'est pratiquement un Coup de Pied à Jambe Tendue qui utilise l'énergie des hanches et de tout le corps. Evidemment, vous frappez 'au travers' de la cheville tout en 'crochetant' derrière pour l'emmener dans la suite de votre élan circulaire ininterrompu.

Le Balai de Fer du Kung Fu : un Coup de Pied Fouetté de Balayage Plongeant

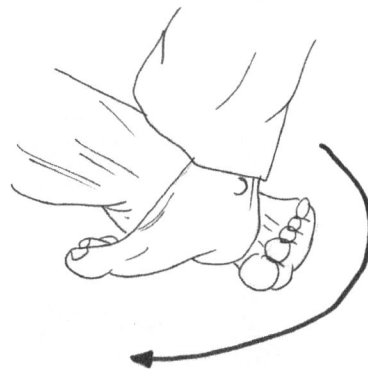

Et les Figures suivantes montrent maintenant l'exécution de style *Capoeira*. Cet exemple est en fait un <u>Coup de Pied en se Relevant</u>, à partir d'une position typique dynamique de *Capoeira*, quasi-assise. Et il illustre parfaitement la signification de Coup de Pied à Jambe Tendue. De plus, ce Coup de Pied à la cheville passe tout-à-fait au travers et complète un cercle complet : un premier demi-cercle jusqu'à impact, et un second après. Il devrait être déjà clair au lecteur que de nombreuses variations sont possibles, avec les traits suivants en commun :

- Coup de Pied Circulaire à Jambe Tendue ou presque tendue,
- Frappe tout-à-fait au travers de la cible,
- Attaque de la cheville.

Une version 'Capoeira' du Coup de Pied Fouetté de Balayage au Sol, en utilisant une medicine-ball come cible

Points clé

- Pour cette technique, c'est le bon *timing* qui est le plus important : quand l'adversaire frappe du pied et se retrouve sur une jambe, ou juste quand il commence à bouger la jambe ciblée.
- C'est avant tout un *Coup de Pied* ; nous ne le répèterons pas assez. Frappez pour des dommages maxima à l'impact, et pratiquez-le comme un Coup de Pied de puissance.
- Frappez *au travers* de la cible, et bien plus que quelques centimètres : continuez la large trajectoire en arc du Coup de Pied.
- C'est une Amenée au Sol : *enchaînez toujours après la chute* de l'adversaire, ou si la technique n'est pas entièrement réussie.

LE COUP DE PIED FOUETTÉ DE BALAYAGE AU SOL   **143**

Cibles

La jambe inferieure, depuis la cheville et jusqu'au genou. Comme il s'agit d'un Balayage, le plus bas sera toujours le mieux pour un meilleur levier.

Application typique

Les Figures montrent une version plus classique de la technique, **comme Coup de Pied de Coupe**. Vous êtes agenouillé et un assaillant debout s'approche de façon menaçante afin de vous frapper d'un Coup de Pied Ecrasant. Amortissez son attaque avec vos bras et attaquez sans hésiter sa jambe d'appui. Le timing est ici vital et votre Coup de Pied d'Arrêt doit être exécuté pendant la chambrée de son attaque. Enchaînez, évidemment.

Le Coup de Pied Fouetté de Balayage au Sol, comme Coup de Pied de Coupe par timing

Entrainement spécifique

Pratiquez la frappe d'une balle de basket ou d'un medicine-ball, et ce depuis plusieurs positions au sol. Frappez la balle le plus fort possible pour l'envoyer le plus loin possible. Concentrez-vous sur la frappe 'au travers'.

Self défense

Le *timing* de ce Coup de Pied est la clé de son succès, mais n'est pas facile a maitriser. Ce ne sera pas toujours possible de faire tomber l'adversaire avec un seul Coup de Pied, ou même deux. Ce n'est pas critique, parce qu'il s'agit de techniques agressives et qui font mal. Tant que vous continuez à frapper, vous gardez l'initiative et maintenez l'adversaire sur la défensive. Les Figures *du haut de la page suivante* montrent comment vous pouvez attaquer un adversaire qui approche avec **le Coup de pied Fouetté de Balayage au Sol,** en essayant de l'attraper juste quand il fait un pas vers vous. Même s'il ne tombe pas, votre adversaire sera déséquilibré, à la fois physiquement et mentalement. Suivez immédiatement avec un Crocheté Retourné au Sol (de Balayage) vers la jambe arrière sur laquelle il s'appuie. Frappez *au travers* de sa cheville, et ça devrait l'amener au sol. Vous pourriez enchaîner d'un Coup de Talon en Hache énergétisé par une torsion violente des hanches. S'il n'est toujours pas tombé, il ne vous reste qu'à continuer à le frapper du pied sans interruption depuis votre position au sol.

1　**2**

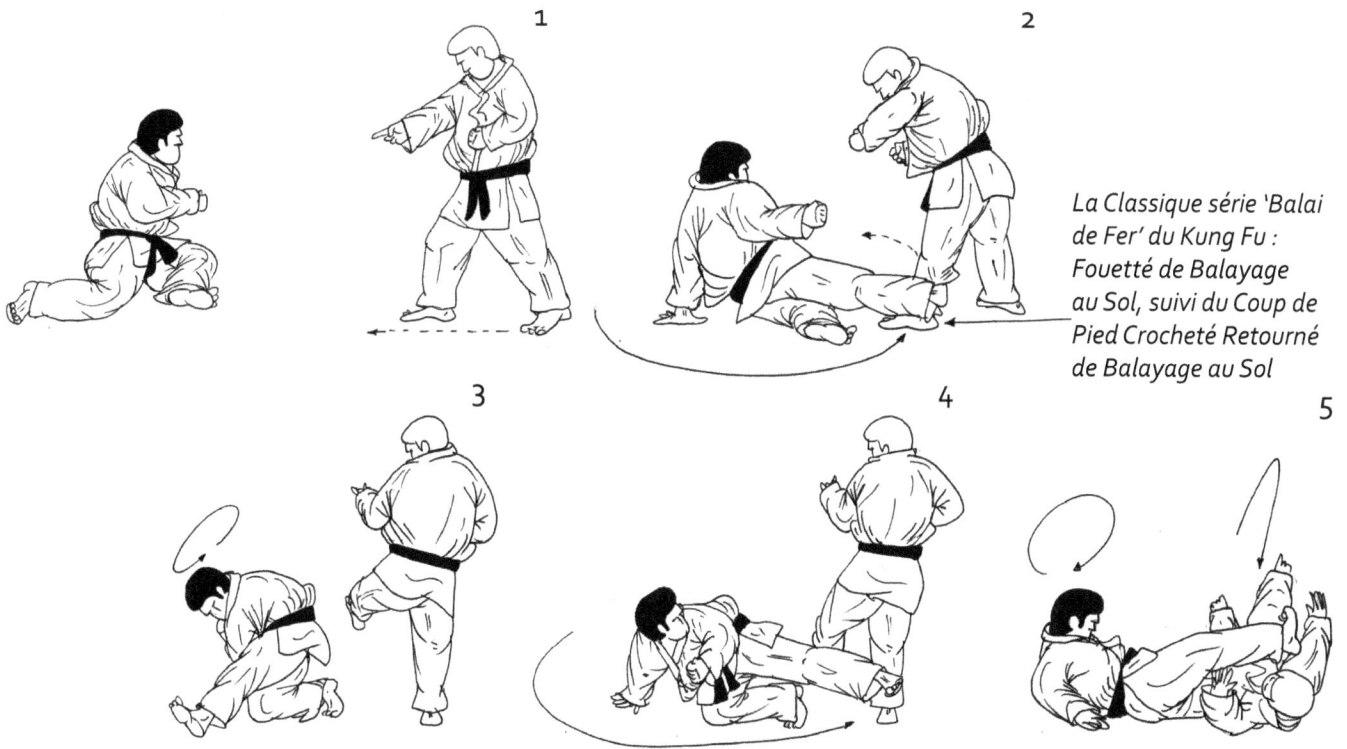

La Classique série 'Balai de Fer' du Kung Fu : Fouetté de Balayage au Sol, suivi du Coup de Pied Crocheté Retourné de Balayage au Sol

3　**4**　**5**

Notre dernier exemple sera à nouveau une application de *Coup de Pied de Coupe*, mais dans une version un peu *Capoeira* « en se relevant ». Vous êtes en garde sur un genou quand votre assaillant vous attaque d'un Coup de Pied Fouetté à la tête. Esquivez en descendant, tout en pivotant pour commencer votre Coup de Pied. Frappez au travers de sa cheville et gardez l'énergie de l'élan pour compléter un Retournement tout en vous relevant. Cette manœuvre circulaire se fait sans à-coups ni interruptions.

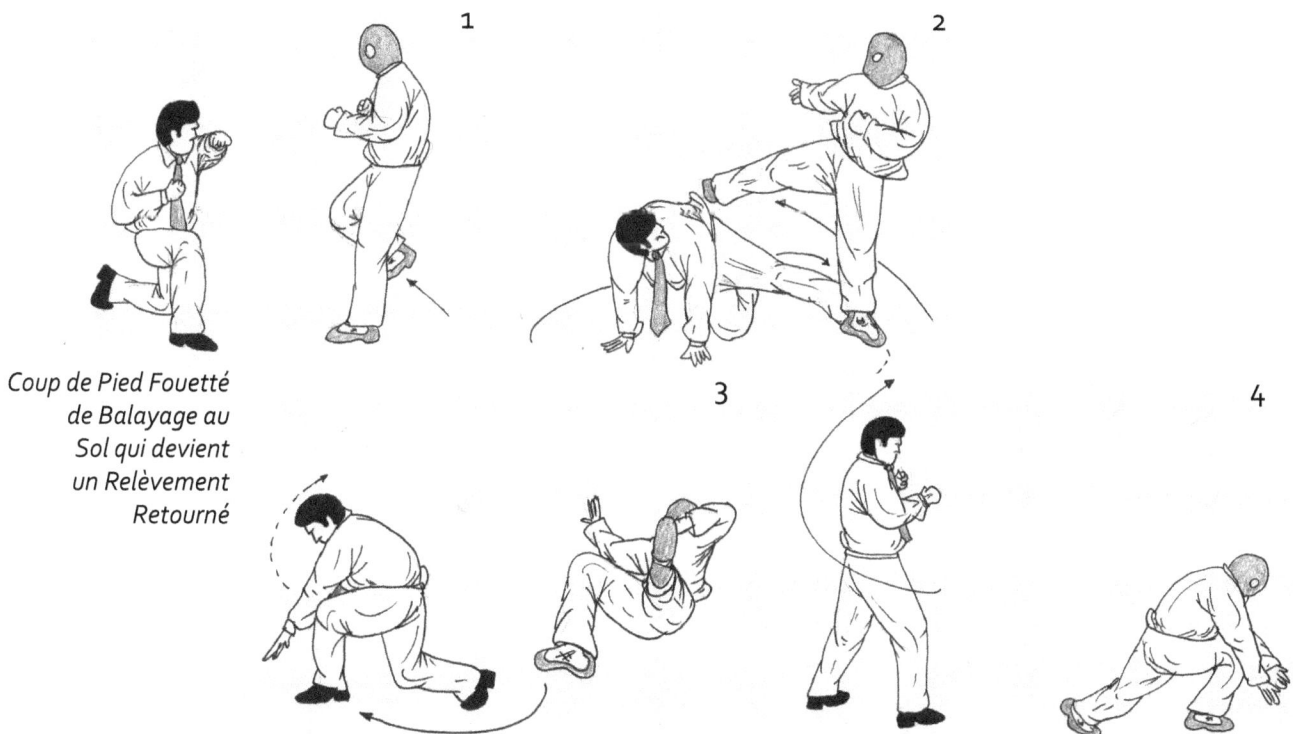

1　**2**

Coup de Pied Fouetté de Balayage au Sol qui devient un Relèvement Retourné

3　**4**

13. Le Coup de Pied Crocheté Intérieur de Balayage au Sol

Général

Il s'agit d'un Coup de Pied de faible puissance et qui n'a pas vraiment d'exécution orthodoxe codifiée. Cette technique intéressante est une sorte *d'hybride au Sol du Croissant Intérieur et du Crocheté avec le Talon*. Elle pourrait par ailleurs aussi être considérée comme une variation du Fouetté sans pivot des hanches. En fait, c'est aussi une technique apparentée au Coup de Talon Bas Extérieur présenté dans notre ouvrage sur les Coups de Pied Bas. Tous ces petits Coups de Pied hybrides manquent de puissance, mais ils peuvent être surprenants et très irritants pour l'adversaire.

Ce **Coup de Pied Crocheté Intérieur de Balayage au Sol** est intéressant comme Balayage d'Amenée au Sol, ou comme partie intégrale d'un enchaînement. Il n'est pas capable de causer plus de dommages intrinsèques qu'une projection ou qu'une diversion au départ ou au milieu d'un enchaînement, résultats qu'il ne faut certainement mépriser. La technique est aussi une excellente manœuvre de transition et de déplacement au sol. Ce n'est donc pas surprenant qu'une version de ce Coup de Pied est d'usage courant en *Capoeira*, un Art basé sur un mouvement continuel. C'est une technique qui mérite d'être pratiquée et utilisée, si on n'oublie pas qu'elle doit faire partie d'un contexte dynamique. Le Coup de Pied sera de préférence 'Crocheté' après impact, si possible et adéquat (Pour le 'crochetage' supplémentaire des Coups de Pied Crochetés, voir '*Le Grand Livre des Coups de Pied*').

Description

Les Dessins montrent la version la plus pertinente de ce Coup de Pied, comme rencontrée dans les pratiques de *Capoeira* (**Corta Capim**). Il s'agit tout simplement d'une version à toute puissance d'un Coup de Pied Circulaire de Balayage à Jambe Tendue qui couvre un demi-cercle de l'extérieur vers l'intérieur. Depuis une position dynamique un peu 'assise' latéralement au sol, votre pied couvre un demi-cercle complet à ras du plancher vers et *au travers de la cheville* adverse. La trajectoire rappelle plus un Coup de Pied en Croissant qu'un Coup de Pied Crocheté; le pied reste très proche du sol et crochète du talon la cheville adverse à l'impact (comme illustré avec un medicine-ball). Le lecteur est invité à bien noter l'évolution de la position des mains: il s'agit d'un mouvement extrêmement dynamique qui utilise tout le corps comme 'lanceur' de la jambe d'attaque.

Le Corta Capim de Capoeira

Points clé

- C'est un *Coup de Pied d'élan* qui nécessite une pleine trajectoire pour accumuler de l'énergie.
- Ne frappez pas la cible, mais uniquement *au travers de la cible* avec l'idée de compléter votre demi-cercle.
- Frappez *au ras du sol*, le plus bas possible ; c'est un Coup de Pied de Balayage.
- Si possible, « *crochetez* » à l'impact à l'aide du talon en pliant légèrement la jambe mais sans freiner le mouvement principal.

Cibles

Principalement les *chevilles* en tant que Projection, malgré qu'une version à toute puissance puisse aussi faire de sérieux dommages au *genou* ou à la *tête* d'un adversaire penché vers vous.

Application typique

Voici une fantastique **Entrée** pour un enchaînement du Sol qui va mettre votre adversaire en déséquilibre. Les Figures illustrent comment attaquer la jambe avant de votre adversaire debout qui s'avance vers vous. Suivez alors avec un Fouetté de l'autre jambe. C'est la descente de votre tronc qui délivre l'énergie pour le Crocheté Intérieur qui va le mettre en déséquilibre. Et c'est le pivot des hanches dans la direction opposée qui qui va délivrer l'énergie pour le Coup de Pied Fouetté à la tête ainsi offerte.

Le Coup de Pied Crocheté Intérieur de Balayage au Sol met votre adversaire en déséquilibre pour le Fouetté qui suit

Entrainement spécifique

- Frappez *une balle de basket ou un medicine-ball le plus loin possible*. Une exécution puissante de la technique ne sera possible qu'après une pratique assidue. Cet exercice peut être présenté comme un jeu aux élèves, tout en permettant le développement d'un Coup de Pied réellement 'dur'.
- Pratiquez la technique dans *des combinaisons au sol*, afin de développer la vitesse et les transitions faciles sans à-coups.

Self défense

Les Illustrations suivantes montrent *la version crochetée* plus traditionnelle du Coup de Pied qui cible la jambe d'appui d'un assaillant qui attaque du pied. Encore une fois, c'est le mouvement de tout le corps qui donne la puissance derrière la technique. Ce *Coup de Pied de Coupe* va envoyer l'adversaire en l'air pendant que vous continuez le mouvement dans un Roulé qui vous mettra en position pour un Fouetté Descendant au Sol à son atterrissage.

Le Coup de Pied de Coupe Crocheté Intérieur de Balayage au Sol, depuis une position banale assise par terre

Photos Illustratives

Une technique apparentée : le Coup de Pied Bas du Talon Extérieur

14. Le Coup de Pied Fouetté Sauté du Sol

Chapeu de Couro/S-Dobrado (Capoeira)

Général

Voici un Coup de Pied fantastique qui a absolument l'air spectaculaire, mais qui est bien plus facile à exécuter qu'il ne peut paraitre. Il existe sous plusieurs formes, toutes légitimes et efficaces. Nous l'avons déjà présenté brièvement dans la section traitant du Fouetté au Sol classique, en tant que variation possible. Nous allons ici approfondir quelque peu avec des versions qui relèvent plus de l'esprit *Capoeira*. Le **Coup de Pied Fouetté Sauté du Sol** est une technique très efficace, qui peut aussi servir à tenir un adversaire à distance ou même à se relever en sécurité. C'est une technique très répandue dans les écoles de *Capoeira* sous quelques versions différentes, mais elle peut aussi être adaptée facilement à de nombreux autres styles d'Arts Martiaux. Le Coup de Pied a l'avantage d'être à la fois surprenant (*sauter depuis le sol*) et puissant (*tout le corps fournit élan et énergie derrière le Coup de Pied*). Utilisez le pour vous relever, pour embrouiller votre adversaire, et même pour vous relever afin de replonger immédiatement pour de nouveaux Coups de Pied au Sol. Il s'agit très certainement d'une technique qui se doit d'être pratiquée assidument, et que vous aimerez surement une fois maitrisée.

Une des versions du Coup de Pied Fouetté Sauté du Sol

Description

Les Figures *en haut de la page suivante* illustrent l'exécution du Coup de Pied la plus répandue, style *Capoeira* depuis une position assise latérale…

➡

...Prenez appui sur votre main avant et sautez depuis votre jambe arrière (pliée) ; sautez vers le haut et latéralement, comme pour une « Roue ». Effectuez un ciseau avec les jambes en l'air pour délivrer un Fouetté de la jambe qui était la jambe arrière au départ. Simultanément, vous atterrissez sur l'autre pied après un pivot presque entier. Vous pouvez alors vous redresser ou continuer à bouger tout près du sol. Il est intéressant de remarquer que cette version est en fait très proche d'un simple mouvement acrobatique de *Roue*.

La version très Capoeira du Coup de Pied Fouetté Sauté du Sol

Points clé

- C'est une technique *d'engagement plein* : pas d'hésitation possible. On 'tire et on oublie'.
- *Le saut et la torsion des hanches* donnent l'énergie du Coup de Pied : commencez le Fouetté lui-même le plus tard possible.
- Atterrissez en garde et *enchaînez toujours*.

Cibles

Il s'agit d'un Coup de Pied qui *traverse* sa cible : la **tête** est normalement la seule cible de choix. Mais les **testicules** sont par ailleurs toujours une bonne cible...

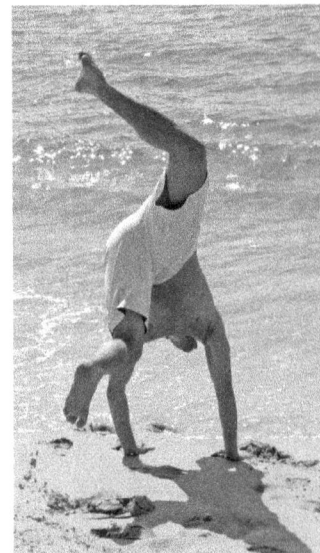

Version très Capoeira du Coup de Pied Fouetté Sauté du Sol

Application typique

Les Illustrations *en haut de la page suivante* montrent le Coup de Pied comme enchaînement naturel d'un Coup de Pied en Croissant Extérieur au Sol. Le Croissant peut être utilise comme Blocage d'un Coup de Poing, comme un destructeur de garde, ou comme une technique qui garde l'adversaire à distance. Mais une fois exécuté, le pied de frappe peut rebondir au sol pour **un Coup de Pied Fouetté Sauté de Relèvement** (qui finit debout). La portée augmentée d'un Coup de Pied Sauté est très surprenante, et encore plus si votre adversaire vous croit vulnérable après le Coup de Pied en Croissant.

De Coup de Pied en Croissant Extérieur à Fouetté Sauté, au Sol

Entrainement spécifique

- Ce Coup de Pied doit être relativement précis pour être efficace : *pratiquez avec un partenaire qui tient une cible d'entraînement* (voir Figure), et concentrez vous sur la précision et sur la vitesse de frappe au travers de la cible. C'est en plus une technique très énergétique et constructrice d'endurance.

- Pour le développement de la force, de la confiance en soi et de l'agilité nécessaires, *la pratique de la Roue et du Flip (Salto) sont incontournables.* Progressez avec prudence, mais ces exercices acrobatiques vous aideront à perfectionner ce Coup de Pied Sauté (et bien d'autres).

Frappez avec précision au travers du coussin de frappe

L'exercice de la Roue

Le Flip, ou Salto avant : encore un excellent exercice pour améliorer votre maîtrise du Coup de Pied

Self défense

Le Dessin est ici pour rappeler au lecteur qu'un saut inattendu va donner l'augmentation de portée (inattendue) qui permettra de surprendre un assaillant qui approche avec un Coup de Pied d'Arrêt. Pour bénéficier de l'effet de surprise, il faut surtout ne pas abuser de la technique.

T Le Coup de Pied Fouetté Sauté du Sol, en self défense

Et les Illustrations qui suivent montrent l'utilisation du Coup de Pied pour vous relever du sol tout en écrasant votre assaillant potentiel avec des Coups de Pieds Circulaires qui le maintiendront à distance. Continuez à le poursuivre dans sa retraite. C'est la portée inattendue de votre *Coup de Pied Fouetté Sauté Préemptif du Sol* qui doit le surprendre et le mettre en déroute.

Relèvement du Sol avec une série de Coups de Pied Circulaires : Fouetté Sauté, Crocheté Retourné et Fouetté debout classique

Photo Illustrative

Le Coup de Pied Fouetté Sauté du Sol

15. Le Coup de Pied Crocheté Court, Intérieur et Descendant, au Sol

Général

Il s'agit d'un petit Coup de Pied, facile et très naturel. Mais c'est aussi une technique *qu'il est très important de pratiquer afin de pouvoir l'utiliser instinctivement* et en même temps de pouvoir l'exécuter avec beaucoup de puissance. **Le Coup de Pied Crocheté Court Intérieur Descendant au Sol** ne convient qu'à certaines situations très spécifiques, comme par exemple d'un adversaire debout se penchant vers vous. Comme la technique est très rapide, elle peut être exécutée **dès que** l'adversaire se penche vers vous. Et elle se doit d'être employée instinctivement si vous êtes poussé ou jeté au sol dans une position relative adéquate.
Ce sera aussi le Coup de Pied de choix si vous êtes sur le dos et avez contrôle de votre adversaire entre vos jambes (*Garde de Lutte au Sol*).
Ce Coup de Pied n'est pas intrinsèquement puissant, <u>mais on peut s'entraîner à le rendre plus fort et faire très mal</u>. Ce serait une grave erreur de négliger une pratique assidue en raison de l'exécution facile : la puissance qu'un entraînement têtu peut développer est surprenante ! Le Coup de Pied doit cibler des points sensibles comme le cou, la tête ou les reins, et il est alors extrêmement efficace, surtout avec l'effet de surprise supplémentaire. Souvenez-vous que le Coup vient dans le dos de l'adversaire : si vous parvenez à faire compter le premier impact de par un entraînement assidu au développement de la puissance, vous avez alors une arme importante à votre disposition.

Description

Le Coup de Pied est très simple et il rappellera un peu au lecteur le Coup de Talon Bas Extérieur présenté dans notre ouvrage sur *les Coups de Pied Bas*. Couché sur le dos, vous levez une jambe tendue en diagonale vers l'extérieur ; vous frappez alors en baissant la jambe tout en la pliant simultanément vers vous. Tout ce qui se trouvera sur cette trajectoire sera touché par votre talon avec un effet de 'crochetage' additionnel. Les Photos *en haut de la page suivante* sont plus explicites que tout ce discours. Comme il s'agit d'un Coup de Pied d'Attrition relativement faible, il est conseillé de le délivrer en série avec succession rapide ; mais le premier des Coups de Pied doit compter comme une surprise et avec une exécution de puissance maximum. Les Coups suivants seront alors attendus et donc moins efficaces.

➤

Paire de Coups de Pied Crochetés Courts Intérieurs Descendants au Sol

Il s'agit exclusivement d'un **Coup de Pied Situationnel,** et surtout dans des situations dynamiques. Les Illustrations ci-bas décrivent l'utilisation classique : Vous êtes au sol et votre adversaire se penche vers vous entre vos jambes. Vous levez la jambe tendue et lui frappez la nuque du talon en pliant le genou. Répétez et continuez à frapper. Un lecteur expérimenté verra tout de suite combien la situation se prête à un suivi par 'Armlock' de type *Juji Gatame* : Saisissez son bras tendu et roulez la jambe de frappe par-dessus sa tête (*Pas illustré*).

Ciblez la nuque d'un adversaire debout qui se penche pour vous frapper du poing

Points clé

*   Frappez du *talon* uniquement et 'crochetez' à l'impact.
*   Chambrez *en levant la jambe à fond* : vous avez besoin d'élan pour produire une technique efficace.
*   Frappez *au travers* de la cible et puis *rétractez* la jambe avec force : ne 'poussez' pas.
*   *Enchaînez toujours,* en répétant le Coup de Pied ou en changeant de technique d'attaque.

Cibles

L'arrière du crâne, la nuque, entre les omoplates et les reins. Evidemment les éternelles testicules dans une situation de lutte où vous contrôlez votre adversaire par l'arrière.

Applications typiques

L'usage le plus fréquent de ce Coup de Pied est *l'attrition des reins adverses en garde de lutte* au sol. Les Photos ci-bas s'expliquent d'elles-mêmes.

Ciblez les reins pour saper un adversaire de lutte au sol ; connectez avec le talon

***

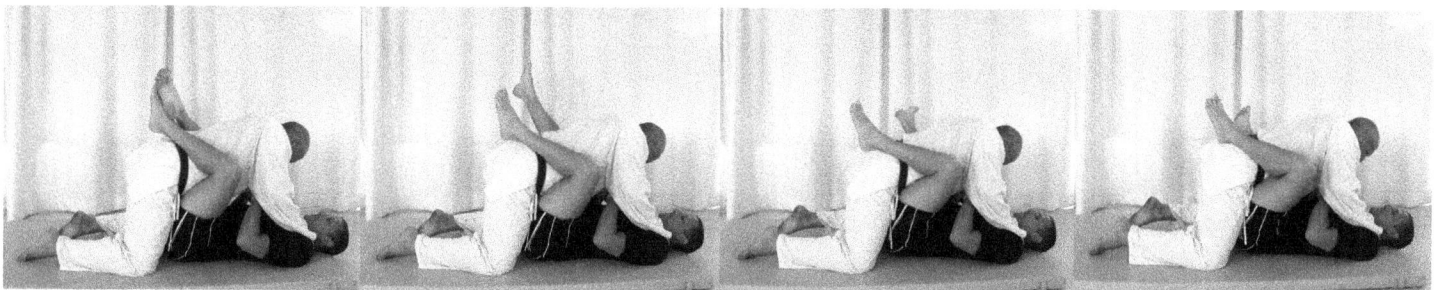

Frappez de l'autre pied ; vous pouvez et devriez alterner

Les Figures *en haut de la page suivante* illustrent l'utilisation de la technique comme le suivi naturel d'un Coup de Pied du Sol aux testicules. Dans cet exemple, vous exécutez un Coup de Pied de Face Montant au Sol vers les parties d'un adversaire qui s'approche. Quand il se plie de douleur, vous pouvez utiliser l'autre pied pour le frapper derrière la tête, sans oublier de 'crocheter' pour plus de dommages. La meilleure exécution de cette combinaison requiert de l'entraînement : la chambrée du petit *Coup de Pied Crocheté Descendant* se fait simultanément avec la frappe du Coup de Pied de Face aux testicules. Voyez les Illustrations: les deux Coups de Pied complémentaires frappent de façon rapprochée pour des résultats synergétiques. Et un excellent suivi serait un Coup de Genou vers le haut (avec la jambe du Coup de Pied aux parties), tout en chambrant déjà un autre Coup de Pied Crocheté Court Intérieur Descendant au Sol.

➡

Chambrez déjà le Coup de Pied descendant pendant l'exécution du Coup de Pied de Face aux testicules de l'autre pied

Entrainement spécifique

- Le Coup de Pied est facile à délivrer mais il requiert de la pratique dans des situations pertinentes. *Pratiquez être balayé et jeté au sol par votre partenaire* ; frappez-le du pied quand il tente de suivre avec un Coup de poing (ou entraînez le au sol avec vous tout en chambrant).
- Il est impératif de pratiquer contre *un sac de frappe que vous tenez au corps à corps*, afin d'apprendre à développer de la puissance. C'est très important, car l'énergie d'impact peut être grandement améliorée par l'entraînement. Vous serez alors surpris par combien la technique fait mal, et content du travail investi. Frappez le sac le plus fort et le plus rapidement possible. Voir Figure.

Pratiquez l'exécution immédiate du Coup de Pied si vous êtes amené au sol

Pratiquez la puissance d'impact sur le sac de frappe lourd

Self défense

Les Figures *en haut de la page suivante* illustrent l'utilisation du Coup de Pied si vous êtes projeté par un Grand Fauchage Intérieur (*O Uchi Gari – Judo*). Tirez l'adversaire avec vous tout en chambrant la technique. Enchaînez. Il faut bien noter que le principe reste valide pour toute une série de projections et le lecteur est invité à expérimenter. D'autres exemples suivront.

Le Coup de Pied Crocheté Court Intérieur Descendant au Sol, comme contrattaque d'un O Uchi Gari adverse réussi

Et les Dessins suivants montrent combien approprié ce Coup de Pied **contre un Tacle** d'une de vos jambes. Votre assaillant vous jette au sol en tirant votre cheville et en poussant votre genou. Vous exagérez votre chute afin de gagner l'élan nécessaire à la chambrée de l'autre jambe. C'est un mouvement très naturel, et l'exagération de la chute est fidèle à l'esprit *Judo* de céder pour mieux contrattaquer. Frappez sa nuque, plusieurs fois si nécessaire. Suivez avec un Coup de Pied Latéral au Sol de la même jambe qui vise sa gorge ou son visage ; vous le repoussez ainsi pour libérer votre autre jambe.

1
2

Le Coup de Pied comme contrattaque d'un tacle d'une jambe ; un Coup de Pied Latéral au Sol qui suit va repousser l'attaquant

3
4

16. Le Coup de Pied Crocheté Court, Extérieur et Descendant, au Sol

Général

Voici à nouveau un *Coup de Pied Situationnel*, et même encore plus que le Coup de Pied précédent (Intérieur). Il est très rapide et relativement facile à exécuter, mais il ne convient qu'à des situations très spécifiques. Si vous vous retrouvez dans une de ces positions relatives, la technique devrait couler immédiatement et naturellement. C'est un Coup de Pied très surprenant et qui fait mal si bien ciblé. La première phase d'exécution est similaire à celle du Coup de Pied précédent, mais, au lieu de frapper vers l'intérieur, vous exécutez le même mouvement vers l'extérieur, car c'est la que se trouve votre adversaire. Tordez votre genou tout simplement dans l'autre sens tout en pliant la jambe. Ce sera plus facile à comprendre des Photos ci-bas.

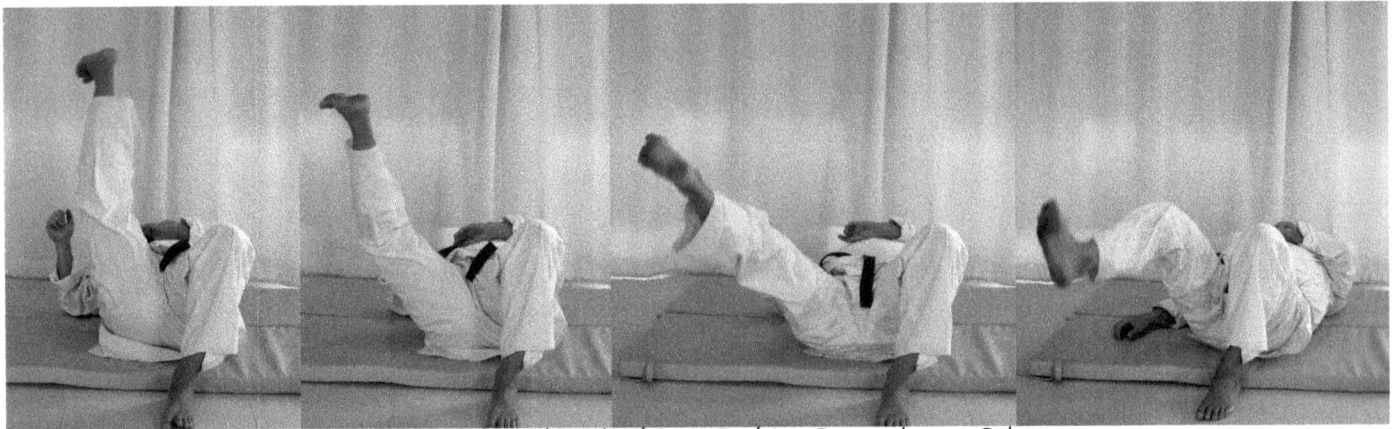

Le Coup de Pied Crocheté Court Extérieur Descendant au Sol

Description

Les Dessins qui suivent montrent les deux positions relatives de base dans lesquelles ce Coup de Pied est adéquat : un adversaire *debout sur votre côté qui se penche vers vous*, et un adversaire *couché à vos côtés*. Ces deux positions sont évidemment extrêmement dynamiques, et il vous faudra frapper dès que vous passez par elles. Vous levez votre jambe bien haut et la pliez avec énergie dans la cible : le crâne arrière ou les testicules comme illustré. Si possible, crochetez à l'impact. Dans ces positions très précises, c'est un Coup de Pied très surprenant. Il faudra évidemment enchaîner, mais la première attaque contribuera à amollir un adversaire qui ne s'y attendait pas.

Les deux situations possibles pour l'utilisation du surprenant Coup de Pied Crocheté Court Extérieur Descendant au Sol

Points clé

- *Levez la jambe haut* : vous avez besoin d'élan pour accumuler de l'énergie d'impact.
- Connectez avec le *talon* et 'crochetez' dans la cible.
- Frappez au moins quelques centimètres *au travers* de la cible.
- *Enchaînez toujours* : ce n'est pas un Coup de Pied puissant, mais sournois.

Cibles

L'arrière du crâne, la nuque et les testicules.

Self défense

Il s'agit ici d'un *Coup de Pied Situationnel* facile à comprendre, et nous n'allons présenter qu'une seule application classique de défense de soi. Les Illustrations qui suivent montrent l'utilisation de la technique à la fin d'une défense contre un étranglement de face au sol par un adversaire qui vous chevauche. Vous frappez du pied une fois que vous avez réussi **à amener votre assaillant couché à vos côtés.**

Votre attaquant essaye de vous saisir la gorge en étranglement naturel des mains, depuis sa position supérieure assise sur votre tronc. Saisissez un de ses poignets par-dessus la prise qui se referme, tout en le piquant violemment aux yeux de l'autre main (*Nukite – Karatedo*). C'est une situation de vie et de mort : vitesse et efficacité sont primordiales. Frappez alors l'intérieur du coude de son bras saisi et pliez le pour initier une clé de poignet de type **'cou d'oie'**. A moins que vous soyez un expert de *Ju-jitsu ou d'Aïkido*, il est maintenant recommandé de passer à une méthode de contrôle moins sophistiquée : attrapez un ou plusieurs de ses doigts de votre autre main (*tout en maintenant la prise en clé de poignet*). Il vous sera alors relativement aisé de le forcer à rouler sur votre côté, surtout si vous ajoutez un violent levé de hanches. Vous êtes maintenant en position couchée côte a côte avec votre assaillant, assaillant que vous contrôlez avec une douloureuse clé de doigts. C'est là la position parfaite pour notre petit Coup de Pied : levez la jambe sur le côté et frappez vers le bas dans ses parties génitales avec du 'crochetage'. Gardez le contrôle de son poignet et de ses doigts pour pouvoir répéter le Coup de Pied.

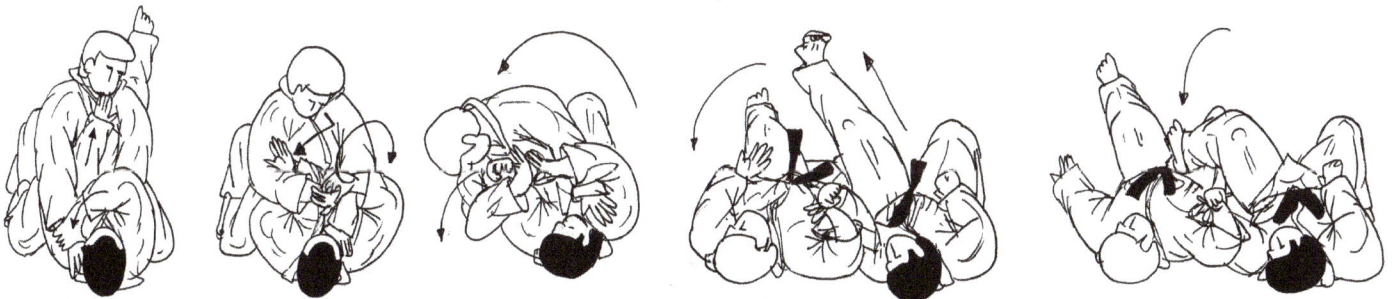

Concluez une défense contre étranglement au sol avec le Coup de Pied Crocheté Court Extérieur Descendant au Sol

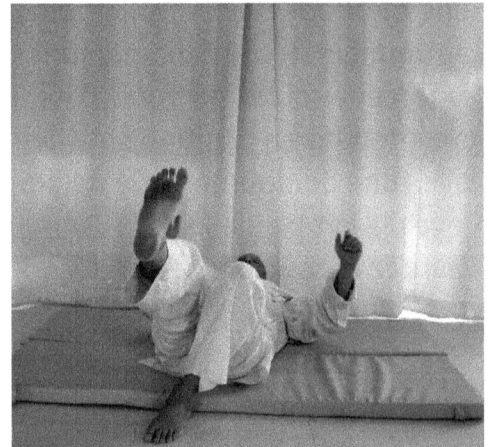

Comparaison des trajectoires du Coup de Pied Crocheté Court __Intérieur__ Descendant au Sol, du Coup de Pied Crocheté Court __Extérieur__ Descendant au Sol et du Coup de Pied en Hache Descendant __Vertical__ Droit au Sol

Ne souhaitez pas que ça soit plus facile, souhaitez être meilleur.
~Jim Rohn

17. Le Coup de Pied en Croissant au Sol

Général

Le Coup de Pied en Croissant au Sol (ou plus précisément Coup de Pied en Croissant **Intérieur** au Sol) est une technique facile à comprendre, facile à exécuter, souvent très surprenante car venant hors du champ de vision naturel, toujours très rapide, mais … jamais très puissante. A la différence de ses correspondants debout bien ancrés au sol et où les hanches permettent l'obtention de puissance, les versions au sol ne peuvent pas accumuler beaucoup d'énergie. Un entraînement sérieux aidera certainement à apprendre à optimiser la force développée et en fera un instrument important de votre combat au sol. Mais pour réussir à produire une quantité raisonnable de puissance d'impact, *il vous faudra utiliser tout votre corps*. En conséquence, élan et inertie vous verront continuer après l'impact et même rouler latéralement. Il faudra donc en tenir compte et apprendre à en prendre avantage. *Le Coup de Pied en Croissant au Sol* est cependant un Coup de Pied important, très utile comme blocage, comme instrument pour garder un adversaire à distance, et surtout comme élément de combinaisons offensives redoutables. Les exemples suivent.

Coup de Pied en Croissant au Sol de base depuis une position de garde au sol ; le corps roule avec le Coup de Pied

Description

Le Coup de Pied en Croissant au Sol est exécuté en général depuis une position dynamique, et non depuis une garde statique. Au plus l'arc de la trajectoire sera large, au plus le coup sera puissant à l'impact (tout comme pour la version de base debout). C'est pour cette raison qu'une position de départ ouverte permettra d'acquérir l'énergie cinétique nécessaire, mais au prix d'une détection prématurée et au prix de vous être découvert. C'est l'équilibre entre ces paramètres et la situation spécifique qui décideront de l'ampleur de chambrée à investir et depuis quelle position démarrer le Coup de Pied. C'est pourquoi vous arriverez généralement à votre position de départ après un Coup de Pied précédent ou après un déplacement au sol bien planifié.

Les Photos qui suivent illustrent un Coup de Pied en Croissant **Large**, dans la garde de l'adversaire debout, depuis votre position couchée sur le dos. Il est clair qu'il faudra alors suivre.

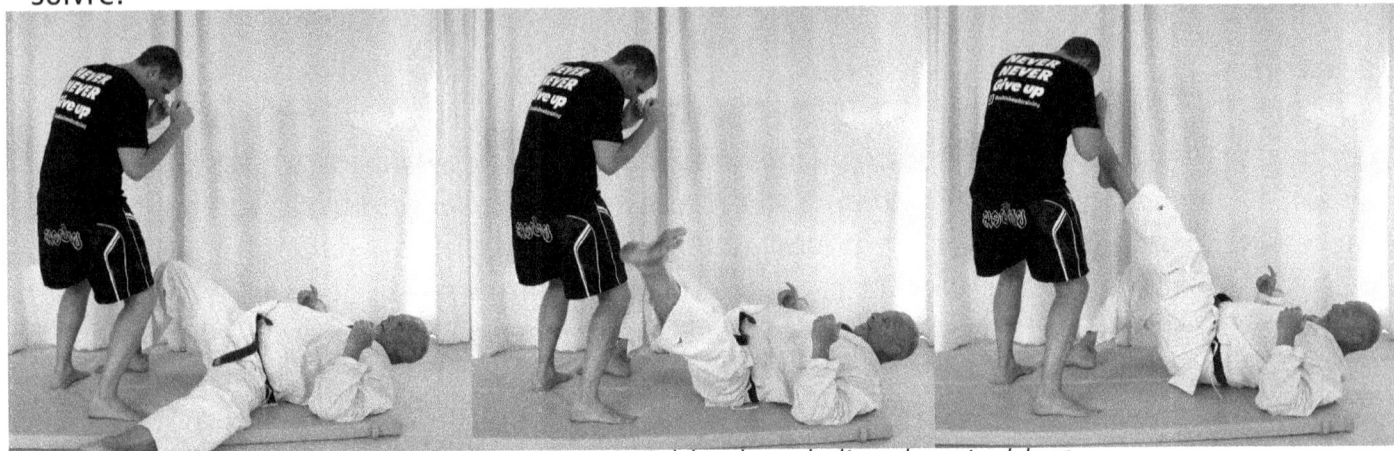

Coup de Pied en Croissant au Sol dans la garde d'un adversaire debout

Les Dessins suivants illustrent l'exécution du Coup de Pied *depuis une position assise par terre naturelle*. Ils essayent aussi de souligner que cette technique se doit d'être suivie par :

- **ou** un *Coup de Pied en Retour* dans la direction d'où le Croissant venait à l'origine ; dans notre premier exemple avec un Coup de Pied Crocheté.
- **ou bien** un *Relèvement du sol* qui prend avantage de l'élan et de l'énergie du pivot. Cette option est illustrée par les Figures du haut de la page suivante.
- **ou** une *continuation du pivot* dans la même direction pour l'exécution d'un suivi par Coup de Pied Retourné (comme le Crocheté ou le Croissant Extérieur Retournés). Voir la série de Photos qui suit sur la page suivante.

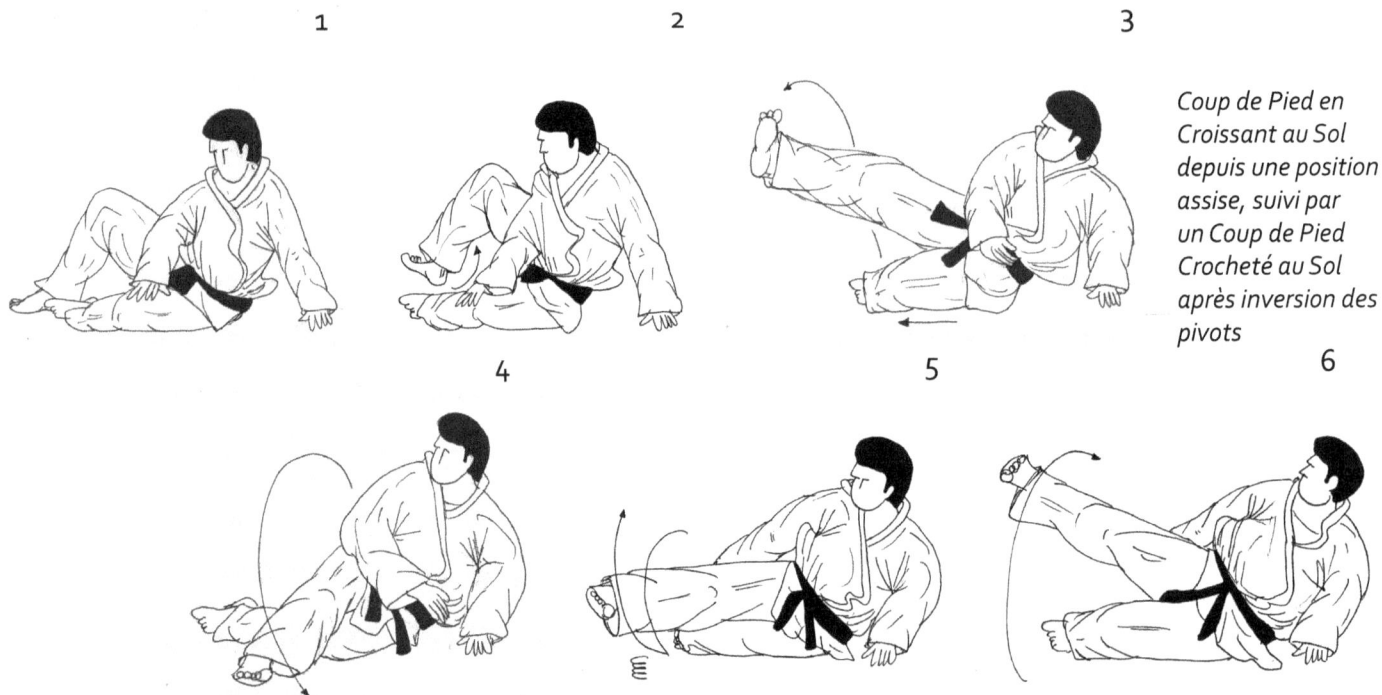

1   2   3

Coup de Pied en Croissant au Sol depuis une position assise, suivi par un Coup de Pied Crocheté au Sol après inversion des pivots

4   5   6

Coup de Pied en Croissant au Sol depuis la position assise et jusqu'à debout, en utilisant l'élan de la technique

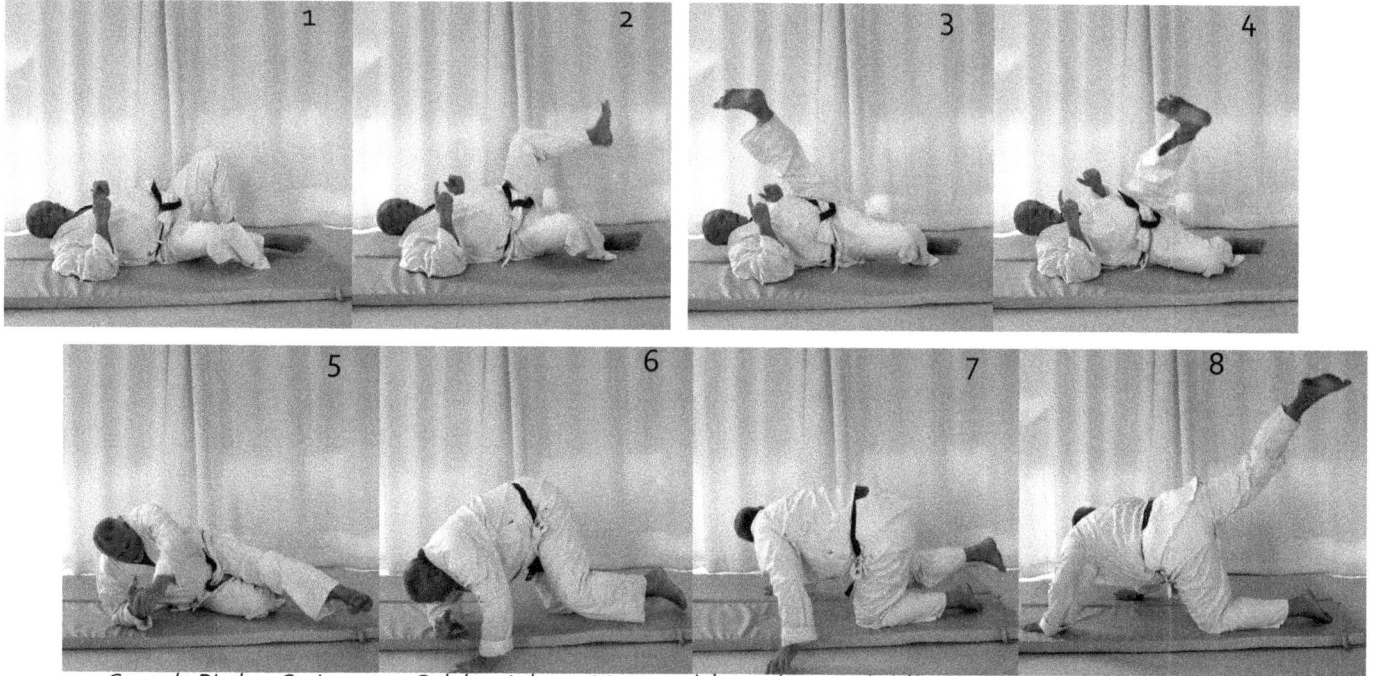

Coup de Pied en Croissant au Sol depuis la position couchée ; utilisation de l'élan pour suivre d'un Coup de Pied Crocheté Retourné au Sol

Points clé

- Exécutez avec *la jambe tendue* pour un maximum d'accélération sur la trajectoire.
- Frappez *avec tout le corps* et pas seulement la jambe.
- *Enchaînez toujours.*

Cibles

La tête, les parties génitales, le genou ou l'articulation du coude.

Application typique

Les Illustrations suivantes montrent comment utiliser le Coup de Pied comme un **Blocage**, en ciblant l'articulation du coude d'un bras qui approche pour un coup de poing. Commencez en position assise pour appâter votre adversaire et l'induire à attaquer d'un coup de poing facile. Roulez vers l'arrière pour vous éloigner de l'attaque tout en vous tordant aux hanches. Frappez son coude le plus fort possible, et utilisez le principe du *Humpty-dumpty* pour ajouter de la puissance à cette manœuvre de 'Frappe en roulant'. Enchaînez tout naturellement avec un Coup de Pied Latéral au genou (la transition naturelle du Coup de Pied en Croissant donné à fond au travers de la cible vers la Chambrée du Coup de Pied Latéral est similaire à celle des Coups de Pied correspondants debout).

Blocage par Coup de Pied en Croissant au Sol, suivi d'un Coup de Pied Latéral au Sol

Entrainement spécifique

- Pratiquez la technique *dans des combinaisons*, en commençant par ce qui est présenté ici.
- Apprenez à frapper fort et *au travers d'une cible de frappe* tenue par un partenaire (Voir Figure).

Self défense

Les Figures *en haut de la page suivante* montrent un usage typique du Coup de Pied dans un enchaînement de Coups de Pied au Sol. L'exécution idéale du Croissant au Sol sera comme suivi d'un Coup de Pied avec la même direction d'élan. Dans notre exemple, il viendra après un Coup de Pied en Croissant **Extérieur** au Sol.

La combinaison présentée est similaire à la précédente, avec la différence du Blocage de Jambe initial. Votre assaillant tente de vous frapper du poing et vous le bloquez cette fois en attaquant son coude d'un Coup de Pied en Croissant **Extérieur**. Engagez tout votre corps dans le Coup de Pied, ce qui amènera tout naturellement l**e** *Coup de Pied en Croissant (Intérieur)* de l'autre jambe. Visez la tête. Continuez à rouler dans le même sens pour transitionner en Coup de Pied Latéral au Sol (même jambe) vers son bas-ventre. Continuez à rouler et vous vous retrouverez dans une position idéale pour un Coup de Pied Arrière au Sol, de préférence vers sa gorge.

Blocage en Croissant Extérieur, Coups de Pied au Sol en série : Croissant Intérieur, Latéral et Arrière Retourné

Et il faut garder en tête que les **Coups de Pied en Croissant de Blocage** peuvent aussi être très efficaces contre des Coups de Pied Ecrasants de votre adversaire debout.

Le Coup de Pied de Blocage en Croissant Intérieur contre une attaque d'écrasement

Photos Illustratives

Le Coup de Pied haut en Croissant Intérieur de base, debout et en corps-à-corps

L'attaque classique de la garde adverse en Coup de Pied Croissant debout de base

18. LE DOUBLE COUP DE PIED DE FACE AU SOL PAR-DESSUS

Général

Voici un Coup de Pied simple, facile à comprendre et à exécuter, mais à nouveau conditionnel à une position très spécifique par rapport à celle de l'adversaire : vous êtes couché au sol sur le dos et votre adversaire est debout du côté de votre tête ('derrière' vous en quelque sorte). Il s'agit évidemment d'une position très dangereuse pour vous et cette technique, ou une de ses proches, devrait être alors automatique et immédiate. Vous pourriez aussi vous placer dynamiquement dans cette position juste pour le moment nécessaire à le surprendre avec le *Coup de Pied Double*, mais c'est une tactique dangereuse et difficile. Pourtant, si vous aimez la technique et vous y entraînez beaucoup pour une haute maitrise, cela peut être une manœuvre sournoise avec de grandes chances de réussite (Nous présenterons une telle application offensive plus bas).

*Le **simple** Coup de Pied au Sol de Face Par-dessus, une seule jambe*

Intrinsèquement il s'agit tout simplement d'un *Coup de Pied de Face au Sol exécuté par-dessus la tête avec les deux jambes simultanément*. Avant d'apprendre la technique, le lecteur est invité à se référer aux techniques proches : la version 'par-dessus' du Coup de Pied de Face au Sol (*Chapitre 1*), le Double Coup de Pied de Face au Sol (*Chapitre 2*) et le Double Coup de Pied Arrière au Sol à Deux Niveaux (*Chapitre 11*).

Description

Les Figures *en haut de la page suivante* montrent l'exécution classique dans laquelle vous saisissez les chevilles adverses tout en frappant du pied par-dessus votre tête. Cette version a le quadruple bénéfice de :

- vous donner plus de puissance de par l'ancrage au sol,
- neutraliser les pieds adverses comme armes potentielles d'écrasement,
- empêcher la fuite de l'adversaire vers l'arrière et la possibilité d'étouffement de la puissance de votre technique,
- causer (en général) la chute de l'adversaire après l'impact.

Evidemment, il doit être clair que le Coup de Pied peut aussi être très efficace s'il est exécuté sans la saisie des chevilles, ou avec la saisie d'une seule des chevilles adverses. ➡

La version classique du Double Coup de Pied de Face au Sol Par-dessus, avec saisie des chevilles adverses

Points clé

- *Poussez les hanches* dans le Coup de Pied Double, en roulant vers l'arrière pendant exécution.
- Prenez bien soin à *chambrer* le Coup de Pied, comme pour tout Coup de Pied de Face classique.
- Soyez toujours prêts *à enchaîner* ou à prendre une position de garde appropriée.

Cibles

Les parties génitales, le bas-ventre, le visage et le plexus solaire. Si possible mais exigeant beaucoup de précision : la *gorge*.

Application typique

Les Illustrations, qui suivent *en haut de la page suivante*, montrent une intéressante variation comme **Coup de Pied Plongeant-surprise depuis la position debout**. C'est l'exemple promis d'une version sournoise offensive à effectuer de façon inattendue. Cette variation peut aussi être un Coup de Pied d'Arrêt contre des attaques de poing hautes, mais cela requiert encore plus de timing, d'entraînement et de détermination. Vous tournez le dos à l'adversaire tout en vous laissant tomber vers l'arrière (vers lui) en Roulé Arrière. Au bout de ce mouvement de '*Chute Arrière Retournée*' vous saisissez ses chevilles ou jambes de pantalon. Frappez des pieds au plexus solaire ou aux testicules, tout en tirant violemment sur ses chevilles. Juste après l'impact, relâchez les chevilles pour laisser l'adversaire tomber vers l'arrière et utilisez la technique *Humpty-dumpty* pour rouler rapidement vers l'avant jusqu'à la position debout. Soyez prêt à enchaîner ou à repousser toute nouvelle attaque.

➤

1   2

La version Offensive du Double Coup de Pied de Face au Sol Par-dessus

3   4   5

Entrainement spécifique

- *Pratiquez l'exercice pliométrique abdominal classique* dans lequel votre partenaire rejette vos jambes tendues vers le sol alors que vous résistez à leur chute. Répétez pour un minimum de 10 reprises. Voir Figure (extraite du livre '*Plyo-Flex*').

- Pratiquez avec *un partenaire portant des protections adéquates*. Répétez 10 fois avec saisie des chevilles et puis 10 fois sans saisie. Voir Illustrations.

- Travaillez la puissance *au sac de frappe*, avec et sans 'saisie'. La saisie simulée peut être celle du sac lui-même, d'une corde ou d'une bande élastique attachée au mur. Voir Dessin.

Exercice Pliométrique pour musculation spécifique

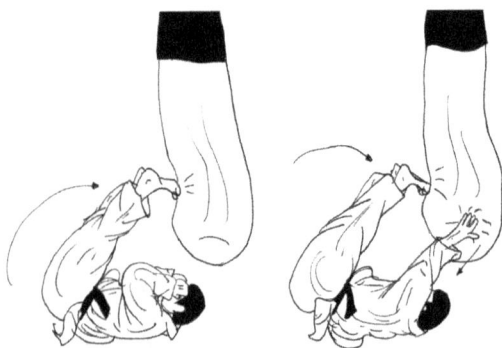

Pratiquez avec un partenaire dont le corps est protégé

Pratiquez pour le développement de la puissance en frappant le sac suspendu ; avec ou sans saisie simulée des chevilles

Self défense

Les Illustrations suivantes montrent l'utilisation d'une projection de vieux *Ju-jitsu* nommée **Gyacku Tomoe Nage** .Cette dangereuse Amenée au Sol avait déjà été 'assagie' dans le *Judo* originel, mais même cette version diluée a finalement été supprimée du programme du *Judo* moderne. Comme pour toutes les versions antiques du *Ju-jitsu* traditionnel, le mouvement de jambe de la projection était à l'origine **un Coup de Pied**. Cette manœuvre fantastique que nous présentons ici est adéquate quand vous pouvez saisir les poignets adverses (au lieu des chevilles) dans la même position relative que précédemment. Vous pouvez vous retrouver dans une telle position après avoir été projeté par l'adversaire, ou après avoir réussi à lui saisir les poignets alors qu'il tend les bras vers vous pour attaquer, ou même après avoir gardé une telle saisie depuis la position debout. Cela pourrait même être concevable que votre assaillant ait lui-même saisi vos poignets pour vous traîner au sol !

Quoiqu'il en soit, dans cette version, vous n'allez pas utiliser ses chevilles comme points d'ancrage, mais ses poignets. Si c'est lui qui vous tient les poignets, encerclez-les en contre-saisie, tout en exécutant le *Coup de Pied Double* vers son bas-ventre. Dans cette version, il est important de frapper bas (vers les parties) parce que vous ne cherchez pas à l'envoyer vers l'arrière mais plutôt à le plier vers l'avant. Tirez alors sur ses bras en le soulevant vers l'avant dans cette projection terrifiante de '**Roue Inversée'** (*Gyacku Tomoe Nage – Jiu Jitsu*). Suivez avec un Coup de Talon Descendant (*Coup de Pied en Hache au Sol*) à la tête juste à son atterrissage. Ouch !

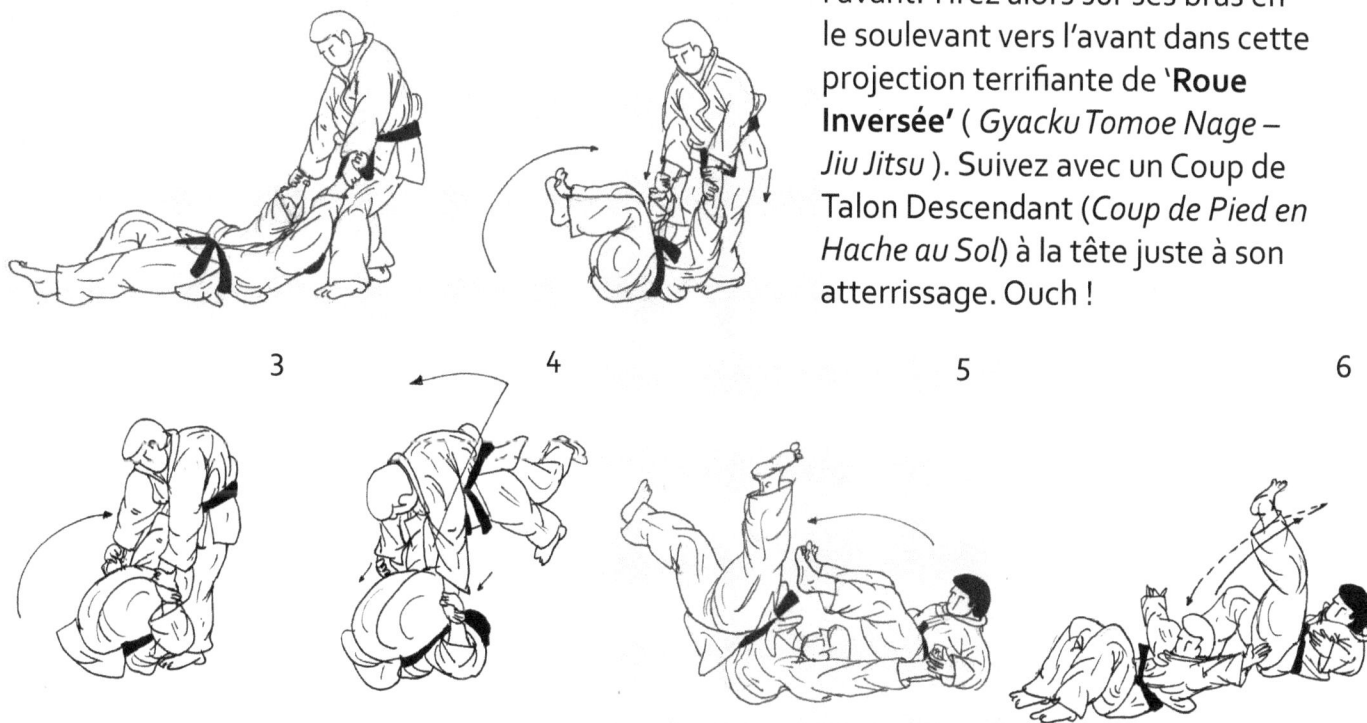

3   4   5   6

Saisissez les poignets de l'adversaire et frappez le du pied pour préparer le redoutable Gyacku Tomoe Nage

Le Double Coup de Pied de Face au Sol de base

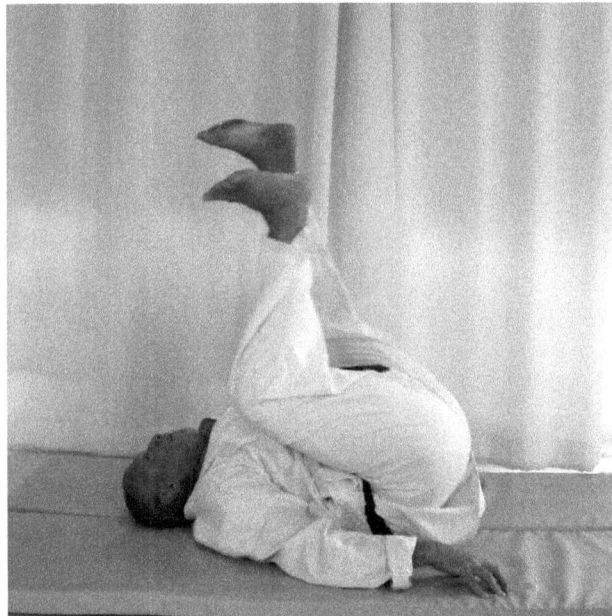

Le Double Coup de Pied de Face au Sol Par-dessus, sans saisie

Le combattant réussi est un homme moyen avec un focus de laser.
~Bruce Lee

19. Le Coup de Talon Descendant Crocheté au Sol

Général

Voici un Coup de Pied très simple, versatile et facile à acquérir, qui a le bénéfice additionnel d'être très douloureux quand bien exécuté. Il s'agit *d'une version courte et crochetée du classique Coup de Pied en Hache au Sol (*Coup de Talon Descendant, présenté plus loin dans le texte). C'est une technique d'Attrition, très adaptée à l'ouverture d'une combinaison offensive. C'est un Coup de Pied typique à effectuer en série, avec le même talon ou en les alternant; et ce pour repousser un attaquant ou pour le garder à distance. Cette technique n'est généralement pas puissante assez de par elle-même pour suffire. C'est tout simplement un **Coup de Talon Descendant avec Crochetage** qui cible des points sensibles en combat proche. Comme illustré, les cibles les plus visées sont les cuisses d'un adversaire debout.

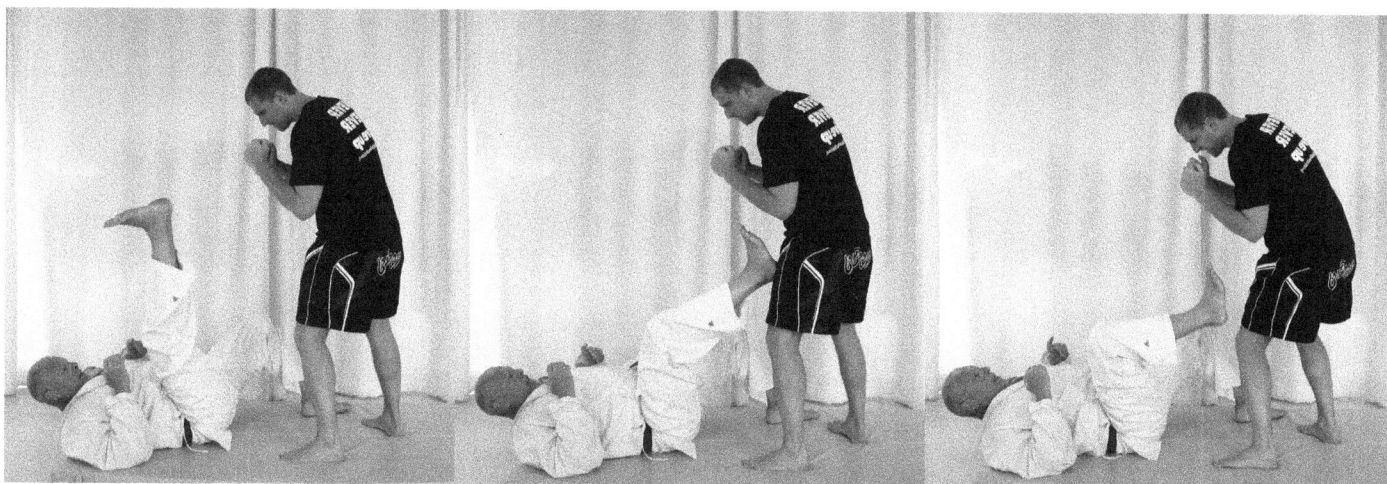

Le Coup de Talon Descendant Crocheté du Sol ciblant la cuisse adverse

Description

Les Illustrations montrent l'exécution classique du Coup de Pied vers la cuisse antérieure d'un adversaire debout qui approche. Chambrez en levant la jambe tendue aussi haut que le permet la situation spécifique, et frappez du talon vers le bas dans les terminaisons nerveuses de la cuisse. Crochetez à l'impact et concentrez-vous sur une pénétration de quelques centimètres. Répétez en série : c'est un *Coup de Pied d'Attrition* irritant qui crie avec conviction « Ne pas approcher ! »

Le Coup de Talon Descendant Crocheté du Sol contre la cuisse d'un assaillant qui s'approche

Points clé

- Frappez *dans la cible (quelques cm)*, mais *ramenez alors en chambrée* pour pouvoir répéter.
- Levez la jambe tendue *aussi haut que le permettent les circonstances* ; c'est le seul moyen de maximiser la puissance (mais au détriment d'une détection plus rapide).
- *Crochetez toujours dans la cible* à l'impact (=pliez légèrement la jambe juste après contact).
- Visez uniquement des *points sensibles* : ce n'est pas un Coup de Pied puissant.
- *Enchaînez ou répétez* toujours ; répétez avec le même pied ou en alternant.

Cibles

Surtout les *cuisses antérieures*. Mais aussi *le dessus du pied, les testicules, la tête, la nuque* et autres. En fait tout point sensible à distance selon votre position relative à l'adversaire. Voir Figures.

Ciblez les pieds, les parties génitales, la nuque, la tête et encore ...

Applications typiques

La première série de Figures montre comment **débuter une combinaison agressive** avec le Coup de Pied, et ce, dès que l'adversaire arrive à portée. Et vous enchaînez immédiatement avec un Coup de Pied de Face au Sol. Notez bien que le Coup de Pied de Face peut devenir un Coup de Pied Assisté de Face au Sol (suivant directement le *Talon Descendant Crocheté*), si le talon reste sur la cuisse adverse (comme illustré).

Evidemment vous pourriez aussi enchaîner avec un Coup de Pied de Face au Sol conventionnel de l'autre jambe : posez le pied du **Descendant Crocheté** près de l'adversaire et levez les hanches pour plus de portée et plus de puissance (comme illustré par la seconde série de Dessins *en haut de la page suivante*).

Enchaînement Offensif : Coup de Talon Descendant Crocheté du Sol suivi par un Coup de Pied de Face au Sol « ponté »

Enchaînement Offensif : Coup de Talon Descendant Crocheté du Sol suivi par un Coup de Pied de Face au Sol « ponté »

Ceci dit, c'est l'opinion de l'auteur que le meilleur usage de ce Coup de pied, **est pour l'attrition de l'adversaire quand vous le contrôlez en place**, par exemple par une clé. Ce faisant, vous pouvez à la fois lui causer de la douleur et des dommages, et déranger ses efforts de se libérer. Les Illustrations suivantes présentent une application de type *MMA*, très efficace si vous la réussissez. C'est de toute façon un exercice qu'il est important de pratiquer. Votre adversaire est pris dans votre garde (=*entre vos jambes*) et essaye de vous marteler. Saisissez la main qui contrôle votre poitrine, tout en bloquant le Coup de Poing en frappant son biceps du pied. Frappez-le alors immédiatement à la tête avec un Coup de Pied (Crocheté Intérieur ou de Face), et tordez lui le poignet pour amener son coude à pointer vers le haut. Sans à-coups, votre jambe de frappe descend sur son coude pendant que vous lui poussez les hanches vers l'arrière de votre autre pied. Tordez votre tronc et tirez sur son bras : vous le tenez maintenant en clé de bras douloureuse. Commencez donc à lui marteler le dos avec toute une série de « petits » *Crochetés Descendant du Talon*. Ça devrait l'occuper...

Maintenez votre adversaire en 'armlock' et frappez-le sans répit avec des Coups de Talon Descendant Crochetés au Sol visant ses reins

La technique est aussi un intéressant *Coup de pied de Réflexe*, à utiliser si vous arrivez au sol en même temps que votre adversaire, ou si vous ajustez votre position dans un combat de *grappling* (lutte). Le Coup est rapide, et il peut devenir plus puissant s'il accompagne une chute ou un mouvement roulé de tout le corps. Dans l'exemple illustré *en haut de la page suivante*, la technique est un suivi tout naturel après une projection par Double Coup de Pied en Croissant Intérieur (technique importante présentée plus loin dans le texte). Notre exemple présente ce Coup de Pied (avec un Coup de Tête additionnel pour mollifier l'adversaire avant la projection), et le suivi sans à-coups **avec un Coup de Talon Descendant Crocheté** qui utilise toute la puissance du mouvement du corps. Les Illustrations rendent tout ce verbiage plus clair, et le lecteur est aussi invité à consulter le Chapitre traitant du Double Coup de Pied en Croissant Intérieur.

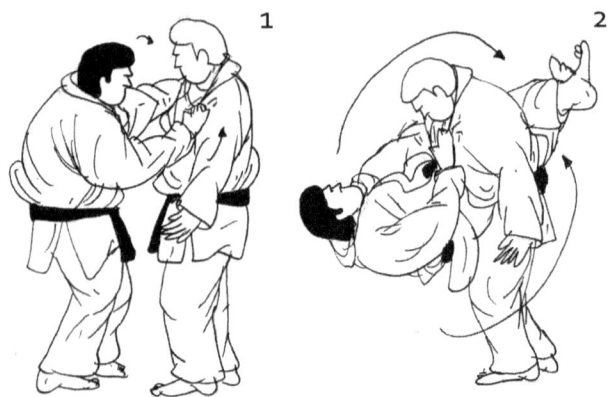

*Le Coup de Talon Descendant
Crocheté au Sol, après une
projection adéquate*

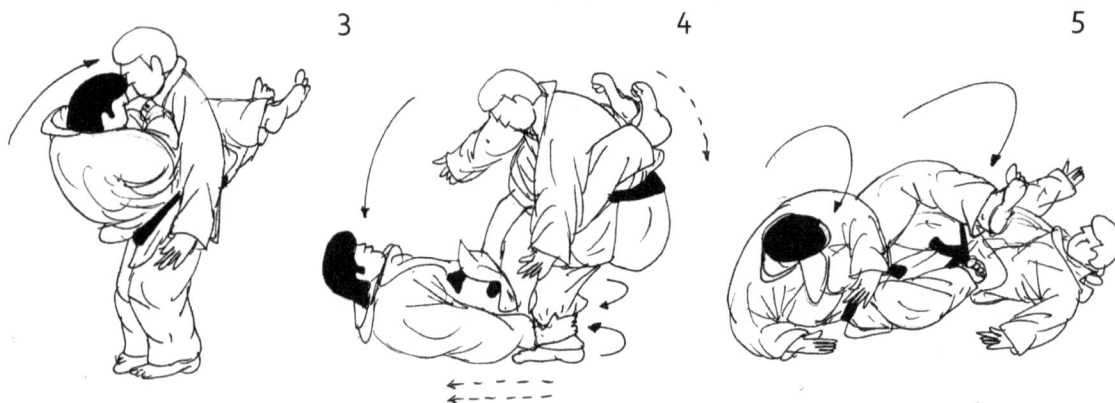

Entrainement spécifique

- "Courez", en Marche de Crabe, après un partenaire protégé et *attaquez ses cuisses dès qu'il est à distance.* Voir Dessin.
- Frappez une cible comme *un sac, une marche souple (pliométrique) ou un pneu.* Pratiquez votre précision, puissance et vitesse de répétition.

Marche de Crabe

*Frappez un vieux pneu pour précision et
puissance d'impact*

Frappez une 'marche' rembourrée à répétition pour développer vitesse et puissance

Self défense

Les Dessins suivants illustrent un autre exemple de l'utilisation de la technique comme **Coup de Pied d'Attrition d'un adversaire immobilisé par une clé.** Dans ce cas-ci, vous amenez l'adversaire au sol avec un tacle d'une jambe, ou après avoir attrapé un coup de pied d'attaque. Saisissez sa jambe pour préparer la clé de cheville qui va suivre et laissez-vous tomber au sol pour la classique clé de jambe de Ju-jitsu *Kata Ashi Hishigi*. (Techniquement, il s'agit d'une clé de cheville qui presse le Tendon d'Achille). Soyez sûr de bien contrôler son genou entre les deux vôtres. Vous pouvez maintenant l'attaquer du pied à répétition tout en gardant la pression de la clé et du contrôle de son genou immobilisé.

Le Coup de Talon Descendant Crocheté au Sol, en position de Clé de Jambe classique

3

4

5

Les Figures *en haut de la page suivante* illustrent la version **Assistée** (de Presse) du Coup de Pied, exécutée depuis une Garde au Sol protectrice de type 'coquille' sans support des mains. **La version Assistée** va permettre plus de chambrée et donc un Coup de Pied beaucoup plus puissant (au détriment, comme toujours, d'une détection plus rapide). Mais dans notre cas, la haute chambrée est aussi une Feinte d'un Coup de Pied exécuté bien plus haut vers le visage adverse ; et elle se doit d'être effectuée de façon convaincante. Votre adversaire va lever les mains contre ce qui ressemble à un Coup de Pied Haut et vous allez contrôler sa jambe avant avec un ancrage du pied. Comme illustré, vous placez votre pied sur la cuisse de la jambe avant adverse que vous utilisez immédiatement comme support pour lever les hanches et chambrer l'autre jambe. Chambrez vite et le plus haut possible avant de redescendre pour frapper sa cuisse contrôlée. *Crochetez à l'impact* et enchaînez. Votre pied d'ancrage reste sur sa cuisse jusqu'au dernier moment, et il peut même y rester s'il n'est pas sur la trajectoire de frappe. Cette technique est, de façon surprenante, facile à réussir. Si bien réussie avec précision, cette attaque décrite est paralysante. Et de toute manière, il s'agit aussi d'un exercice important pour développer la frappe de pied positionnelle instinctive.

➤

Le Coup de Talon Descendant Crocheté au Sol, Assisté

Et les Figures suivantes illustrent l'utilisation du Coup de Pied comme **'Stripping Kick'** (*Coup de Pied de Libération*) qui sert à casser une saisie adverse d'un de vos pieds [comme déjà vu avec le Coup de Pied Fouetté de Libération au Sol]. Vous êtes couché et votre attaquant a le contrôle d'une de vos chevilles : il faut réagir vite avant qu'il ne puisse en prendre avantage, par exemple en vous la tordant pour vous faire rouler. Pliez votre jambe saisie tout en chambrant l'autre et frappez en Talon Descendant dans sa saisie en visant son poignet avec votre talon. *Crochetez dans la saisie à l'impact*. Répétez si nécessaire et enchaînez pour mettre l'adversaire sur la défensive. *Le Coup de Pied de Libération* pourrait aussi être un classique Coup de Talon Descendant à Jambe Tendue (voir plus loin dans le texte), mais cette version est détectable plus tôt et manque l'action de crochetage dans la saisie (D'un autre côté, cette version classique est aussi plus puissante et peut causer plus de dommages si l'adversaire essaye de ne pas lâcher). De tels Coups de Pied contre un poignet tenu en place (par sa propre saisie) peut causer de sérieux dommages articulaires.

La version 'Stripping' du Coup de Talon Descendant Crocheté au Sol : se libérer d'une saisie

Une version intéressante de ce Coup de Pied qui est illustrée *en haut de la page suivante*, la voit e**n combinaison naturelle avec un Coup de Talon de Face au Sol**. Dans la position relative des protagonistes, comme présentée, vous pouvez effectuer, presque simultanément de l'autre jambe, un Coup de Talon Descendant Crocheté vers la tête adverse et un Coup de Pied de Face Pénétrant au Sol qui frappe la même tête du talon. Vous pouvez vous trouver dans cette position relative en roulant vers votre adversaire ou au cours d'un épisode de lutte au sol. Il s'agit d'une technique très dangereuse à pratiquer avec prudence !

➤

Une combinaison de Coups de Pied très dangereuse

Et pour clôturer cette section, la Figure ci-bas rappellera au lecteur la versatilité du Coup de Pied comme technique *d'Attrition* ou de ramollissement de l'adversaire. Dans cet exemple, vous martelez votre assaillant tout en le contrôlant avec une classique clé de bras de type *Juji Gatame (Ju-jitsu)*.

Ramollir un adversaire maintenu dans un armlock classique et douloureux

Si vous fixez des limites à tout ce que vous faites, physique ou autre ; cela va se répandre dans votre travail et dans votre vie. Il n'y a pas de limites. Il y a seulement des plateaux et vous ne devez pas y rester, vous devez les dépasser.
~Bruce Lee

20. Le Double Coup de Pied en Croissant Intérieur au Sol

Général

Voici à nouveau un *Coup de Pied Situationnel* très spécifique ; et aussi à la fois spectaculaire et exotique. Nous aurions pu le classer comme Coup de Pied aux Articulations (*livre à paraitre*) parce que les versions les plus courantes ciblent les articulations des coudes d'un assaillant qui vous étrangle de face au sol. Mais, comme la technique peut aussi cibler la tête et les côtes flottantes, l'auteur (qui peut attester l'avoir vu utilisé avec succès sur la tête en combat 'dur') a plutôt opté pour une classification comme Coup de Pied au Sol. C'est une technique intéressante, facile à exécuter et certainement importante à décrire, ne fut-ce que pour être complets. Avec de l'entraînement, un Artiste expérimenté pourra trouver des occasions où elle peut être appliquée, bien que probablement surtout dans un combat asymétrique qu'il domine de toute façon.

Description

Les Figures qui suivent décrivent l'exécution classique du Coup de Pied, comme attaque des articulations des coudes d'un adversaire entre vos jambes qui vous étrangle de ses mains. Dès qu'il place l'étranglement, tendez ses bras à l'aide de vos mains afin de les préparer pour l'impact du **Double Croissant Intérieur**. Le contact se fait avec l'intérieur des cuisses. L'idéal est de lui saisir les poignets pendant l'exécution, afin de maintenir les bras en place et tendus avec les coudes vers l'extérieur. Si possible, il est encore mieux de lui tirer les poignets vers l'extérieur à l'impact, pour renforcer l'effet des jambes qui frappent les coudes vers l'intérieur. Les enchaînements typiques seront généralement toutes sortes de clés de bras, compliments du *Judo* et du *Ju-jitsu*.

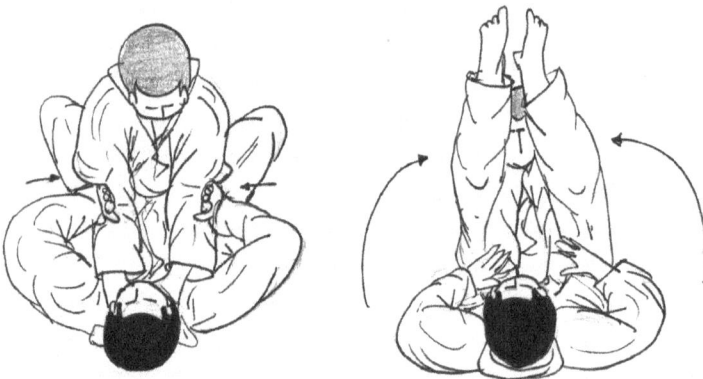

Le Double Coup de Pied en Croissant Intérieur contre les coudes d'un adversaire qui vous étrangle au sol

Points clé

- Frappez *au travers* des cibles (des coudes dans notre exemple).
- *Tendez les jambes* à l'impact.

Cibles

Les articulations du coude évidemment, mais aussi les *côtes* et la *tête* (Voir Illustration). Le contact peut se faire avec n'importe quelle partie de la jambe intérieure depuis les pieds et jusqu'au cuisses, selon les impératifs de la situation.

Double Coup de Pied en Croissant Intérieur à la tête d'un assaillant qui se penche pour vous frapper du poing au sol

Application typique

Les Dessins qui suivent illustrent une application *de la version Plongée du Coup de Pied*, et qui *cible les côtes adverses*. Vous êtes debout et votre adversaire tente de placer un banal étranglement de face. Frappez le pli de ses coudes immédiatement de haut en bas et saisissez ses bras ou épaules. Vous utilisez alors l'adversaire comme point d'ancrage pour sauter dans un *Double Coup de Pied en Croissant Intérieur* vers ses côtes flottantes, tout en vous laissant tomber au sol. Vous pouvez ensuite croiser les chevilles dans son dos. Il faut essayer de frapper ses côtes inferieures avec la partie inferieure des jambes (plus bas donnera plus de puissance). Il est important de traiter cette technique comme un **Coup de Pied** et non comme une Saisie en Ciseaux. Pour suivre, il est conseillé de lui frapper la gorge ou les yeux avec une Pique des Doigts dès atterrissage, et puis d'enchaîner pour bonne mesure, avec... un *Double Coup de Pied en Croissant Intérieur au Sol à la tête* (avec autant de chambrée que requis par la situation spécifique).

Double Coup de Pied en Croissant Intérieur Plongé aux côtes, suivi d'un Double Coup de Pied en Croissant Intérieur au Sol à la tête

Entrainement spécifique

Il s'agit d'un Coup de Pied Situationnel qu'il faut pratiquer avec un partenaire. On peut aussi s'entraîner avec un sac de frappe que l'on tient 'comme' un partenaire.

LE DOUBLE COUP DE PIED EN CROISSANT INTÉRIEUR AU SOL   **179**

Et les dernières Illustrations montrent un enchaînement suivant *l'exécution classique contre les coudes adverses* pendant une sortie d'étranglement au sol (comme présenté auparavant). Dès que vous avez frappé les articulations des coudes adverses avec le Double Coup de Pied, vous répétez la technique en ciblant les côtés de la tête de l'adversaire, en essayant de connecter avec les talons. Les jambes seront légèrement pliées à l'impact, mais le principe derrière le *Double Coup de Pied en Croissant Intérieur* reste le même. Saisissez alors un de ses poignets en repoussant la hanche opposée. Tordez vous et utilisez votre autre pied pour le placer en position classique de clé de bras. Une fois que vous le contrôlez, vous pouvez lui plier le bras, lui tordre le poignet et passer en position de clé de bras par torsion. De cette position, vous pouvez le frapper dans les reins à répétition avec des Coups de Talon Descendants en série.

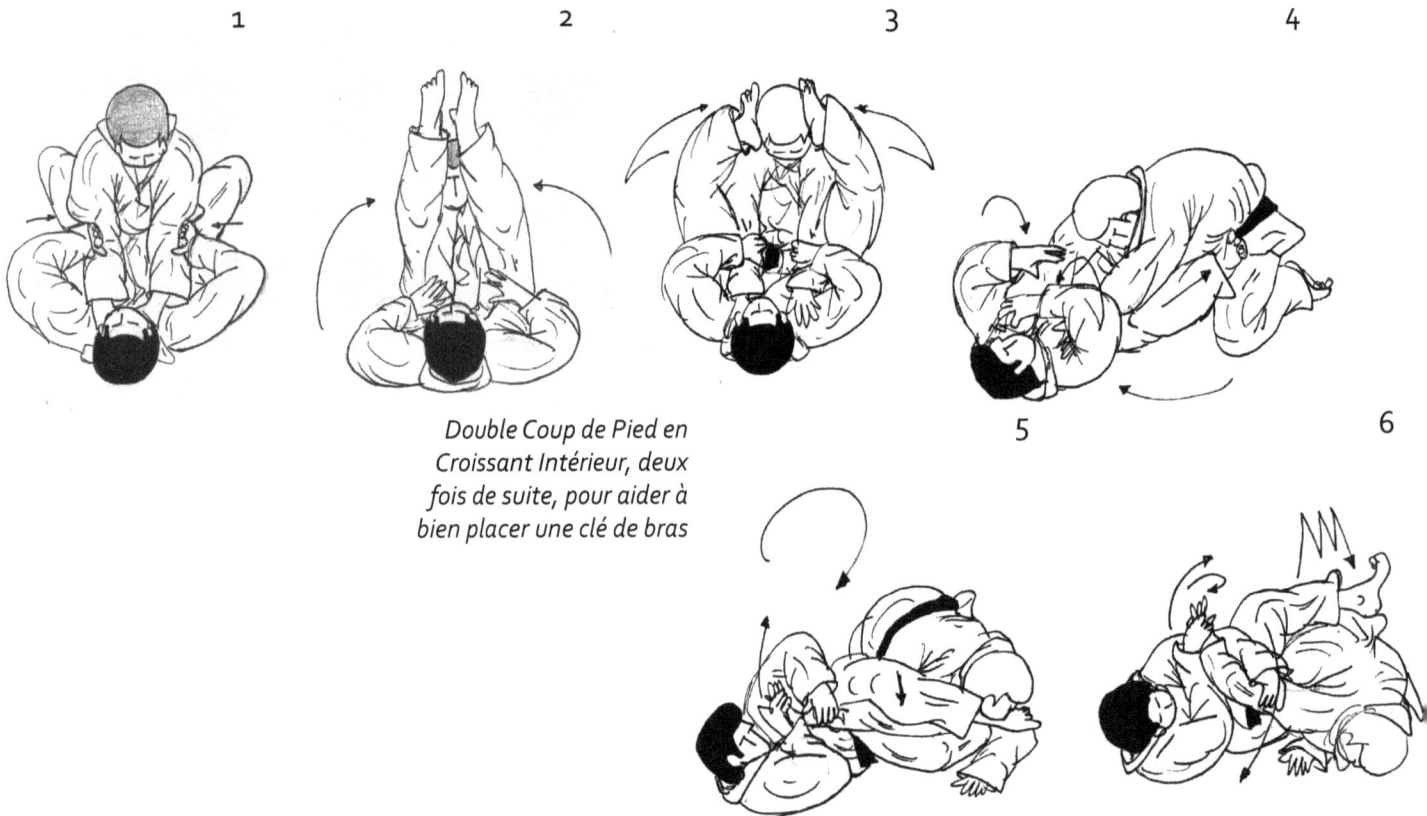

1 2 3 4

Double Coup de Pied en Croissant Intérieur, deux fois de suite, pour aider à bien placer une clé de bras

5 6

Ne jugez pas chaque jour par sa récolte, mais plutôt par les graines que vous avez plantées.
~Robert Louis Stevenson

21. Le Coup de Pied Assisté avec Traction

Général

Il s'agit d'une technique très exotique, typique des styles de *Silat* Indonésiens, mais bien plus efficace qu'il ne peut paraître. Nous allons la décrire brièvement. Les Coups de Pied spéciaux de ce genre requièrent beaucoup d'entraînement pour devenir naturels, mais ils deviennent alors des manœuvres complètement inattendues qui sont à disposition du combattant expérimenté. Les techniques que nous allons présenter vont aussi pouvoir servir de base pour toutes sortes de variations et pour une recherche personnelle par les Artistes intéressés. **Les Coups de Pied avec Traction** sont fantastiques, parce que la-dite traction aide l'exécution fluide, tire l'adversaire dans le Coup de Pied et l'empêche d'esquiver !

Dans le cas spécifique présenté ici, la saisie du poignet adverse permet même un Double Coup de Pied. Le placement du pied sur la jambe adverse pour 'Assistance' peut être à l'origine d'un Coup de Pied complet par lui-même (Souvenez-vous que votre saisie l'empêche de reculer). La mise en place décrite permet le suivi avec plusieurs sortes de Coups de Pied : de Face, Fouetté, Latéral et même plus. Continuez à lire et tout deviendra clair.

Description

Les Dessins illustrent **la version de base du Fouetté Assisté**. Vous saisissez le poignet avant de l'adversaire, et frappez son genou avant avec un Coup de Pied de Face au Sol (avec pied en oblique vers l'extérieur). Vous vous appuyez sur votre main libre au sol. Evidemment, vous n'allez pas revenir en chambrée, mais vous laissez votre pied sur son genou (ou cuisse) comme point d'ancrage pour Assister le plat de résistance. Vous faites usage de **(1)** votre main libre au sol, **(2)** son genou, et **(3)** son poignet saisi, pour vous tirer/pousser dans un pivot aérien qui se conclut par un Fouetté à la tête. Le premier Coup de Pied (d'ancrage) pourrait cibler la hanche, et le second Coup pourrait être Latéral. Explorez toutes les possibilités et décidez par vous-même.

Le Coup de Pied Fouetté Assisté au Sol avec Traction

Application typique

Et les Figures suivantes montrent la variation du même mouvement de base en Coup de Pied Latéral.

Le Coup de Pied Latéral au Sol, Assisté avec Traction

Self défense

Les dernières Illustrations vont montrer la technique exécutée comme un **Coup de Pied Plongé**, juste après avoir saisi le poignet avant adverse. Les principes restent identiques. Il s'agit d'une manœuvre sournoise et puissante, une fois la technique maîtrisée. Frappez le genou adverse avec le premier Coup de Pied, tout en vous laissant descendre au sol. Le second Coup de Pied démarre dès que votre main libre atteint le sol. Même si vous ne l'utiliserez jamais, pratiquez cette technique intéressante pour votre maîtrise générale de l'Art du Coup de Pied et pour ... le fun.

Le Coup de Pied Fouetté Plongé Assisté avec Traction

La rapidité est l'essence même de la guerre.
~Sun Tzu

22. Le Coup de Pied Arrière au Sol

Général

Le Coup de Pied Arrière au Sol est probablement le plus puissant des Coups de Pied au Sol, en raison des muscles sollicités, juste comme pour les versions de base debout. Mais, tout comme pour la version debout, le désavantage sera la vision limitée de l'adversaire qui se trouve ... derrière vous. **Le Coup de Pied Arrière au Sol** est pourtant très utile dans les situations dynamiques et dans les combinaisons de Coups qui vous amènent dans la bonne position de chambrée. Quelques exemples suivent. Ce Coup de Pied est aussi, aux yeux de l'auteur, un des meilleurs Coups de Pied au Sol pour précéder une Remise Debout.

Le Coup de Pied Arrière au Sol

Description

Juste comme pour les Coups de Pied de base debout correspondants, les **2** Coups de Pied Arrière au Sol de base sont respectivement *avec Pivot Avant* et *avec Pivot Arrière* (Retournement). Le lecteur est invité à consulter notre ouvrage sur les Coups de Pied de Base (*Le Grand Livre des Coups de Pied*) pour les principes du Coup de Pied Arrière. La différence entre les 2 versions sera claire après la consultation des Figure Comparatives. Dans la *version de Pivot Avant*, c'est la jambe qui bouge la première qui exécutera aussi le Coup de Pied. Dans la *version Retournée* (Pivot Arrière), la jambe qui commence le mouvement va au sol pour permettre la frappe de l'autre pied. Que vous pivotiez vers l'avant ou vers l'arrière, il reste impératif que le Coup de Pied soit délivré **en ligne droite**, indépendamment du mouvement de pivot. Tout comme pour les versions debout, la clé du succès est la transition parfaite entre vecteur circulaire et vecteur droit ; tout débordement entre les deux élans va causer une trajectoire diagonale qui fera manquer la cible.

Le Coup de Pied Arrière au Sol en Pivot Avant, comparé au Coup de Pied Arrière Retourné au Sol (Pivot Arrière)

Points clé

- Frappez *en ligne droite*, sans être influencé par l'élan circulaire du pivot.
- *Poussez les hanches* (vers l'arrière) dans le Coup de Pied, en prenant avantage des 3 points d'ancrage au sol (2 mains et un genou/pied).
- Ramenez vigoureusement *en Chambrée*.
- Essayez le *minimiser la période aveugle* pendant laquelle vous n'avez pas les yeux sur l'adversaire.

Cibles

Il s'agit d'un Coup de Pied très puissant ; toutes les cibles sont pertinentes, du tibia et jusqu'au visage.

Applications typiques

L'utilisation la plus appropriée du *Coup de Pied Arrière au Sol* est comme **suivi d'un Coup de Pied Circulaire** dont l'élan facilitera le pivot vers la Chambrée. Nous ne répèterons cependant pas assez que le mouvement circulaire doit être totalement stoppé avant que le Coup de Pied ne puisse démarrer et se développer en ligne droite depuis la position de Chambrée. Les Dessins qui suivent montrent la version *avec Pivot Avant* du Coup de Pied comme un suivi naturel du Coup de Pied de Blocage en Croissant au Sol. La facilité de la transition entre Croissant et Coup de Pied Arrière au Sol est identique à celle des versions debout. Dans notre exemple, le Coup de Pied Arrière vise le genou avant adverse.

Coup de Pied en Croissant au Sol, suivi d'un Coup de Pied Arrière au genou adverse

La version dynamique Retournée (Pivot Arrière) va être illustrée comme **le suivi d'un Fouetté au Sol.** Le principe du pivot reste le même et les 2 Coups de Pied se mélangent harmonieusement dans le même mouvement circulaire. Dans notre exemple, un Coup de Pied Fouetté d'Arrêt par Timing au Sol qui vise les parties génitales va stopper un assaillant qui approche de façon menaçante. La technique va alors évoluer dans un puissant Coup de Pied Arrière Retourné au Sol vers les mêmes parties. Voir les Illustrations en haut de la page suivante. ➡

De Fouetté au Sol aux testicules, à Coup de Pied Arrière Retourné au Sol

Nous avons déjà mentionné que le Coup de Pied Arrière est probablement le meilleur des **Coups de Pied de Remise Debout** parce qu'il peut être exécuté tout en se redressant, et aussi parce que le Retour en Chambrée vous place dans une position de laquelle il est facile de tout à fait se relever.

Et pour terminer, c'est aussi un *Coup de Pied de Repoussée* très puissant qui peut envoyer votre adversaire planer vers l'arrière, ce qui vous laissera assez de place et de temps pour vous remettre en garde debout.

Un exemple de Remise Debout avec le Coup de Pied Arrière

Toutes les variations du Coup de Pied Arrière se prêtent à une version au sol. Notre livre précédent sur les Coups de Pied de base (*Le Grand Livre des Coups de Pied*) comprend un Chapitre complet à propos des Coups de Pied Arrières normaux debout. Nous fournirons quelques exemples dans la section de Self défense, mais le lecteur est invité à expérimenter au sol et à extrapoler à partir des versions Arrières qui 'marchent' bien pour lui. Un exemple que j'aime beaucoup est présenté en haut de la page suivante ; il s'agit de **la version au sol du Coup de Pied Plongé par-dessus la Tête**, une technique très surprenante et efficace. ➤

Le Coup de Pied Arrière Par-dessus au Sol, très inattendu

Entrainement spécifique

- Le Coup de Pied Arrière au Sol, sous toutes ses formes, doit être travaillé pour la puissance *sur le sac de frappe*, que le sac en question soit suspendu, maintenu debout ou jeté vers vous. Il s'agit d'un Coup de Pied de puissance et il se doit d'être pratiqué comme tel. L'exercice de choix est de frapper d'Arrêt un sac lancé vers vous avec force par un partenaire (sac long suspendu, ou sac libre).

- Il est important de *s'entraîner à la version debout des Coups de Pied Arrières* afin de totalement maîtriser les principes de base de ces techniques, et spécialement la transition entre vecteurs circulaires et droits.

Pratiquez le Coup de Pied Arrière au Sol sur un sac de frappe jeté vers vous par un partenaire

Self défense

Les Figures en haut de la page suivante illustrent l'importante **version de 'Crochetage des Testicules' du Coup de Pied Arrière** : vous frappez les parties adverses de par-dessous et puis crochetez de retour vers l'avant avec le talon afin de bien tirer les testicules. Dans l'exemple présenté, vous exécutez le Coup de Pied alors que l'adversaire vous contrôle en poussant vers le bas dans une clé de bras classique dans le dos. Dans cette situation, vous n'avez que 2 points d'ancrage au sol (une main et un genou), mais la puissance nécessaire pour frapper les parties génitales est moindre que pour un Coup de Pied Arrière normal. Laissez-vous pousser vers le bas pendant que vous frappez du pied, et assurez vous de bien connecter avec les testicules. Suivez en tendant simplement les jambes avant de rouler pour l'amener au sol. Si vous effectuez cette manœuvre violemment, vous lui causerez aussi des dommages articulaires.

Le Coup de Pied Arrière Par-dessus au Sol contre une tentative de clé de bras

Et les derniers Dessins illustrent l'utilisation du Coup de Pied **dans une esquive classique d'un 'Low Kick' adverse en position debout**. Vous esquivez et absorbez le Coup de Pied Bas Circulaire en vous retournant tout en pliant le genou attaqué jusqu'au sol ; en fait, vous 'accompagnez' le Coup de Pied d'attaque. Votre adversaire n'a certainement pas tenu compte de ces mouvements et de ces distances, et il va se sentir comme un enfonceur de porte ouverte. Votre pivot descendant va alors tourner en *Coup de Pied Arrière Retourné du Sol* vers sa hanche, ce qui devrait l'envoyer en arrière. Ramenez la jambe en chambrée et complétez votre pivot jusqu'à une position de garde. La position finale de l'exercice pourrait être, par exemple, celle du crabe afin de pouvoir le poursuivre agressivement.

Esquive du genou devient Coup de Pied Arrière Retourné Plongé

Photos Illustratives

Le Coup de Pied Arrière classique, debout

Le Coup de Pied Arrière classique de base debout, **en pivot vers l'avant**

Le Coup de Pied Arrière Retourné Court

Le Coup de Pied Arrière Super-court de combat rapproché

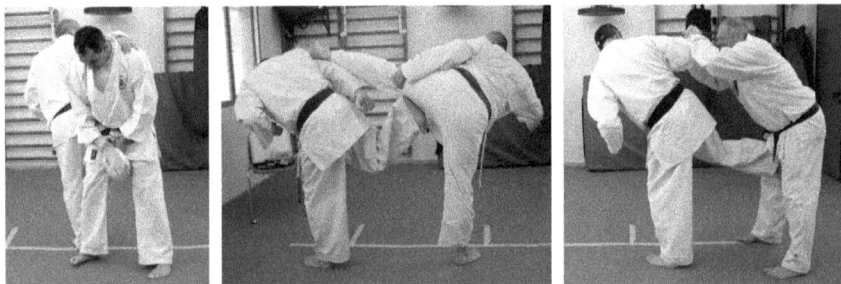

Exemples de Coups de Pied Arrières avec Crochetage

Le Coup de Pied Arrière Plongé d'esquive

Le Coup de Pied Arrière Montant en Uppercut

*Le Coup de Pied Arrière
Descendant de base*

*Le Coup de Pied Arrière du Sol
classique*

Le Coup de Pied Arrière Par-dessus de Sacrifice

23. Le Double Coup de Pied Arrière au Sol

Général

Le nom de la technique est clair : il s'agit de *la version au sol du Double Coup de Pied Arrière Plongé de base*, une manœuvre très puissante mais aveugle qui est parfois appelée **Coup de Pied de Mule** pour des raisons évidentes. Cette technique est surtout utile comme Coup de Pied d'Arrêt, car elle est assez puissante pour pouvoir stopper les plus énergétiques des élans adverses vers vous. Les désavantages évidents sont le manque de contact visuel, l'engagement total et sans retour nécessaire, ainsi qu'une grande dépense d'énergie requise. C'est cependant un Coup de Pied important à connaitre : pratiquez-le et vous pourriez vous retrouver un jour dans une position parfaite pour son utilisation.

Description

Tout comme un cheval ou une mule, vous placez le poids du corps sur les mains (ou poings) et sautez pour lancer *simultanément* les deux pieds en Coups de Pied Arrières aériens. Les Photos illustrent clairement la technique.

Le Double Coup de Pied Arrière au Sol appuyé sur les poings fermés

Points clé

- N'exécutez qu'avec *engagement total.*
- Ce sont des Coups de Pied Arrières classiques qui passent par une *pleine chambrée* et explosent dans la frappe.
- *Poussez vos hanches et tout votre corps* dans le Coup de Pied en poussant des mains à l'impact.
- *Revenez vers la chambrée* avant d'atterrir, même si seulement partiellement.

Cibles

Il s'agit d'un Coup de Pied 'aveugle' dont le but est de stopper un élan adverse vers vous. Il faut donc viser les alentours du centre de gravité de l'adversaire : *parties génitales, bas-ventre, côtes et plexus solaire.*

Application typique

Les Figures suivantes illustrent l'utilisation de la technique comme **Coup de Pied d'Arrêt**, ce qui est probablement l'usage le plus courant et le plus adéquat. L'adversaire approche ; vous roulez en position de départ et frappez !

Le Double Coup de Pied d'Arrêt Arrière au sol

Entraînement spécifique

L'entraînement devrait avant tout se concentrer <u>sur la vitesse de la prise de position de départ.</u> La pratique de la puissance peut attendre. Le meilleur exercice est alors l'exécution contre un sac de frappe lancé vers vous.

Self défense

La série illustrée par les Figures ci-bas montre comment appâter votre adversaire avec un Coup de Pied Fouetté raté (exprès ou non). Vous l'empalez alors sur votre **Double Coup de Pied Arrière quand il arrive pour contrer**. Comme illustré, votre adversaire approche de façon menaçante. Au lieu de reculer, frappez du poing vers ses parties génitales et puis roulez pour exécuter un Fouetté dans la direction générale de sa tête. Le Fouetté ne scorera probablement pas, bien que si oui, c'est encore mieux. Prenez alors avantage de l'élan du Fouetté pour compléter le Roulé vers la position de départ du *Double Coup de Pied Arrière*. Votre assaillant, pour sa part, vous verra avoir raté votre attaque et vous verra présenter le dos; une contrattaque lui sera irrésistible. Et ... **Double Coup de Pied Arrière d'Arrêt** !

Attirez votre attaquant dans le piège d'un Double Coup de Pied Arrière d'Arrêt

LE DOUBLE COUP DE PIED ARRIÈRE AU SOL   191

Double Coups de Pied Arrières
au Sol

**Si vous voulez apprendre à nager, sautez à l'eau. Sur la terre
ferme, il n'existe pas d'état d'esprit qui puisse jamais vous aider.
~Bruce Lee**

Général

Nous introduisons ce Coup de Pied Double pour être complets, et dans l'esprit des Double Coups de Pied déjà rencontrés, Latéraux et Arrières. **Le Double Coup de Pied Fouetté au Sol,** est à nouveau, la version au sol du Double Coup de Pied Fouetté Plongé de base illustré ici et décrit en détail dans notre *Grand Livre des Coups de Pied*. C'est une technique surprenante et très puissante, et spécialement utile quand elle vise les alentours des partie génitales. L'onde de choc à l'impact dans la région générale des testicules permet de ne pas être très précis, et elle secouera le plus agressif des adversaires. Il faut cependant noter que la technique se doit de démarrer depuis un mouvement dynamique et qu'elle requiert un engagement total sans possibilité de retour.

Le Double Coup de Pied Fouetté Plongé contre un Coup de Pied Haut adverse

Description

Depuis une position agenouillée, pivotez pour placer les deux mains au sol sur votre côté. Depuis cette position de départ, sautez en double chambrée en vous appuyant sur les deux mains. Tendez les jambes pour frapper en trajectoire circulaire fouettée classique. Essayez de connecter avec la cible *simultanément* des deux pieds et juste avant d'avoir complètement tendu les jambes. Frappez *au travers de la cible avec tout le corps.*

Le Double Coup de Pied Fouetté au Sol

Points clé

- Les Coups de Pied sont de vrais Fouettés, qui requièrent *la chambrée classique, une extension 'fouettée' et un retour vigoureux en chambrée* après une pénétration de quelques centimètres dans la cible.
- Il faut *s'engager à fond*, sans arrière-pensée de retour.
- Utilisez *les hanches et tout le corps* pour énergiser les Coups de Pied.

Cibles

Il s'agit d'un *Coup de Pied de Concussion* qui doit envoyer une onde de secousse ; tout le corps est donc une cible valable depuis le genou jusqu'à la tête, mais il y a une nette préférence pour *la région génitale générale.*

Applications typiques

Nous avons déjà mentionné que la technique doit démarrer dans un contexte dynamique, tout comme la version plongée correspondante. Il est nécessaire de frapper du pied ou de se déplacer au sol afin d'acquérir la position adéquate de départ. Et il est important de se souvenir *de ne pas stopper avant de démarrer le Coup de Pied* : un mouvement continu sans accroc est nécessaire pour surmonter tout problème d'inertie. Dans notre exemple ci-bas, vous surprenez un adversaire en le poursuivant de façon agressive, en commençant **avec un Roulé Avant qui se coule dans la position de départ du Coup de Pied.**

De Roulé Avant à Double Coup de Pied Fouetté du Sol

De nombreuses variations sont possibles. Les Illustrations en haut de la page suivante montrent une complexe, mais intéressante, **version Descendante Assistée**. Le lecteur peut voir clairement comme le Coup d'Arrêt au genou pour stopper l'avance adverse devient une prise d'appui pour assister le saut en Double Coup de Pied. Il est important de noter que la version Descendante du Fouetté additionne le poids de vos jambes à l'énergie intrinsèque du Coup de Pied (double).

→

Le Double Coup de Pied Fouetté Descendant Assisté du Sol

Entrainement spécifique

- Pratiquez la puissance *au sac de frappe*.
- Pratiquez vitesse, pénétration et précision sur *une Médicine Ball tenue par un partenaire* : essayez d'envoyer la balle le plus loin possible.

Self défense

Nous avons déjà mentionné que *le Double Fouetté au Sol* est une excellente technique pour la self défense si on cible *les parties génitales,* et ce, de par l'effet de concussion. Mais il se doit de toujours enchaîner après impact !

Le Double Coup de Pied Fouetté au Sol vers les testicules de l'assaillant

Bon, meilleur, mieux. Ne vous reposez jamais. Jusqu'à ce que votre bon devienne meilleur et votre meilleur devienne le mieux.
~St. Jerome

25. Le Coup de Pied en Croissant Extérieur au Sol

Général

La version au sol du Coup de Pied en Croissant Extérieur est relativement puissante à cause du mouvement du corps nécessaire ; en fait tout juste comme pour le Croissant Intérieur. Mais il s'agit une fois de plus d'une manœuvre dynamique qui doit démarrer après un Retourné, ou, au minimum d'une position à jambes croisées. C'est un Coup de Pied qui suit (ou précède) tout naturellement un Croissant Intérieur ou un Fouetté. En deux mots : une excellente technique, mais jamais utilisée isolément.

Coup de Pied en Croissant Extérieur au Sol qui démarre d'une position jambes croisées

Description

Les Figures qui suivent illustrent l'exécution du Coup de Pied avec emphase sur les positions de départ et d'arrivée. Comme la technique est en fait l'image-miroir du Croissant Intérieur, cela est simple à comprendre pour le lecteur expérimenté.

Coup de Pied en Croissant Extérieur au Sol, de base

Une version très courante du Coup de Pied est l'exécution avec l'utilisation **de la balle des orteils comme arme d'impact.** Pour se faire, il est nécessaire de pivoter plus tôt et de délivrer de façon plus 'fouettée'. Il s'agit en fait de la **version au sol du Coup de Pied Fouetté Inversé** (*Gyacku Mawashi Geri – Karatedo*) [Le Fouetté Inversé qui est présenté dans notre *Grand Livre des Coups de Pied* sous la nomenclature de 'Coup de Pied de Face avec Pied Penché vers l'Extérieur', sera illustré dans la section des Photos Illustratives plus bas]. Le principe reste le même et est facile à comprendre.

➤

Le Coup de Pied Fouetté Inverse au Sol, un parent proche du Croissant Extérieur

L'autre mouvement préféré pour précéder le Croissant Extérieur est *le pivot de Retournement*. Les Dessins qui suivent ne nécessitent pas d'explications. On peut, à ce sujet, se référer à la version debout de base du Coup de Pied Retourné en Croissant Extérieur, ou même à la version très proche du Coup de Pied Crocheté Retourné au Sol (déjà rencontrée). Il est clair que le Retournement vous amène de façon naturelle à un Croissant Extérieur très puissant.

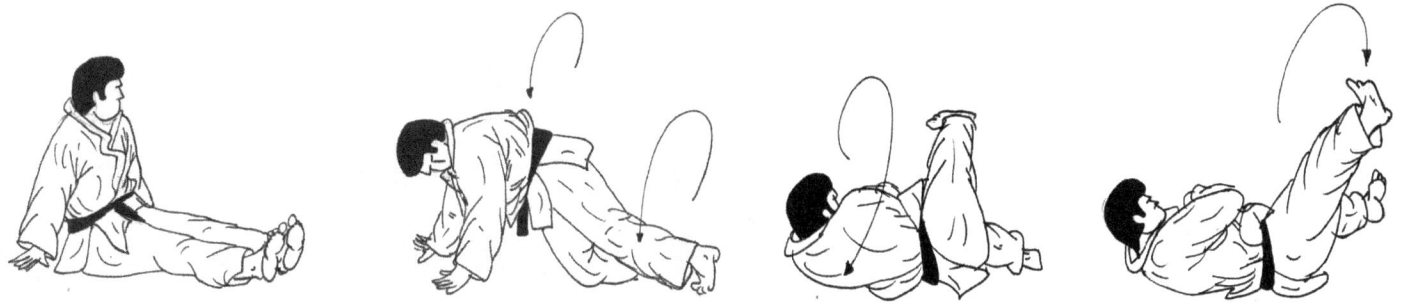

Le Coup de Pied Retourné en Croissant Extérieur au Sol

Points clé

- Le Coup de Pied est exécuté avec *une torsion de tout le corps*, at pas seulement avec la jambe.
- Tirez *d'abord votre hanche*, et puis seulement la jambe.
- Démarrez toujours d'une *position dynamique* sans inertie à vaincre.

Cibles

Visez *la tête, les testicules ou un membre* adverse qui s'étend dans votre direction. Les autres cibles possibles ne sont pas assez vulnérables pour cette technique.

Applications typiques

Les Figures suivantes illustrent l'utilisation la plus classique de la technique : **entre deux Fouettés** ! Le Premier Fouetté passe 'au travers' de l'adversaire et rebondit sur le sol pour aider au changement de direction. Le pivot s'inverse dans un Coup de Pied en Croissant Extérieur avec la même jambe et propulsé par les hanches. Et Ce Croissant Extérieur va alors tirer les hanches dans un suivi naturel par Fouetté de l'autre jambe. Toute la manœuvre doit se faire *en un seul mouvement sans accrocs ou interruptions.*

Le Coup de Pied en Croissant Extérieur au Sol, en sandwich entre deux Fouettés au Sol

Un autre Coup de Pied très complémentaire au Croissant Extérieur au Sol est *le Croissant Intérieur* qui est lui aussi Circulaire. Juste comme pour le Fouetté, le Croissant Intérieur suit ou précède très naturellement le Coup de Pied en Croissant Exterieur au Sol. Dans les Illustrations qui suivent, le Coup de Pied en croissant Extérieur au Sol est utilisé pour bloquer le Coup de Poing d'un assaillant. L'élan de ce Blocage de Pied peut être alors utilisé tout naturellement pour suivre sans à-coups avec un formidable Croissant (Intérieur) à la tête.

Blocage de Pied en Croissant Extérieur au Sol, suivi naturellement par un Coup de Pied en Croissant (Intérieur) au Sol

Entrainement spécifique

- C'est un Coup de Pied qui doit *traverser la cible* ; il faut le pratiquer pour vitesse et puissance contre un gant ou une cible de frappe tenue à la hauteur adéquate par un partenaire.
- Frapper une '*Médicine Ball*' *tenue par un partenaire* sera aussi un excellent exercice.

Self défense

Les Coups de Pied en Croissant au Sol sont évidemment des fantastiques **Coups de Pied de Blocage**. Ils peuvent être très utiles pour bloquer des Coups de Pied Ecrasants ou de Talon Descendant (en 'Hache') par un attaquant debout. Il faudra alors suivre, de préférence avec d'autres Croissants ou Fouettés comme expliqué plus haut.

Coup de Pied en Croissant Extérieur au Sol contre une attaque écrasante

Et les dernières Illustrations montrent **un Roulé rapide entre un Fouetté au Sol vigoureux et un Coup de Pied Retourné en Croissant Extérieur**. Il s'agit évidemment d'un mouvement très naturel qui a aussi l'avantage de vous éloigner de l'axe central de combat. Dans cet exemple, vous vous préparez devant l'avance menaçante d'un assaillant, et vous l'attaquez agressivement du pied aux parties dès qu'il arrive à distance. L'élan de ce premier Fouetté au Sol (vers ses testicules) vous amène dans un pivot de Retournement que vous accentuez afin de vous retrouver, après un cercle complet, en position pour un **Croissant Extérieur**. Le Roulé de Retournement donne à votre Croissant beaucoup d'énergie et vous frappez alors au travers de sa tête. Continuez à prendre avantage de cet élan pour un Coup de Pied Retourné supplémentaire; notre exemple présente un Coup de Pied Crocheté Retourné au Sol, mais cela pourrait tout aussi bien être encore un Croissant Extérieur Retourné de plus.

Deux pivots complets dans cette combinaison au sol : Coup de Pied Fouetté d'Arrêt aux parties, Croissant Extérieur Retourné et Crocheté Retourné

Trois exécutions
du Coup de Pied
en Croissant
Extérieur de
base debout

Une exécution du
Croissant Extérieur
debout en combat
rapproché

Le Coup de Pied en Croissant
Extérieur Retourné de base

Le Coup de Pied de Face avec
Pied Tourné vers l'Extérieur, de
base, aussi nommé Coup de Pied
Fouetté Inverse

Un autre exemple de Fouetté Inverse debout

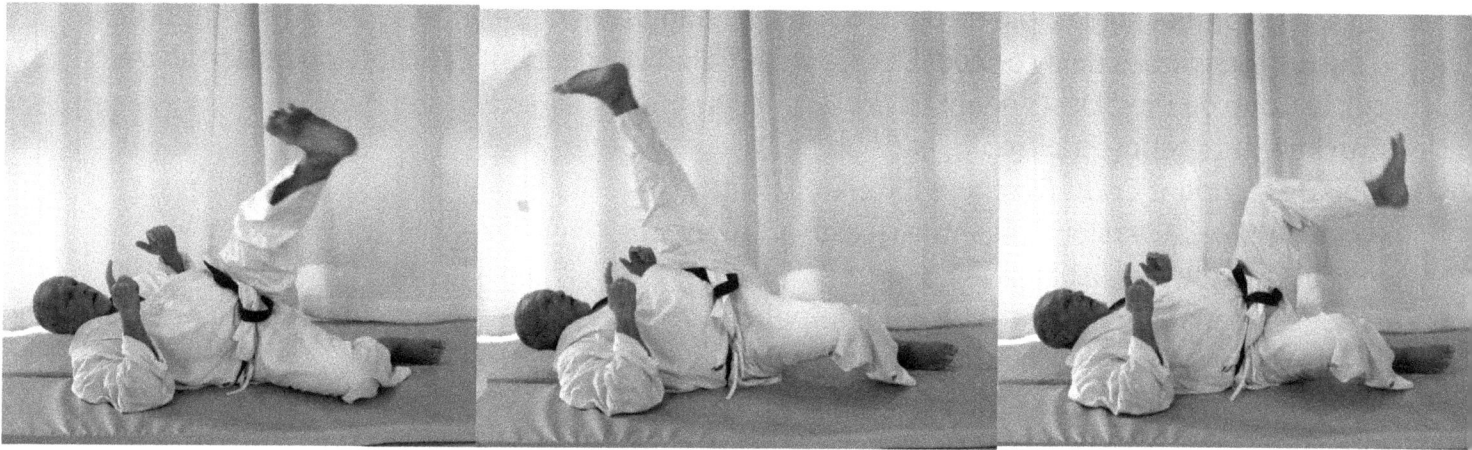

La version haute du Coup de Pied en Croissant Extérieur au Sol, généralement un Blocage du Pied contre un adversaire tout-à-fait au-dessus de vous

La mesure de qui nous sommes est ce que nous faisons avec ce que nous avons.
~Vince Lombardi

26. Le Coup de Pied de Hache au Sol

Général

Le Coup de Pied de Hache est le nom commun du **Coup de Talon Descendant,** un Coup de Pied essentiel de base présenté en détail dans nos ouvrages précédents. La version au sol est très importante car elle est très puissante quand exécutée comme il faut : le poids de la jambe et la gravité s'ajoutent à la force du Coup de Pied. Acceptez avec grâce l'aide que vous apporte cette force de gravité universelle. Evidemment cette technique n'est pas applicable dans toutes les situations, mais quand elle l'est, employez-la ! Levez simplement votre jambe tendue et laissez-la tomber sur la cible de par le haut. Ce Coup de Pied présenté ici est un parent proche d'autres techniques déjà connues : Le Coup de Talon Descendant Crocheté au Sol (*chapitre*

19), le Coup de Pied Descendant Court Crocheté Intérieur (*chapitre 15*), et Coup de Pied Descendant Court Crocheté Extérieur (*chapitre 16*). La version présentée ici est exécutée droit vers le bas, avec la jambe tendue et sans Crochetage. Il y a évidemment de nombreuses versions hybrides intermédiaires entre toutes ces techniques similaires ; choisissez selon la situation, votre physique et votre tempérament.

Levez la jambe tendue et frappez vers le bas

Description

Comme déjà mentionné (et facilement compréhensible par comparaison avec la technique debout de base), vous crashez juste votre jambe de haut en bas à travers la cible. Si le chemin de la chambrée (*montée de la jambe*) est encombré par la cible elle-même ou quelque chose d'autre, levez la jambe avec une trajectoire de Croissant Intérieur ou Extérieur ; une fois à l'apex, frappez vers le bas avec puissance sur une trajectoire *rectiligne*.

Le Coup de Pied en Hache au Sol de base

Evidemment ce Coup de Pied est généralement utilisé dans un contexte dynamique et non depuis une position de départ immobile. Une des versions les plus intéressantes et les plus puissantes de la technique est exécutée *à la fin d'un Roulé Avant*. Le Roulé permet une approche sûre et inattendue tout en s'ajoutant à l'Energie du Coup de Pied ; ce mouvement au Sol est aussi très difficile à contrer. Cette version Roulée du Coup de Pied peut aussi être exécutée depuis une position debout et devient alors un « **Coup de Pied en Descente de Colline**» (*Rolling Hill Kick*) très typique des Arts Coréens et Sud-Asiatiques. *Le Coup de Pied de Hache à la fin d'un Roulé Avant* peut en fait être délivré avec l'une ou l'autre jambe, comme illustré ci-bas. Frapper avec le second pied « qui arrive » (opposé à l'épaule sur laquelle vous roulez) est plus puissant mais prend plus de temps ; c'est donc plutôt un « coup de grâce ».

Le Coup de Pied en Hache au Sol après Roulé, de base

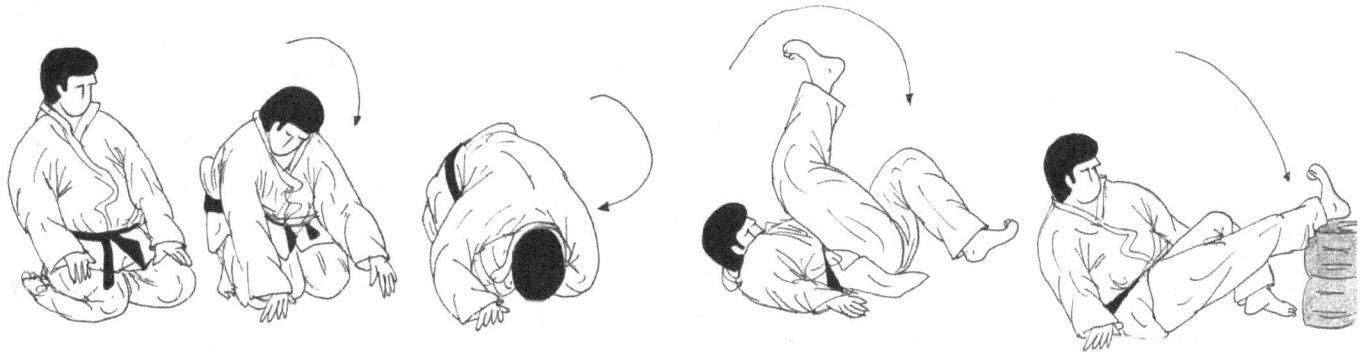

Le Roulé Avant et frappe en Hache avec le 'second' pied

Points clé

- Le Coup de Pied est délivré avec la puissance *de la ceinture abdominale*, dont la jambe n'est qu'une extension.
- Frappez *au travers* de la cible ; il n'y a ni retour en chambrée, ni crochetage.
- Utilisez tout votre corps dans la technique, tout votre élan et toute l'accélération de la gravité ; il s'agit d'un *Coup de Pied de Non-retour a engagement total*.

Cibles

Ce Coup de Pied est très puissant et convient à l'attaque de tout ce qui peut être ciblé de haut en bas, selon la position relative des protagonistes. Généralement, *la partie supérieure du pied, la cuisse, les testicules et la tête*, mais aussi bien d'autres choses. Par exemple, si vous vous trouvez avec un adversaire couché sur le ventre, toute la face ouverte au ciel vous est offerte, absolument toute : *la nuque, la tête, la colonne vertébrale, les omoplates, les reins, le coccyx, le talon d'Achille,...* Et s'il a atterrit sur le dos : *le visage, la gorge, le plexus solaire, les parties génitales, les genoux, les tibias,...*

Les cibles les plus courantes pour le Coup de Pied en Hache au Sol : orteils, cuisse, testicules, tête

Applications typiques

Si vous n'êtes pas à bonne distance pour un Roulé Avant/Coup de Pied en Hache, vous pouvez essayer **la version Humty-dumpty** qui est basée sur le même principe. Elle sera un peu moins puissante, mais bien assez efficace. Vous pouvez aussi utiliser cette technique en prenant avantage *du Roulé Arrière Humpty-dumpty* pour esquiver une attaque. Dans l'exemple illustré ci-bas, vous esquivez un Fouetté au Sol en roulant vers l'arrière, mais vous revenez immédiatement avec un contre très puissant.

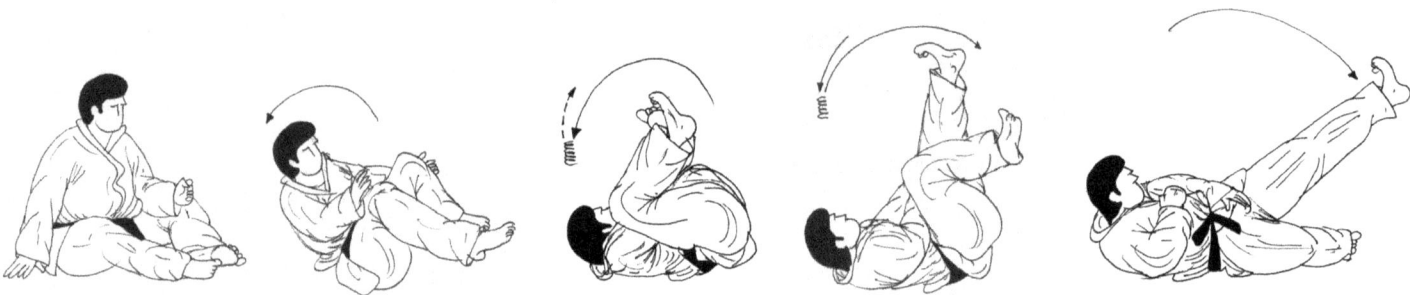

La version Humpty-dumpty du Coup de Pied Roulé en Hache au Sol

Roulez vers l'arrière pour esquiver un Fouetté vers votre tête, et revenez en Humty-dumpty pour un Coup de Talon Descendant au Sol en Hache vers l'articulation de la hanche offerte

Entrainement spécifique

Il s'agit d'un Coup de Pied à engagement complet qui nécessite une pratique pour le développement d'une puissance maximum. La meilleure cible d'entraînement est le vieux pneu, ou plusieurs pneus en pile comme illustré précédemment. On peut aussi utiliser un sac de frappe jeté au sol. La technique est simple à comprendre et à exécuter, mais ça ne veut pas dire qu'on peut se passer de pratique !

Self défense

Nous avons déjà mentionné précédemment les '**Stripping Kicks**' pour vous libérer de la saisie d'une de vos chevilles au sol. Si vous utilisez le Coup de Pied en Hache sans crochetage, la frappe sera bien plus puissante et causera probablement des dommages articulaires au poignet adverse. Mais la technique n'est pas applicable dans toutes les situations : si votre attaquant est déjà très près et si votre jambe saisie est pliée, un Coup de pied Crocheté sera préférable. Et souvenez-vous que ces Coups de pied de 'Stripping' (*de Libération*) se doivent d'être utilisés immédiatement à la saisie, sans délai !

Le Coup de Pied de Libération en Hache au Sol

Un *Coup de Talon Descendant en Hache* à toute puissance *aux testicules* adverses devrait certainement être assez pour conclure un combat. Dans l'exemple illustré par les Figures ci-bas, vous stoppez l'approche d'un attaquant en allant de l'avant avec un Coup de Pied de Face au Sol agressif et préemptif qui vise ses testicules. Suivez immédiatement en l'amenant au sol par une ouverture violente de ses jambes. Chambrez votre *Coup de Pied en Hache* dès qu'il commence à tomber vers l'arrière. Frappez ses parties génitales à son atterrissage. Aille !

Le Coup de Pied en Hache au sol doit toujours suivre une projection depuis la position couchée

Une Amenée au Sol sophistiquée mais intéressante, basée sur le Coup de Pied en Hache *de style Humpty-dumpty,* est présentée ci-bas. Vous esquivez un assaillant qui vous approche par derrière en roulant latéralement vers l'arrière et hors de l'axe central. Votre cumulet arrière tourne en *Coup de Pied en Hache de style Humpty-dumpty* qui vise le creux arrière des genoux de l'assaillant (qui est toujours sur son élan avant). L'impact de frappe peut être léger pour une amenée au sol, ou peut être dur pour une attaque articulaire. Ce n'est pas une manœuvre très pratique, mais c'est un excellent exercice de déplacement au sol.

Coup de Pied en Hache Humpty-dumpty autour d'un attaquant

De nombreuses techniques de lutte au sol sont enseignées et pratiquées comme des mouvements de poussée et de contorsion, mais ces techniques *peuvent et doivent être transformées en Coups de Pied puissants* dans une situation de défense de soi. L'exemple qui suit va clarifier cela et peut être appliqué à de nombreuses techniques de *Judo*, de *Ju jitsu* et de Lutte. Tout simplement : habituez-vous à donner un Coup de Pied chaque fois que vous utilisez vos jambes !

Dans notre exemple, vous avez été saisi dans une clé de bras au sol (de type *Nikyo d'Aikido*). Pivotez dans la prise avant qu'elle ne soit fixée, mais stoppez le pivot avant de rouler afin de pouvoir frapper la tête adverse d'un Coup de Talon en Hache (ou hybride Coup de Pied Crocheté). Une fois que vous l'avez frappé, il vous sera bien plus aisé de finir de vous libérer et de le contrer avec votre propre Arm lock (*Ude Hishigi Juji Gatame – Judo*).

En situation de lutte au sol, frappez du pied dès que vous pouvez ; le Coup de Pied en Hache au Sol peut être utilisé dans de nombreuses occasions de combat au sol

Exemples de Coups de Pied en Hache debout de base

Le Coup de Talon Descendant Roulé en Hache au Sol

27. Le Coup de Pied en Ciseaux au Sol

Général

Nous allons compléter cette étude des principaux Coups de Pied au Sol avec **le Coup de Pied en Ciseaux**, qui, techniquement, n'est qu'un simple Double Coup de Pied au Sol. En fait : un *Fouetté* d'une jambe, et simultanément un *Crocheté* de l'autre. Il s'agit essentiellement d'un Coup de Pied Articulaire, et c'est ainsi qu'il apparaitra dans notre ouvrage à paraitre à ce sujet. Mais comme il est toujours exécuté au sol, il mérite une mention ici. Ce Coup de Pied cible surtout le genou, mais il est parfois utilisé pour une attaque vicieuse du coude et même du cou dans certains styles. L'idée de base est bien présentée par l'appellation '**Ciseaux**' et consiste à attaquer une articulation par-dessus et par-dessous en directions opposées. Si l'attaque est contre le mouvement naturel de l'articulation, ce sera un dangereux Coup de Pied Articulaire. Si l'attaque va de pair avec le mouvement naturel, ce sera plutôt une Amenée au Sol, mais relativement douloureuse et pas très supportive de la santé articulaire. Le Coup de Pied en Ciseaux vient du vieux Ju Jitsu où il était aussi utilisé comme projection quand exécuté au niveau des hanches ; cette technique de base appelée 'Kani Basami' est maintenant interdite par les règles du Judo moderne à cause des dangers qu'elle pose. Exécutée comme un Coup de Pied, il s'agit en effet d'une technique très agressive.

Le Coup de Pied en Ciseaux ci-haut est surtout une projection ; celui-ci-bas est un dangereux Coup de Pied Articulaire qui va aussi, en plus, l'amener au sol

Kani Basami *classique, suivi tout naturellement d'un Coup de Pied en Hache au Sol*

Description

Les Figures qui suivent illustrent l'exécution de la version « légère » **d'amenée au sol** du Coup de Pied. Une image vaut mille mots.

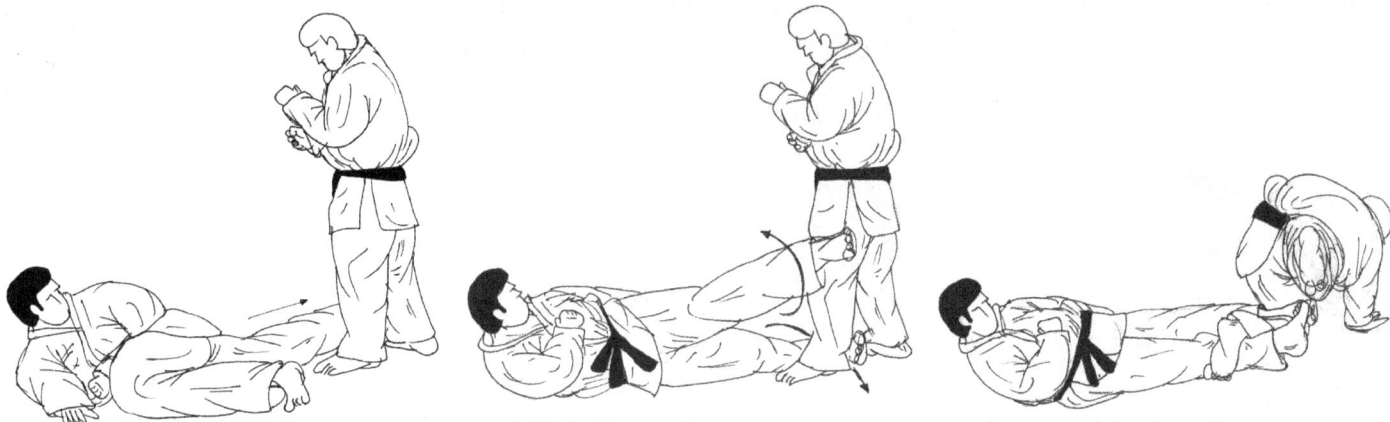

Le Coup de Pied en Ciseaux au Sol, de Projection

Points clé

- Exécutez la technique comme un vrai *Coup de Pied Double* : vite, fort et simultané.
- Frappez *au travers* des cibles.

Cibles

Le genou, le bras, le cou. C'est tout ! Mais surtout l'articulation du genou de tous les angles.

Les cibles du Coup de Pied en Ciseaux au Sol : genou, coude et cou

Application typique

Le Coup de Pied de base est très simple à comprendre. Nous présentons ici une application dynamique de la fantastique Projection de *Ju Jitsu* « Kani Basami », à la fin d'une combinaison active d'attaque debout. Vous commencez avec un Fouetté Sautillé de la jambe avant aux reins adverses, suivi d'un Coup de Poing Fouetté en Revers (*Uraken*) au visage. Suivez avec un rapide Crocheté de la jambe avant à la tête qui vous mettra tout naturellement en position avec les mains au sol. Exécutez la projection par **Coup de Pied en Ciseaux** et suivez immédiatement avec un Coup de Pied en Hache à la tête.

Amenée au sol par un Coup de Pied en Ciseaux Plongé, et ce, au milieu d'une combinaison offensive

Entrainement spécifique

Ce Double Coup de Pied vient de directions opposées et doit être pratiqué de façon à pouvoir frapper *au travers* de la cible dans les deux directions. Le meilleur exercice sera d'utiliser un

bouclier de frappe ou une grande cible de frappe, comme illustré. L'utilisation de deux cibles de frappe séparées tenues par un partenaire a tendance à forcer à une concentration inutile sur la précision.

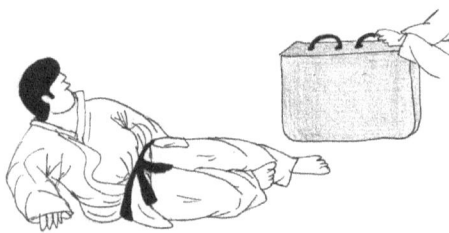

Frappez le bouclier d'entraînement simultanément des deux côtés

3

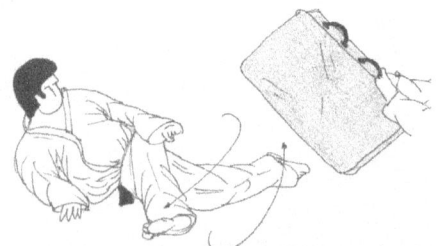

4

Self défense

C'est une technique fantastique pour toute situation dans laquelle vous pouvez placer une des jambes de votre assaillant entre les vôtres. L'efficacité de ce Double Coup de Pied ne doit pas être sous-estimée : il est facile et il fait très mal.

Un autre exemple du Coup de Pied en Ciseaux au Sol en action

Le Coup de Pied en Ciseaux Volant est emblématique des Arts Vietnamiens de *Viet Vo Dao* et *Vovinam*, bien qu'il existe aussi dans d'autres Arts du Sud-Est Asiatique. Il s'agit plutôt d'une manœuvre de torsion, une fois le saut effectué et le cou adverse pris entre vos jambes. C'est un peu moins un pur et dur Double Coup de Pied. Mais c'est quand même *un parent proche de la version au sol du Coup de Pied en Ciseaux au Cou* que nous présentons maintenant pour être complets. Dans cet exemple, vous exécutez un Coup de Pied Latéral Assisté devant la tête de l'adversaire, afin de pouvoir 'revenir' avec un Crocheté qui va venir s'appuyer sur son épaule. Cette 'Assistance' est en fait le parallèle du saut de la version Volante, et elle a l'avantage de limiter la liberté de mouvement de l'adversaire. Vous vous tordez alors pour exécuter un Coup de Pied Crocheté Retourné Assisté vers l'autre côté de son cou. Vos ancrages de support sont vos mains et le pied sur son épaule. Pressez alors son cou des deux côtés et continuez votre mouvement de torsion afin de l'amener au sol tout en causant des dommages. Soyez très prudents à l'entraînement, il s'agit d'une technique très dangereuse.

Le très dangereux Coup de Pied en Ciseaux Assisté au cou

3

4

5

Et nous terminons avec un rappel du fait qu'il est impérieux d'effectuer ce Coup de Pied en Ciseaux automatiquement *si vous avez vos jambes de part et d'autre d'un pied d'un adversaire debout.* Et c'est encore plus vrai si cet adversaire commence un coup de pied vers vous. Dans notre exemple, l'attaquant debout s'approche de vos jambes pour chambrer un Coup de Pied Ecrasant qui vous est destiné. Grosse Erreur !

Un Coup de pied en Ciseaux au Sol de Coupe contre une tentative de Coup de pied Ecrasant

Photos Illustratives

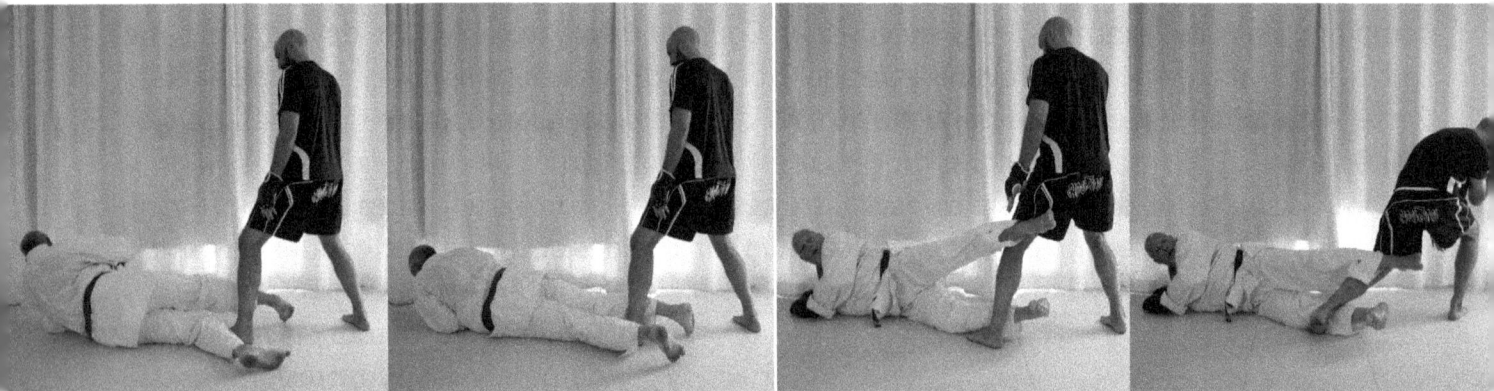

*La Projection par Coup de Pied en Ciseaux au Sol vers **l'extérieur***

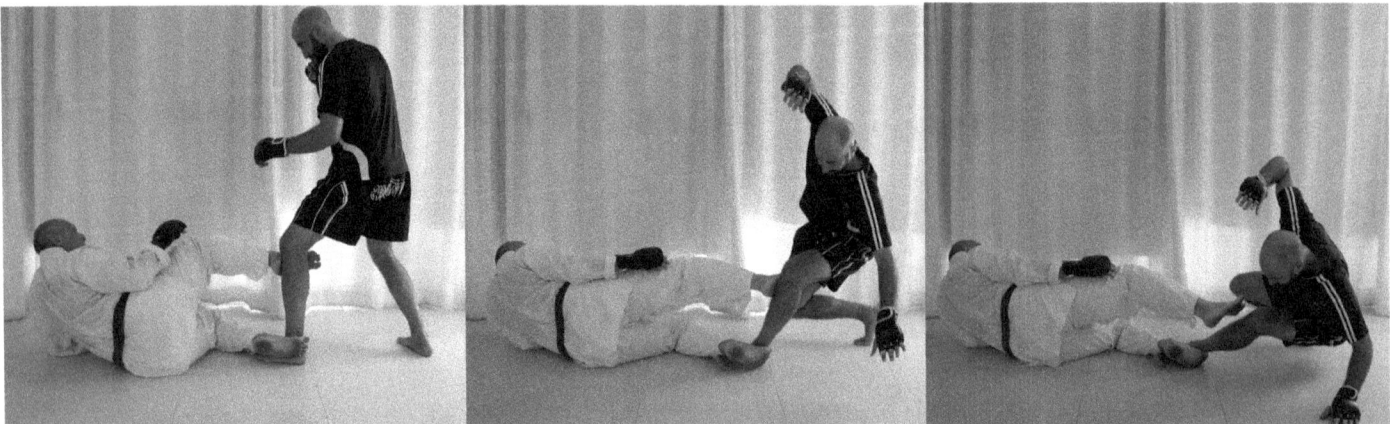

*La Projection par Coup de Pied en Ciseaux au Sol vers **l'intérieur***

LE MOT DE LA FIN

**J'ai raté plus de 9000 paniers dans ma carrière, J'ai perdu presque 300 matches. 26 fois, j'ai reçu la confiance du lancement de ballon décisif pour la victoire, et je l'ai raté. J'ai échoué encore et encore dans ma vie. Et c'est pourquoi je réussis.
~Michael Jordan**

Nous voici à la fin de notre périple général dans l'univers *des Coups de Pied au Sol*. Notre présentation se voulait exhaustive, mais ne l'est probablement pas. Il existe de nombreuses variations dont nous n'avons pas traité. De nombreux Arts Martiaux sont plus complexes, plus complets et plus sophistiqués dans leur étude du combat au sol. Un 'Capoeirista' sera bien plus confortable au sol, et il saura lier les Coups de Pied du Sol de façon bien plus dynamique que des Artistes de nombreux autres Arts. Mais l'auteur espère que cet ouvrage formera une bonne base pour une exploration personnelle et pour l'adaptation à l'école ou le style de base choisi par le lecteur.

Une fois les Coups de Pied présentés maîtrisés, seul le combat libre permettra au lecteur de développer son propre style de combat au sol et de lier a ses déplacements au sol et autres techniques du plancher comme lutte, clés et étranglements.

Essayez donc les Coups de Pied présentés ici. Essayez vos propres variations. Une fois le principe acquis, essayez vos Coups préférés dans toutes sortes de combinaisons avec Coups et déplacements au Sol. Essayez alors tout ça en combat libre ; il n'y a aucune honte à échouer dans vos premières tentatives. Si vous persévérez, vous y arriverez sans aucun doute.

L'Art du Coup de Pied au Sol est sans aucun doute bien trop délaissé. Les combattants d'aujourd'hui ne pratiquent pas assez les Coups de Pied au Sol. Essayez juste une fois de tenir tête debout devant un expert du Coup de Pied du Sol, et vous serez convaincu de leur importance. Comme je l'ai été. Avoir dans votre arsenal cette rare compétence fera de vous un Artiste meilleur et plus complet. Et il est aussi bien de se souvenir que l'entraînement même aux Coups de Pied au Sol fera de vous aussi un bien meilleur Artiste de Pied debout !

Un dernier mot : l'auteur encourage l'aspirant à la maîtrise du Coup de Pied au Sol à aussi développer ses qualités de '*grappler*' ; elles pourraient lui être très utiles une fois au plancher...

Si ce livre vous a plu, et si vous appréciez l'effort derrière cette Collection, vous êtes invités à écrire un commentaire court et honnête sur Amazon. La promotion du travail d'écriture est devenue très difficile de nos jours, et votre support serait grandement apprécié. Merci !

Toute question, tout commentaire, toute technique supplémentaire, toute photo spéciale ou historique de Coups de Pied Bas ou d'autre Coups de Pied, sont les bienvenus. L'auteur introduira, avec le crédit dû, toute contribution de valeur dans les éditions futures.

Adresse électronique : martialartkicks@gmail.com

L'auteur essaye de construire une collection complète qui, une fois terminée, pourrait servir de base encyclopédique à l'ensemble de l'Art du Coup de Pied ; et cette base pourrait aussi servir à d'autres pour continuer l'ouvrage et ajouter de leurs propres expériences. Pour réaliser ce travail, l'auteur a déjà publié, *en langue Anglaise* :

- **The Essential Book of Martial Arts Kicks** – *Tuttle Publishing* (2010)
- **Plyo-Flex** - Training for Explosive Martial Arts Kicks (2013)
- **Low Kicks** - Advanced Martial Arts Kicks for Attacking the Lower Gates (2013)
- **Stop Kicks** – Jamming, Obstructing, Stopping, Impaling, Cutting and Preemptive Kicks (2014)
- **Ground Kicks** – Advanced Martial Arts Kicks for groundfighting (2015)
- **Stealth Kicks** - The Forgotten Art of Ghost Kicking (2015)
- **Sacrifice Kicks** - Flying, Hopping, Jumping and Suicide Kicks (2016)
- **Krav Maga Kicks** - Real-world Self-defense Techniques from Today most Effective Fighting System (2017)

Ces livres seront graduellement traduits *en Français,* comme l'ouvrage présent.

Dans le même esprit, les livres suivants sont en préparation avancée :

- Combo Kicks
- Joint Kicks
- Advanced Krav Maga

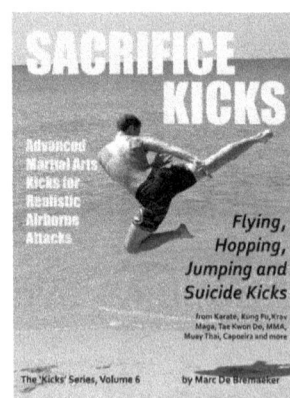

Seul quelqu'un qui se dévoue à une cause de toutes ses forces et de toute son âme peut être un vrai maître. C'est pour cette raison que la maîtrise demande tout d'une personne.
~Albert Einstein

LES COUPS DE PIED BAS

Coups de Pied Avancés pour l'Attaque de la Région Inférieure

Etude Compréhensive de l'Art des Coups de Pied en-dessous de la Ceinture

avec des centaines d'applications venant du Karate, Kung Fu, Krav Maga, Tae Kwon Do, MMA, Muay Thaï, Capoeira et autres

Collection 'Kicks', Volume 1 — par Marc De Bremaeker

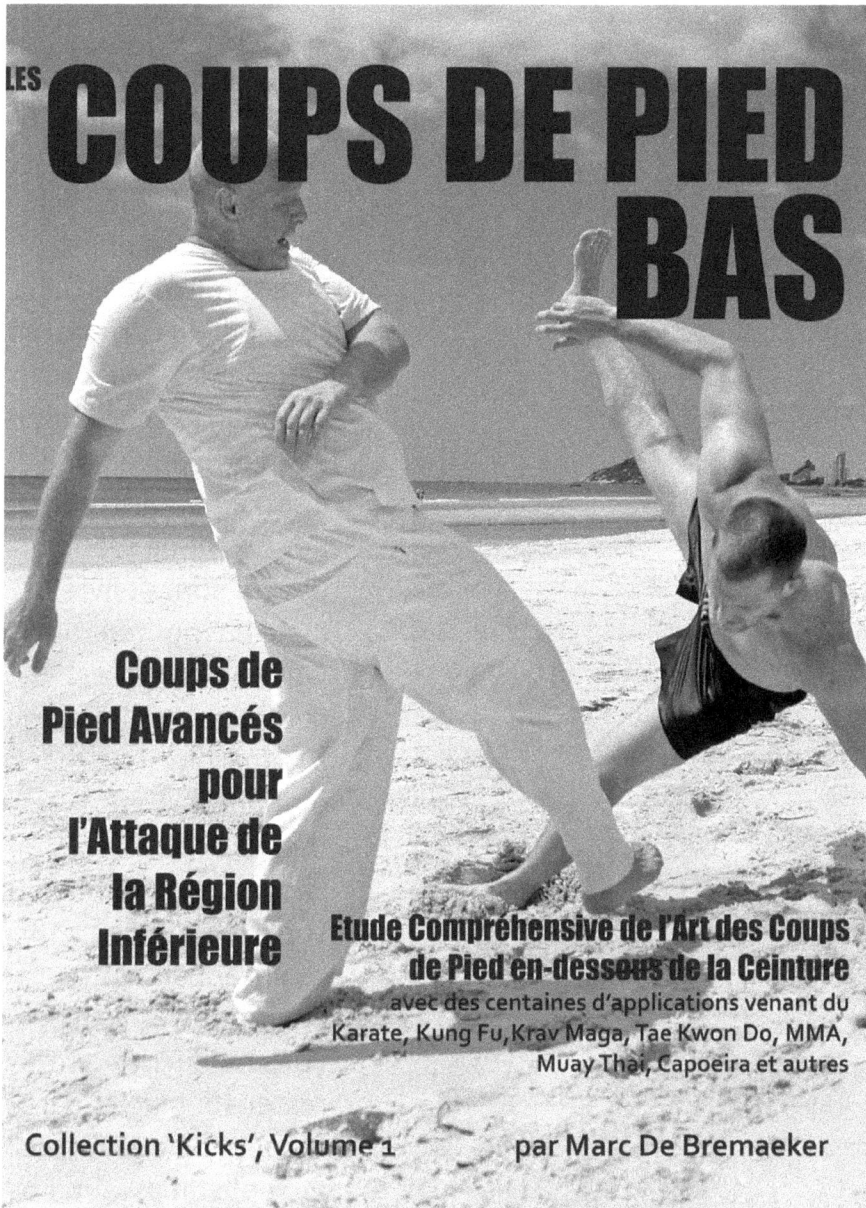

Les Coups de Pied Bas sont puissants, rapides et efficaces – exactement ce qui vous est nécessaire dans une véritable confrontation violente. Et comme ces techniques sont rarement utilisées dans les versions sportives des Arts Martiaux, elles seront une contribution surprenante et précieuse à votre arsenal de combat libre. Bien qu'ils aient souvent l'air d'être faciles à exécuter, les Coups de Pied Bas ne sont pas tous des simples versions basses des coups de pied classiques de base. Il existe des attributs et des principes spécifiques qui les rendent particulièrement puissants. Marc De Bremaeker a choisi les manœuvres les plus efficaces d'attaques basses par Coup de Pied, dans les Arts Martiaux comme le Krav Maga, le Karatedo, la Capoeira, Le Kung Fu Wing Chung, les MMA et le Muay Thaï. Dans ce livre, il analyse chaque type de Coup de Pied en profondeur, il explique l'exécution optimale et il présente des applications et des variantes dans des contextes de défense de soi, de combat sportif et de pratique traditionnelle. Cette traduction française est basée sur la troisième Edition de la version anglaise de l'ouvrage, édition revue, rééditée et complétée. Des centaines d'exemples illustrés par plus de 1000 photos et dessins vous aideront à maîtriser l'Art important du Coup de Pied Bas, et feront de vous un combattant meilleur et plus versatile, quel que soit votre style personnel.

LES **COUPS DE PIED D'ARRÊT**

**Stop Kicks:
Coups de Pied
de Blocage,
d'Obstruction,
d'Arrêt,
d'Empalement,
de Coupe et de
Préemption**

*L'Art de Frapper
l'Adversaire Quand Il
Est le Plus Vulnérable*

Karate, Kung Fu, Krav Maga, Tae Kwon Do, MMA, Muay Thai, Capoeira etc...

Collection 'Kicks', volume 2   par Marc De Bremaeker

Les Coups de Pied d'Arrêt sont vraisemblablement les Coups de Pied les plus efficaces et les plus sophistiqués dans l'arsenal du combattant : ils sont les plus sûrs parce qu'exécutés alors que votre adversaire est à son plus vulnérable. Les Coups de Pied d'Arrêt sont délivrés juste au moment où votre assaillant est complètement engagé, à la fois physiquement et mentalement, dans son attaque : l'adversaire commence son exécution en se basant sur votre position relative d'où vous ne devriez que rester sur place pour bloquer ou que reculer devant son assaut. Les Coups de Pied d'Arrêt sont exécutés quand votre attaquant ne peut déjà plus changer d'avis ; ils prennent aussi avantage de la puissance additionnelle de l'élan de l'attaque adverse. Pour paraphraser un auteur célèbre : le combattant le plus dangereux, celui qu'il vous faut craindre, est celui qui attend patiemment que vous commettiez une erreur... « Les Coups de Pied d'Arrêt » présente, de façon organisée, des exemples des toutes sortes de Coups de Pied d'Arrêt puisés dans une large palette d'Arts Martiaux : depuis le précoce Coup de Pied préventif et jusqu'au Coup de Pied en Contre tardif. Plus de 1000 Photos et Dessins illustrent les Coups de Pied de Poussée, les Coups de Pied de Timing, les Coups de Pied de Coupe, les Coups de Pied d'Obstruction, les Blocages de Jambe et bien d'autres. Les exemples d'applications sont tirés des Arts du Muay Thai, du Karaté, du Krav Maga, du Tae Kwon Do, du MMA, du Kung Fu, etc... Peu importe l'Art que vous pratiquez, Les Coups de Pied d'Arrêt deviendront l'arme secrète de votre arsenal et feront de vous un combattant meilleur et plus sophistiqué.

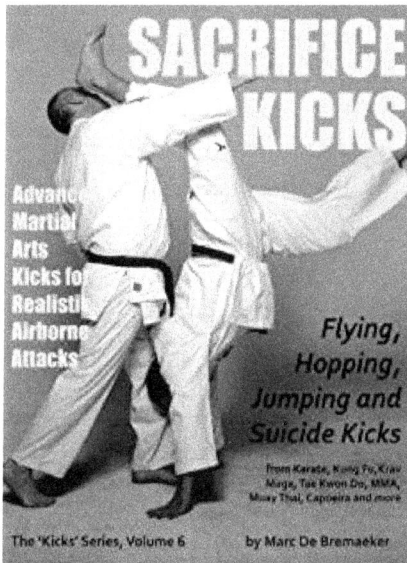

'Les Coups de Pied-Sacrifices' présente de façon complète et organisée les Coups de Pied aériens les plus importants des Arts Martiaux : Coups de Pied Volants, Sautillés, Sautés et Suicidaires. Nous les avons nommés 'Sacrifice' dans l'esprit des redoutables projections Sutemi de Judo, dans lesquelles il faut sacrifier son propre équilibre afin d'amener l'adversaire au sol. Les Coups de Pied Volants ne sont pas une question de frime ; ce sont des techniques très efficaces quand utilisées à bon escient. Ces Coups de Pied ne doivent pas nécessairement être exécutés haut et de façon spectaculaire : ils peuvent être aussi de surprenants Coups de Pied Sautillés exécutés longs et bas ! Et les Coups de pied Suicides prennent le principe du Sacrifice encore un peu plus loin : ce sont des manœuvres très inattendues exécutées en sautant, mais avec très peu d'espoir de pouvoir atterrir debout sur ses pieds, au contraire des Coups de Pied Sautés classiques. Avec plus de 1000 Photos et Illustrations, pour vous aider à développer vos compétences de frappe volante du pied, quel que soit votre style personnel.

'Plyo-Flex: Entraînement Plyométrique et de Souplesse pour des Coups de Pieds explosifs, et pour tous les sports de performance'. Plyo-Flex est un système qui joint les exercices plyométriques a l'assouplissement intensif afin d'améliorer vos coups de pied dans leur puissance, leur vitesse, leur souplesse et votre compétence générale. Basés sur des principes scientifiques, ces exercices vont amener vos muscles, vos articulations et leurs interfaces au système nerveux, à un niveau supérieur. Quelques semaines d'entraînement seulement suffiront à montrer une amélioration notable dans la vitesse de vos coups de pied et de vos déplacements, dans la puissance de frappe, dans la hauteur de vos sauts, dans votre endurance et dans votre souplesse générale. Des centaines de photos et d'illustrations vous guideront dans les exercices plyométriques de base et les positions d'assouplissement. Une fois ces bases maîtrisées, vous pourrez alors ajouter les variations avancées, plus orientées vers le Coup du Pied, à vos sessions de pratique.

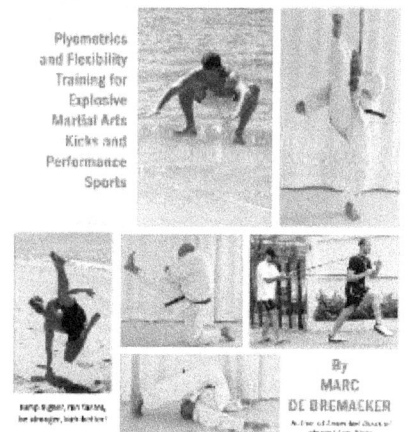

'Krav Maga Kicks'. Le Krav Maga est reconnu comme l'un des systèmes de combat les plus efficaces que l'on peut trouver de nos jours. Basé sur le bon sens, cette méthode a évolué par nécessité dans une région ravagée par la violence depuis plus d'un siècle. La première partie du livre détaille et illustre les Coups de pied utilisés de préférence en Krav Maga ; et la seconde partie présente les points vitaux à cibler quand on frappe du pied ou du poing. La dernière partie de l'ouvrage est tout simplement un traité complet de Self défense par le Krav Maga qui comprend aussi les techniques offensives. Les défenses présentées contres coups, coups de pied, saisies et étranglements comportent souvent des coups de pied, mais seulement lorsqu'il s'agit de la réaction la plus adaptée à la situation. Ce livre est le premier imprimé à souligner l'importance du principe du « Retzev », avec des dizaines d'exemples de mouvement continu jusqu'à la victoire totale sur l'assaillant. Ce livre convient aussi bien aux débutants qu'aux Artistes avancés d'autres Ecoles Martiales. Avec plus de 1500 Photos et Dessins.

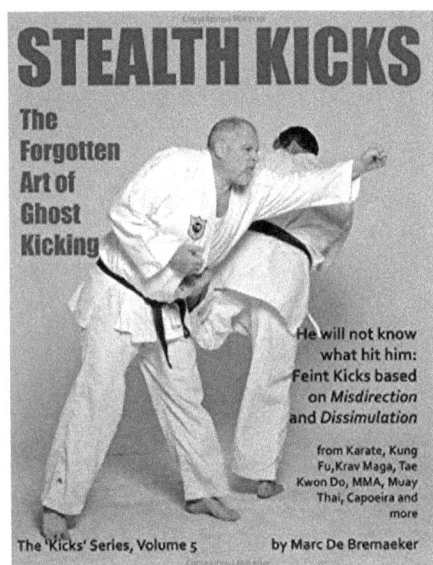

'Stealth Kicks'. Les Coups de Pied Fantômes. Ce livre vous introduit à l'Art d'exécuter des Coups de Pied que votre adversaire ne verra pas venir. Ce sujet n'a jamais été traité de façon complète et organisée auparavant. Que vous soyez un débutant ou un artiste expérimenté, vous y trouverez des Coups de Pied appropriés ou des conseils pour modifier vos techniques actuelles et les rendre plus sournoises. Cela vous aidera à marquer des points en confrontations sportives, ou va garantir votre victoire dans une situation réelle de self défense. Les Coups de Pied Feintés présentés sont basés sur des diversions : ils provoquent une réaction erronée qui va ouvrir votre adversaire pour votre Coup de Pied véritable. Les Coups de Pied Fantômes présentés sont basés sur une dissimulation de leur développement et une trajectoire hors du champ de vision adverse ; et donc un impact au dépourvu. Un exposé général sur les techniques feintées, des conseils spécifiques d'entraînement, et des centaines d'applications vont vous introduire à l'Art sournois de Coup de Pied furtif ; ils feront de vous un combattant meilleur et imprévisible. Avec plus de 2300 Photos et Dessins pour une compréhension facile du concept de 'Stealth'.

La perfection n'est pas accessible, mais si nous poursuivons la perfection nous pouvons accéder à l'excellence.
~Vince Lombardi

Utilisez seulement ce qui marche, and prenez le de tout endroit où vous pouvez le trouver.
~Bruce Lee